ALEXANDRA DE CARVALHO

Mission Fühlen

WAS WIR VON DER
WELTRAUMPSYCHOLOGIE
FÜR UNSEREN ALLTAG
LERNEN KÖNNEN

 FISCHER

Erschienen bei FISCHER Taschenbuch

© 2024 S. Fischer Verlag GmbH,
Hedderichstr. 114, 60596 Frankfurt am Main
Die Nutzung unserer Werke für Text- und Data-Mining
im Sinne von § 44b UrhG behalten wir uns explizit vor.
Satz: Dörlemann Satz, Lemförde
Druck und Bindung: GGP Media GmbH, Pößneck
ISBN 978-3-596-70904-5

Für alle, die sich fragen, ob es im Weltall
genug Platz für unsere Gefühle gibt.
Und die neugierig sind loszureisen,
um das zu erforschen.

Inhalt

Ready for take-off?

Houston, wir müssen mal über Gefühle reden!

Innsbruck! Ein Sandsturm! »Och nee!« Zu meiner linken Seite stützt unser Teamarzt das Gesicht in seine Hände. »Das jetzt auch noch. Die Hitze im Feld reicht mir, ehrlich gesagt. Schau dir mal bitte ihren Puls an. Das ist zu warm da draußen, sie muss ins Habitat zurückkommen.« Ich rutsche ein paar Zentimeter nach links und schaue auf einen Bildschirm, der die Telemetrie abbildet. Herzrate, Temperatur, Puls. Alle Werte befinden sich in einem Bereich, der mir sagen soll: Rund 3000 Kilometer entfernt steckt gerade eine sogenannte Analog-Astronautin in einem Raumanzugsimulator in der Wüste, sammelt Gesteinsproben und schwitzt. Eine Analog-Astronautin ist eine Raumfahrerin, die auf der Erde wissenschaftliche Erkenntnisse für zukünftige astronautische Raumfahrtmissionen sammelt. Dafür simuliert sie mit einem sechsköpfigen Team einen Aufenthalt auf dem Planeten Mars mit allem, was dazugehört. Weltraumdusche. Astronautenfutter. Experimente. Vier Wochen lang. Ein silbernes Habitat – eine Art Wohnkuppel – zum Schlafen, Essen und »zur Erde« Kommunizieren. Spaziergänge durch die »Marswüste« finden nur in einem schweren Raumanzug statt. Währenddessen sitze ich in Innsbruck in einer Lagerhalle, die als Mission Support Center dient. Aus dem Fenster fällt mein Blick auf den ersten Winterschnee, den ich auf den Berggipfeln erahnen kann. Ganz andere Welt!

Plötzlich fliegt die Tür zum Flight Control Room auf, und die Frau, die sich um die Durchführung aller wissenschaftlichen Experimente kümmert, kommt hereingestürmt. »Was ist da los? Ich dachte, heute machen wir das Experiment. Die Wissenschaftler brauchen endlich ihren Datensatz.« Neben mir schüttelt der Arzt den Kopf: »Die müssen wohl erst mal warten. Es ist zu warm im Anzug. Du weißt doch: Safety first! Und dann erst Science und Simulation! Es geht immer erst mal darum, dass es unseren Analog-Astronauten gut geht!« Die Frau schaut nicht gerade begeistert. »Wir haben auch eine Rückmeldung direkt aus dem Feld«, schaltet sich nun eine weitere Stimme ein. »Earth Com« – also die Person, die mit den Menschen im Feld über Chat spricht: »Die Astronautin möchte weitermachen. Sie sagt, sie fühle sich fit!« Ich blicke in ratlose Gesichter. Wer soll nun entscheiden? »Das ist knifflig«, sage ich, »auf der einen Seite müssen wir die Telemetrie beachten und die Astronauten davor schützen, wenn sie sich selbst überschätzen. Aber auf der anderen Seite müssen wir auch die Erfahrungswerte aus den letzten zwei Wochen im Feld beachten, die das Team dort gesammelt hat.« Ich merke, dass sich Spannung bei allen Beteiligten im Mission Support Center aufbaut. Alle wollen, dass die Mission erfolgreich verläuft, aber natürlich schaut jedes Teammitglied auch auf seine eigenen Bereiche. Experimente durchführen, medizinische Sicherheit gewährleisten oder im Raumanzug auf dem Rover durch die Wüste fahren. Und ich? Was will ich? Ich möchte in meiner Rolle als Teampsychologin, dass es allen Beteiligten bei dieser Analog-Mission, psychisch so gut wie möglich geht. Das ist unter den Bedingungen, unter denen wir zusammenarbeiten, ziemlich komplex. Kommunikation zwischen dem simulierten Mars – einem Habitat in der israelischen Wüste – und der Erde – eine Lagerhalle in Innsbruck – findet ausschließlich über Chat statt. Um die Entfernung zwischen Erde und Mars nachzuahmen, dauert es zehn Minuten, bis Nachrichten übermittelt werden. Temperaturumschwünge werfen unsere Pläne oft um. Im Habitat ist es meist zu laut oder zu eng zum Schlafen. Dichte Arbeitspläne stressen die kleine Crew. Und ab und an hat auch mal jemand Heimweh nach einer echten Dusche, oder es herrscht dicke Luft in der Gruppe.

Kommt dir bekannt vor? Für solche Situationen muss man sich weder auf dem Mars noch auf einer Analog-Mission in der Wüste befinden. Undefinierte Arbeitshierarchien. Eine viel zu enge Wohnung. Und auf WhatsApp wieder keine Antwort bekommen? Auch unser eigenes Leben kann sich manchmal wie eine Extremexpedition anfühlen. Wir jonglieren Kinderversorgung, Job und Angehörigenpflege innerhalb eines viel zu kurzen Arbeitsalltags. Manche von uns fühlen sich so einsam und entfremdet von ihren Mitmenschen, als würden sie Planeten voneinander trennen. Wir balancieren zwischen Langeweile und Überforderung, führen Konflikte und versuchen, über 13-Zoll-Bildschirme Beziehungen mit Menschen am anderen Ende der Welt herzustellen.

Und außerhalb deines Mikrokosmos? Auch da herrschen krasse Krisen. Oder wie es die Wissenschaft formuliert: »kollektive Grenzsituationen«[1], die den Verlust an Stabilität in unserer Welt beschreiben. Lassen wir die Nachrichten-Pop-ups im Handy mal Revue passieren: Menschengemachte Krisen, wo man hinsieht, und alle stellen uns täglich vor neue Herausforderungen. Pandemie, Klimakrise, Kriege, Inflation und Energieknappheit reihen sich aneinander und übertünchen nur marginal schon bestehende Alltagsprobleme wie Fachkräftemangel, mangelhafte Betreuungs- und Ausbildungsmöglichkeiten für Kinder und Jugendliche, Pflegenotstand, Mieterhöhungen und das Gefühl, trotz fünf verschiedener Dating-Apps eigentlich niemanden zum Reden zu haben. Wie soll man damit klarkommen? Und wie soll man sich dabei fühlen?

Genauso wie viele Freundinnen, Nachbarn oder Arbeitskolleginnen suche ich ebenfalls immer wieder nach Möglichkeiten, um diese Zeiten gut zu meistern. Von dieser Suche handelt mein Buch. Mein Ziel: Erkenntnisse aus zwei Bereichen zusammenbringen, die unterschiedlicher nicht sein könnten – aus der Arbeit im Weltraum beziehungsweise in Extremumgebungen und der Psychologie. Dahinter verbirgt sich eine eigene Disziplin – die »Weltraumpsychologie« oder auch »Raumfahrtpsychologie«. Wahrscheinlich hast du noch nie etwas davon gehört, oder? Dieser eher unbekannte Teilbereich der Psychologie untersucht, wie sich Astronautinnen, aber auch Menschen in extremen Umgebungen auf der Erde unter Belastung verhalten und fühlen. Von den Methoden der Weltraumpsychologie und den Erfahrungen dieser Menschen können auch wir in unserem ganz irdischen Alltag profitieren. Versprochen!

Wie komme ich dazu, mich mit Raumfahrtpsychologie zu beschäftigen? Ich gehörte schon als Kind zum Subtypus neugieriger Nerd. Von 1994 aufwärts durfte ich diverse kindertaugliche Science-Fiction-Sendungen rauf und runter schauen, die auf dem Röhrenfernseher im Wohnzimmer Raketenstarts und intergalaktische Begegnungen zeigten. 1997 kam der NASA-Lander »Pathfinder« auf dem Mars an, und ein Jahr später wurde »Sarya«, das erste Modul der ISS, ins Weltall geschossen. Das Weltraumteleskop »Hubble« schickte derweil Bilder aus dem All. Ich wollte unbedingt Astronautin werden, musste aber auf der Rückbank des Opel Corsa einsehen, dass mein Magen nicht die Resistenz hatte, die ich für einen Flug ins All brauchen würde. Trotzdem blieb ich der Raumfahrt emotional verbunden.

Was mich bis heute fasziniert, ist nicht nur die Tatsache, dass Menschen ins All reisen, sondern vor allem die dahinterstehende Mentalität. »Das geht nicht« gibt es hier nicht, sondern ein »Lass uns das Unmögliche ausprobieren«. Einfach mal machen. Dabei rückte für mich die Frage nach dem Menschen und seinen Motiven immer mehr in den Vordergrund. Warum reisen Menschen ins All? Und was fühlen sie dabei? Und um das zu verstehen, studierte ich erst mal Psychologie und approbierte als psychologische Psychotherapeutin. In meinem Alltag begegne ich nun Menschen, die psychotherapeutische Unterstützung suchen und mit Depressionen, Ängsten, Suchterkrankungen oder Lebenskrisen zu mir kommen. Psychotherapeutin zu sein bedeutet für mich, Menschen dabei zu helfen, sich zu erden, und mit ihnen gemeinsam einen sicheren Raum zu schaffen, aus dem heraus sie sich wieder neue Horizonte für ihr Leben erschließen können. Dabei hilft die astronautische Mentalität: »The sky is not the limit«. Auch wenn es uns manchmal unmöglich erscheint, für unsere Sorgen einen Ausweg zu finden, kann es uns doch gemeinsam gelingen.

Seit rund neun Jahren arbeite ich zusätzlich als Teampsychologin mit sogenannten Analog-Astronauten zusammen, die auf der Erde testen, was Menschen brauchen, um eine lange Zeit abseits der Erde psychisch und körperlich zu überleben und zurechtzukommen. Starten wir mit einem kleinen Einblick in die Weltraumpsychologie – und was sie mit unserem Alltag zu tun haben könnte.

Wie passt Raumfahrt mit Gefühlen und damit im weitesten Sinne mit Psychologie überhaupt zusammen? Fühlen ist nicht unbedingt das Erste, was man mit astronautischer Raumfahrt verknüpft. Für Astronautinnen ist es immer noch stark stigmatisierend, sich psychologische Hilfe zu holen. Das hat seinen Grund: Die Raumfahrt entspringt militärischen Strukturen. *The Right Stuff*, ein Spielfilm, der auf einem Roman von Tom Wolfe basiert, prägte Anfang der 1980er Jahre das Bild von Astronauten. Ulrich Walter beschreibt die damalige Wahrnehmung in seinem Buch *Reiseziel Weltraum* mit einem »unausgesprochenen Kodex von Tapferkeit und Machogehabe, der sie nicht nur Militärjets, sondern auch Raketen besteigen ließ, deren unbemannte Testversionen man beim Start nicht selten explodieren sah.«[2] Platz für Gefühle? So wie Astronautinnen wahrgenommen werden, eher Fehlanzeige. Dieses Bild hält sich bis heute noch hartnäckig. Chris Hadfield, ehemaliger kanadischer Astronaut, schreibt in seinem Buch *Anleitung zur Schwerelosigkeit* über das gesellschaftliche Bild von Astronauten: »In Filmen mühen sich Astronauten nicht mit russischen Vokabellisten ab. Sie sind Superhelden. Selbst die Besonnensten unter uns sind gewissermaßen von diesem Bild beeinflusst worden.«[3] Obwohl im Raumschiff selbst immer mehr ein Umdenken stattfindet. Der deutsche Astronaut

Alexander Gerst äußerst sich in seinem Buch *Horizonte* folgendermaßen zum Thema Risiko: »Ich halte mich für einen eher vorsichtigen Menschen! Risiko ist für mich kein Selbstzweck, sondern eher ein manchmal notwendiges Mittel. Wettbewerbe zum Beispiel, bei denen es darum geht, wer am effektivsten die Todesangst unterdrücken kann, so wie einige Base-Jumper oder Big-Wave-Surfer sie ausfechten, interessieren mich nicht.«[4]

Halten wir also fest: Das Bild des angstfreien Kampfjetpiloten, der sich auf den Weg ins All macht, um im schlimmsten Fall noch auf dem Weg todesmutig zu explodieren, hat heutzutage nicht mehr viel mit der Realität zu tun. Astronautinnen und Menschen in Extremumgebungen teilen unsere alltäglichen Probleme und Gefühle. Manche können ihnen sogar verstärkt begegnen. Sie sind keine fehlerfreien Heldinnen. Viele Geschichten in diesem Buch zeigen, wo selbst die motiviertesten und geübtesten Menschen an ihre Grenzen gelangen oder sich mal danebenbenehmen. Das zu verstehen, ist nicht nur wichtig, damit wir lernen, welchen immensen Einfluss unsere Umgebung und Krisen auf jeden von uns nehmen können. Sondern auch, dass wir keine Helden sein müssen, um Probleme und Sorgen zu bewältigen. Wenn wir uns vom Mythos der perfekten Astronauten befreien, können wir von den Strategien der Menschen in Extremsituationen lernen und brauchen nicht – im sprichwörtlichen Sinne – zu ihnen aufschauen.

Unsere Erfahrungen aus längeren Testmissionen auf der Erde und Aufenthalten im All zeigen, dass die Psyche im All ein immer wichtigerer Faktor wird. Sobald Menschen ins All reisen, begegnen sie körperlichen und seelischen Herausforderungen wie Schlaflosigkeit und Schwierigkeiten, die kognitive Leistungsfähigkeit aufrechtzuerhalten. Oder sie erleben Gefühle wie Angst und Panik.[5] Es ist daher sinnvoll und notwendig, auf der Erde so viel wie möglich zu testen, bevor die erste Mission Richtung Mars startet. Die Menschen müssen sich nicht nur technisch, sondern auch emotional auf extreme Missionen vorbereiten.

Doch wo ist es möglich, Emotionsregulation für das Leben auf dem Mars zu trainieren? Auf der Erde? Ja! Mit Hilfe von Analog-Missionen. Die Weltraumpsychologie nutzt isolierte und abgeschottete Umgebungen, auch bekannt als »Isolated, Confined and Extreme Environments« (ICE), um das Verhalten von Menschen in extremen, gefährlichen oder isolierten Umgebungen zu erforschen und sie auf den Umgang mit emotionalen Krisen vorzubereiten. Seit der Frühzeit der Apollo-Missionen greifen Wissenschaftlerinnen auf spezielle Habitate, Bergexpeditionen oder Tiefseemissionen zurück, um Bedingungen zu simulieren, die dem Leben auf dem Mond oder Mars ähneln könnten. Analog-Astronautinnen leben wochen- oder monatelang abgeschieden wie im All. In dieser Zeit führen sie wissenschaftliche Experimente durch, testen technische Geräte oder simulieren die zeitverzögerte Kommunikation zur Erde. Menschen, die an Analog-Missionen teilnehmen, leben dann beispielsweise zurückgezogen in einem Habitat – und dürfen nur mit Raumanzug vor die Tür. Wer zu Hause anrufen möchte, muss die Zeitverzögerung einberechnen oder darf sogar nur über Chat kommunizieren. Duschwasser wird limitiert zur Verfügung gestellt, und das Essen stammt aus dem Missionsvorrat. Die Erkenntnisse über physische Verfassung, Verhaltensweisen, Gruppenzusammenarbeit oder Leistung, die wir in ICE-Umgebungen sammeln, können wir idealerweise später für Langzeitmissionen Richtung Mond und Mars nutzen.

Heutzutage gibt es zahlreiche Organisationen, die Analog-Missionen durchführen und uns verdeutlichen, wie wichtig der Faktor Mensch in der astronautischen Raumfahrt ist. Es gibt viele Projekte, die auf der Erde simulieren, wie es im All sein könnte. Analog-Astronautinnen zwängen sich in Overalls durch Gletscherspalten (AMADEE-15), trainieren in Höhlen (ESA Caves) oder versuchen, unter Wasser miteinander zu kommunizieren (NEEMO). Einen hohen Bekanntheitsgrad erreichte die Crew von »Mars-500«, die eine Marsexpedition simulierte und eine Vielzahl von wissenschaftlichen

Erkenntnissen zusammentrug.[6] Ziel des 520-tägigen Isolationsexperiments war es, psychologische Erfahrungswerte über die Gruppendynamik, aber auch die körperliche Fitness und die Arbeitsleistung der Crew zu sammeln. Was hat man bei diesem Experiment herausgefunden? Es zeigte sich, dass die Teammitglieder, die Stress und ihre Gefühle besser regulieren konnten, das Zusammenleben auf engem Raum als positiv erlebten. Sie berichteten von persönlichem Wachstum und beschrieben das Experiment als belohnend. Die Probanden mit einer geringeren Stressresistenz verzeichneten einen höheren Angstpegel.[7]

Doch was führt dazu, dass wir entweder Sinnerfüllung finden oder Lagerkoller entwickeln? 2015 traf ich einen der Teilnehmer von Mars-500, Romain Charles, der mir berichtete, welche Strategien helfen, um so eine Mission erfolgreich zu meistern: »Es hat mir geholfen, jeden Tag den gleichen Rhythmus und eine Routine zu haben. Und ich habe immer versucht, mich aktiv zu halten und zu beschäftigen, damit keine Langeweile aufkommt.« Wir lernen also: Es kann hilfreich sein, ein paar Tricks und Handwerkszeug für herausfordernde Situationen bereitzustellen.

Aber können wir wirklich durch Simulationsexperimente und Arktisexpeditionen herausfinden, was genau uns helfen könnte, wenn wir unter Stress und Druck geraten oder es mit Angst und Einsamkeit zu tun haben? Ist unser Alltag überhaupt vergleichbar mit dem Alltag einer Analog-Astronautin?

Direkt mal bei einer Expertin nachgefragt. Die Psychologin Agnieszka Skorupa sitzt mit einer Kaffeetasse vor ihrem PC. Ab und zu läuft ihre Katze über die Tastatur. Eher irdisch gemütliches Ambiente als galaktische Faszination. Agnieszka untersuchte schon in ihrer Doktorarbeit, wie Menschen sich in Polarregionen an extreme Situationen anpassen, aber auch, wie sich die die Gruppendynamiken in Analog-Missionen entwickeln. Agnieszkas klare Antwort an dieser Stelle: »Ja! Wir können aus Simulation und extremen Umgebungen auf der Erde super lernen!« Ihre Begründung: »Unsere

Psyche ist ja dieselbe.« Terrestrische Extrembedingungen sind dabei sogar besonders lehrreich! Teilweise sind die Bedingungen, die wir auf der Erde vorfinden, viel komplexer als jene, denen Menschen aktuell im All begegnen. Wer in der Antarktis überwintert, kann im Notfall nicht mal eben zurück in die Heimat fahren. Eine Evakuierung von der ISS ist hingegen innerhalb weniger Stunden möglich.[8] Und auf unseren Alltag auf der Erde übertragen? Auch da sieht sie Parallelen: »Ja klar ist das vergleichbar! Denn am Ende wünschen Menschen in der Antarktis sich genau dasselbe wie du oder ich in unserem Leben. Beziehungen. Schlaf. Gutes Essen.«

Der US-amerikanische Psychiater und Raumfahrtpsychologe Nick Kanas schreibt in seinem Buch *Humans in Space* noch über einen anderen wichtigen Aspekt, nämlich dass wir in Analog-Missionen die Möglichkeit haben, viele Variablen zu kontrollieren.[9] Wir können die Lichtverhältnisse, die Sporteinheiten, die Gruppendynamik und durch spontane Aufgaben sogar das Stresserleben der Gruppe beeinflussen. Für wissenschaftliche Studien sind das perfekte Bedingungen. Aber es gibt natürlich auch Grenzen: Aspekte wie Schwerelosigkeit oder das Gefühl, ganz weit weg von der Erde zu sein, können wir nicht simulieren. An dieser Stelle begegnet uns, wie bei irdischen Krisen auch, die echte Lebensrealität. Auch auf der Erde, im alltäglichen Leben haben wir nicht immer einen Plan, wenn wir uns Herausforderungen stellen müssen.

Wie gehen Menschen damit um? Während der Coronapandemie reagierten viele auf den gefühlten Kontrollverlust und die Isolation mit Depressionen, Stress, Schlafproblemen oder ungesunden Essgewohnheiten.[10] Die aktuelle weltpolitische Lage, die Kriege in der Ukraine und in Nahost, lassen uns sorgenvoll in die Zukunft blicken. Dazu kommt die Klimakrise, die noch mal andere Gefühle in uns freisetzt. Der Begriff »Eco Anxiety« beschreibt die Gefühlssuppe aus Angst, Traurigkeit und Ohnmacht, die wir bei der Vorstellung, dass unsere Erde in weiten Teilen für zukünftige Generationen unbewohnbar werden könnte, empfinden. Man weiß aus Studien, dass, wenn zu viele belastende Informationen auf uns einströmen, wir müde davon werden.[11] Es gibt sogar Theorien, die besagen, dass Menschen nicht zu viele Sorgen auf einmal haben können: Man nennt das den »Finite Pool of Worry« – frei übersetzt das »begrenzte Sorgenkontingent«. Viele Krisen gleichzeitig überfordern uns. Menschen wählen aus, was ihnen Kopfschmerzen bereitet. Wir reagieren dann, wenn eine Krise uns persönlich betrifft, Veränderungen schnell passieren, sie uns in unseren moralischen Werten erschüttern und sich mit ihren Konsequenzen zeitnah auf uns auswirken.

Der Psychotherapeut Fabian Chmielewski hält deswegen in seinem Buch *Globale Krisen in der Psychotherapie* fest, wie wesentlich es ist, Krisen Wichtigkeit beizumessen und sie im Miteinander zu benennen, denn sie können uns auf verschiedenen Ebenen belasten.[12] Sogenannte existenzielle Bedürfnisse beschreiben unseren Drang zu überleben, uns zu ernähren, und treten dann auf, wenn wir uns fragen, was passiert, wenn Putin den roten Knopf drückt. Psychologische Bedürfnisse, beispielsweise nach Austausch und Zugehörigkeit, können durch Isolation verletzt werden. Und zuletzt begegnen uns epistemische Bedürfnisse. Wir wollen die Welt um uns herum einordnen können: Wem kann ich trauen? Was ist wahr? All das verdeutlicht vor allem eins: Krisengemachte Gefühle sind real. Und: Krasse Themen können krasse Gefühle hervorrufen.

Was bedeutet das nun für meine Mission, Weltraumpsychologie und Krisenbewältigung in unserem Alltag zusammenzubringen? Menschen in Analog-Missionen und extremen Situationen stehen vor ähnlichen Herausforderungen wie wir im Alltag – nur geballter. Vor allem aber liefern die Missionen Studien und Daten, die Rückschlüsse auf das Fühlen und Verhalten in Krisenzeiten erlauben. Deswegen können wir aus der Antarktis oder dem All so viel mehr lernen, als es vielleicht auf den ersten Blick scheint.

Reisen wir dafür noch mal in die israelische Wüste – und in die Lagerhalle nach Innsbruck. Der Arzt entscheidet, die Analog-Astronautin zurückzuholen. Auch wenn er weiß, dass die Einschätzung im Feld eine andere ist und die Analog-Astronauten seine Entscheidung womöglich nicht verstehen werden. Er trägt die Verantwortung und möchte die Gesundheit der Einsatzperson nicht riskieren. Seine Entscheidung zieht viel notwendigen Austausch zwischen Lagerhalle und Wüste nach sich und neue Planung, um den Stress rauszunehmen, der entstanden ist, genauso wie ein »Danke« ins Feld, das unsere Wertschätzung für die getane Arbeit vermitteln möchte. Arbeiten in Extremumgebungen bedeutet oft eine Gratwanderung zwischen Risikoabwägung und Abenteuerlust. Realistisch betrachtet: Die perfekte Lösung existiert nicht immer. Manche Situationen sind so komplex, dass eine einfache Antwort nicht möglich ist. Schnelle Entscheidungen sorgen für Frust und passen schlichtweg nicht zur Lebensrealität derer, die Tausende Kilometer entfernt arbeiten. Das ist die Realität. Was wir aber lernen können, ist, wie wir mit solchen Sackgassen, Engpässen und Tiefflügen umgehen können.

Was erwartet dich nun? Dieses Buch bietet dir einen Perspektivenwechsel an, der im besten Fall dabei hilft, in turbulenten Zeiten die Bodenhaftung nicht zu verlieren.

Es gehört zu meinem Beruf und meinem leidenschaftlichsten Interesse, mit zahlreichen Menschen über den Umgang mit Gefühlen, Krisen und Herausforderungen zu sprechen. Dazu zählen solche, die im Feld der astronautischen Raumfahrt monatelang entkoppelt von der Erde leben oder genau das beforschen. Oder welche, die in Extremumgebungen wie der Antarktis überwintern. Genauso wie Menschen auf der Erde, die in ihrem Leben mal mindestens genauso große Fertigkeiten entwickeln mussten wie eine Astronautin. Denn auch meine Klientinnen in der Psychotherapie haben es geschafft, mit existenziellen Erfahrungen wie Einsamkeit, Leben mit wenigen Ressourcen, Distanz zur Familie und zu Freunden, Zusammenwohnen auf engstem Raum, Krieg, Gewalt oder Konflikten fertigzuwerden und immer die Hoffnung wiederzufinden. Mit ihnen lerne ich jeden Tag, wie man große Herausforderungen meistern kann. Spoiler: Wir können nicht alle Probleme um uns herum beseitigen, aber wir können üben, mit den dazugehörigen Gefühlen selbstfürsorglich umzugehen.

Wie genau das geht, möchte ich herausfinden: Wie kann ich, wenn das Leben wie ein Meteorit auf mich einschlägt, einen kühlen Kopf bewahren und mich emotional in Sicherheit bringen? Das ist gar nicht so einfach, denn ein guter Umgang mit den eigenen Gefühlen ist mindestens genauso komplex wie der Aufbau des Universums.

Bei allem, was ich in diesem Buch über Stress- und Krisenbewältigung berichten kann, soll und kann es keine Psychotherapie ersetzen. Und es ist auch nicht sein Ziel, dir eine ausgetüftelte Bedienungsanleitung für alle Lebenslangen mitzugeben. Unsere Grundvoraussetzungen und Lebensumstände sind so verschieden, dass es gar nicht möglich wäre, Ideen und Strategien von anderen Menschen eins zu eins zu kopieren. Dennoch bin ich mir sicher: An der Schnittstelle zum Universum können wir viel voneinander lernen. Mit diesem Buch möchte ich dich einladen, die Lösungswege und Gedanken anderer Menschen kennenzulernen, aber dich auch ermutigen, deine eigene Kreativität zu erkunden und selbst zu entscheiden, welche Ideen für dich passend sind.

Die Geschichten und das gesammelte Wissen sollen dabei weder Druck auslösen noch die Illusion vermitteln, fortan jedes Gefühl kurvenlos navigieren zu können. Denn auch das ist wichtig: Selbst jahrelanges Astronautinnentraining schützt nicht vor der Übelkeit beim Eintritt in die Schwerelosigkeit. Genauso wenig verleiht die Berufsbezeichnung Astronaut einem Menschen die Fähigkeit, immer alles unter Kontrolle zu haben, kaputte Gegenstände ohne Anleitung reparieren zu können und niemals Angst zu haben. Und auch alle, die auf dem Boden geblieben sind, werden immer wieder Bruchlandungen machen. Ich sags dir, wie es ist: Selbst mein Master of Science in Psychologie und meine Approbation als psychologische Psychotherapeutin befreien mich nicht von eigenen tiefen Gefühlen wie Traurigkeit, Scham oder der Unwissenheit, die das Leben manchmal mit sich bringt. Jedem von uns kann es passieren, dass Krisen uns aus der Umlaufbahn schleudern.

Das zu akzeptieren, kann uns helfen, schwierigen Situationen mit ein wenig mehr Leichtigkeit zu begegnen.

In der astronautischen Raumfahrt, aber auch auf der Erde geht es täglich darum, eigene Grenzen kennenzulernen und manche zu überwinden. Die Auseinandersetzung mit uns selbst in einer extremen Umgebung markiert schnell, wo unsere Grenzen liegen. Wir begegnen ihnen brutal, und manche von ihnen sind nicht verhandelbar. Denn egal, wie viel wir wissen oder üben: Manches – typisch Menschliches – wird bleiben. Wir werden immer atmen, schlafen und essen müssen. Und wir werden immer fühlen.

Das Schöne dabei ist: Wir können zusammen herausfinden, wie ein guter Umgang mit Krisen aussehen kann. Irvin Yalom spricht hier von der Universalität des Leidens[13]. Wir denken immer, dass wir uns allein isoliert und nicht gut genug finden – aber im Gespräch mit anderen lernen wir, dass wir viele Themen oft ähnlich wahrnehmen. Ich bin fest davon überzeugt, dass gerade dann, wenn wir Ressourcenknappheit, Zukunftsangst und andere globale Turbulenzen erleben, es wichtig ist, mit anderen Menschen ein Team zu bilden. So wie im All.

Wenn du also das nächste Mal nachts an die Decke starrst, weil du dich allein und überfordert von der Welt da draußen fühlst, könnte es sich vielleicht lohnen, das Fenster weit zu öffnen und nach oben, in den Nachthimmel, zu schauen. Dort kreist in rund 400 Kilometer Höhe ein Mensch, der sich ebenfalls ab und zu einsam, von anderen Menschen unverstanden oder gestresst fühlt – und vielleicht die eine oder andere weitere Erfahrung mit dir teilt: eine Astronautin!

01 Einsamkeit

»Kann einem 'ne Scheißangst machen,
wenn man ganz alleine hier rumfliegt, was?«
—

Als Alien andocken und mit anderen
Lebewesen zusammenfinden

Du stehst auf einer Party. Alle um dich herum lachen, berühren sich, liegen sich in den Armen. Dämmerlicht. Gläser klirren. Ein Teppich aus Stimmen umwebt deine Ohren. Du schaust durch die Menge, alles verschwimmt. Nur einen kleinen Schritt. Mal mit der Person sprechen, die gegenüber von dir steht. Komm schon! Du haderst. Auch wenn euch nur ein Meter Luftlinie trennt, fühlt sich der Weg für dich unüberwindbar an. Du bleibst stehen und bist dir nicht sicher, ob es gerade die Nebelmaschine ist, die deine Wahrnehmung eintrübt, oder dieses Gefühl, das stärker als der Bass in dir dröhnt. Es macht sich in deinem Brustkorb breit und legt sich wie eine schwere Decke über dich. Dumpf. Es tut förmlich weh. Du bist dir sicher, immer anders als alle anderen zu sein. Ein Alien inmitten von Erdlingen. Du schließt die Augen. Atmest aus. Am liebsten würdest du verschwinden, dich einfach in Luft auflösen.

Einsamkeit. Wir alle haben dieses Gefühl schon einmal erlebt. Ich kenne das Gefühl wahrscheinlich genauso gut wie du. Vielleicht wurdest du nach dem Umzug in eine neue Stadt oder dem Ende einer Liebesbeziehung damit konfrontiert. Oder du gehörst zu den schätzungsweise 17 Prozent der deutschen Bevölkerung, die von sich behaupten, sich häufig einsam zu fühlen.[1] Spätestens im Jahr 2020 sind viele von uns pandemiebedingt – zumindest für einen kurzen Moment – dem Gefühl der Einsamkeit begegnet.[2, 3] In meiner therapeutischen Arbeit bespreche ich das Thema Einsamkeit fast täglich. Einsamkeit ist ein komplexes Thema. Mal eben ein paar Leute treffen, reduziert Einsamkeitsgefühle nicht automatisch. Der Blick in Ratgeber, die Ehrenämter zur Kontaktsuche oder Schaumbäder zur Selbstfürsorge empfehlen, zeigt: Es gibt kein Patentrezept, das Verbindung zu anderen Menschen garantiert. Das macht Einsamkeit so mächtig. Und so unangenehm.

Obwohl Einsamkeit in Umfragen hohe Werte verzeichnet, sprechen wir im Alltag wenig darüber. Scham und die Befürchtung, stigmatisiert zu werden, führen dazu, dass einsame Menschen sich eher noch weiter zurückziehen, anstatt sich ihren Mitmenschen zu offenbaren[4]. *Wenn ich einsam bin, dann muss es doch an mir liegen!* Dabei könnte es Einsamkeit reduzieren, wenn wir mit anderen darüber reden würden. Womöglich braucht es an dieser Stelle ein paar sanfte Zwischenschritte. Anderen zuhören, wie sie dieses Gefühl erleben, kann ein erster Versuch sein, um dazugehörige Emotionen wie Scham vorsichtig abzubauen.

Ein Mensch, mit dem ich über Einsamkeit sprechen möchte, weil ich weiß, dass er viele Phasen davon durchlebt hat und es geschafft hat, sie zu überwinden, ist Ian. Ian kenne ich seit rund zehn Jahren. Es fiel mir nicht schwer, ihn mir einzuprägen. Eine laute Stimme und vor allem – pure Begeisterung, wenn es um Raumfahrt geht. Ian interessierte sich schon immer für die Erkundung des Weltraums und war immer wieder in lokalen Gruppen von raumfahrtbegeisterten Menschen aktiv. Mittlerweile leitet er Teams und übernimmt auch mal eine Führungsrolle. Ich lernte Ian damals als einen mutigen Menschen kennen, der mit anderen in Kontakt tritt. So auch mit mir. Aber schon damals verriet er mir, dass das nicht immer so leicht für ihn war.

ANDERS ALS ALLE ANDEREN:
WIE WIR LERNEN, UNS EINSAM ZU FÜHLEN

Ian winkt in die Kamera und verkündet: »Ich freue mich sehr, dich zu sehen, aber ich muss auf jeden Fall gleich nach den Nudeln gucken.« Er deutet auf den Herd und die Dunstschwaden, die sich zur Decke schrauben. Klar, Abendessen muss sein. Also sprechen wir, bis *al dente* uns unterbrechen wird. Der Raum, in dem Ian sitzt, ist karg. Eine trostlose Gemeinschaftsküche in einem Wohnheim in Belgien. Ian wohnt hier vorübergehend für sein Praktikum beim Belgischen Institut für Weltraum-Aeronomie. Das Zentrum bietet technische Unterstützung für Experimente an Bord der Internationalen Raumstation. Ob es Spaß macht? Ein lautes JA als Zustimmung. Es gibt viel zu lernen. Spannende Menschen, Einblicke in das, was Ian schon immer geliebt hat – astronautische Raumfahrt, vor allem ISS Operations. Ian strahlt, es geht ihm gut, und ich freue mich darüber. Es gab eine Zeit, da fiel es ihm schwer, Beziehungen zu anderen Menschen zu knüpfen.

Heute ist Ian gerne bereit, davon zu erzählen, was es für ihn bedeutet hat, einsam zu sein, und was er tut, wenn er merkt, dass dieses Gefühl sich erneut in seinem Leben breitmacht. Denn auch das kommt vor. Wenn Ian über Einsamkeit spricht, kann ich nur erahnen, wie oft er diesem diffusen und trotzdem schmerzhaften Gefühl schon begegnet sein muss. Er kannte es schon sehr früh in seinem Leben. Der junge Mann mit der lauten, durchdringenden Stimme spult gedanklich durch die Erinnerungen seiner Kindheit und Jugend. Einmal die Zeitmaschine ankurbeln: Schon früh bemerkt er, dass er sich für alles interessiert, was außerhalb der Erdatmosphäre stattfindet. Astronauten, Satelliten und die Erkundung des Weltraums faszinieren ihn. Ian, das ist dieser laute Junge, der oft auffällt, weil er nicht wartet, bis andere ausgeredet haben. Weil er eine klare Meinung hat und die auch kundtut. In der Schule wählt er den Physik-LK – und damit auch die Isolation von anderen Menschen. Denn die meisten anderen Jugendlichen an seiner Schule interessieren sich eher für Kunst oder Sprachen, was hier auch der Lernschwerpunkt ist. Ian trottet über die Schulflure und ist meistens allein. Ihm fehlen Menschen, mit denen er sich verbunden fühlt. Immer mehr spürt er, dass er sich seiner Umgebung nicht zugehörig fühlt und dass ihn das traurig macht. Gleichzeitig fällt es ihm schwer, klar in Worte zu fassen, was fehlt. Wie kann man sich etwas wünschen, was man noch nie erlebt hat? Ian beginnt, sich die Verantwortung für seinen Außenseiterstatus selbst zuzuschreiben. »Als Jugendlicher glaubt man ja ›das ist die Welt‹, weil man nichts anderes kennt. Wenn es unter den 200 Menschen in meinem Umkreis keinen gibt, der mir ähnlich ist, dann wird das unter den acht Milliarden Menschen auf der Welt nicht anders sein.« Er fühlt sich schuldig, weil er anders als alle anderen wahrnimmt. Und er befürchtet, dass dieser Zustand niemals enden wird. Das, was Ian beschreibt, wird in der Forschung als »subjektiv wahrgenommene, soziale Isolation«[5] beschrieben. Das heißt, dass man zwar objektiv von anderen Menschen umgeben ist, sich aber dennoch nicht zugehörig oder verbunden fühlt. Viele Menschen kennen, aber mit niemandem wirklich reden können. Das tut weh!

Was heißt Einsamkeit? Eine Definition findet sich auf der Webseite des »Kompetenznetzes Einsamkeit«. Dort wird deutschlandweit das bestehende Wissen über Einsamkeit und Präventions- sowie Interventionsmöglichkeiten erarbeitet und gebündelt. Die Einsamkeitsforscherin Prof. Dr. Maike Luhmann definiert Einsamkeit in Anlehnung an eine Originaldefinition aus den 1980er Jahren[6] als »eine wahrgenommene Diskrepanz zwischen den gewünschten und den tatsächlichen sozialen Beziehungen«.[7]

Es gibt also einen fundamentalen Unterschied zwischen Einsamkeit und Alleinsein. Wir können uns inmitten einer großen Gruppe sehr plötzlich sehr einsam fühlen oder – ganz im Gegenteil – mit nur zehn Menschen im All unterwegs sein, ohne einsam zu sein. Konkretes Beispiel: Die Astronauten auf der ISS leben zwar sozial isoliert mit nur wenigen Menschen zusammen, sie fühlen sich aber nicht unbedingt außen vor.[8, 9] Soziale Isolation kann die subjektive Einsamkeit zwar begründen, muss aber nicht zwingend dazu führen. Es gibt eben auch Menschen, die gerne allein sind. Die nur eine Freundin brauchen und keine große Gruppe. Im All gibt es nur wenige Menschen, denen Astronautinnen begegnen können. Gleichzeitig verfügen sie über stetigen Kontakt zur Erde über Video und Chat. Entscheidend ist also nicht die Anzahl der Menschen, sondern die Qualität unserer Beziehungen.

Unverbundenheit ist eines der wichtigsten Merkmale von Einsamkeit: Es zählt nicht, wie viele Menschen uns umgeben, sondern wie sehr wir uns von diesen auf einer qualitativen Ebene verstanden und gesehen fühlen. Das kann uns in verschiedenen Bereichen des Alltags begegnen. Vielleicht vermissen wir es, intime Beziehungen zu führen. Es kann uns fehlen, Teil einer Gruppe zu sein oder sogar Teil einer größeren Gemeinschaft.[10]

Wenn wir uns längere Zeit einsam und abgeschieden fühlen, tendieren Menschen dazu, Theorien darüber zu entwickeln, warum das so ist – so wie Ian. Wir glauben, dass wir anders als alle anderen sind oder unsere Eigenschaften für andere nicht ausreichen, um mit ihnen eine Freundschaft zu führen. Das kann dazu führen, dass wir uns noch stärker zurückziehen. Ein ziemlicher Teufelskreis!

SOZIAL IN DER STEPPE – WARUM EINSAMKEIT FÜR STEINZEITMENSCHEN GEFÄHRLICH WAR

Ian beschreibt Einsamkeit fast wie eine Art körperlichen Schmerz. Und tatsächlich bestätigen wissenschaftliche Ergebnisse aus Studien, dass sich Einsamkeit so anfühlen kann.[11] Warum leiden wir, wenn wir einsam sind?

Zu Beginn der Menschheitsgeschichte war es überlebenswichtig, in Gruppen oder Gemeinschaften zu leben, da isoliert zu sein, mit

Gefahren verbunden war.[12] Gehen wir einmal zurück zu den Anfängen, als Menschen noch gejagt und gesammelt haben. Der Alltag eines Homo sapiens bestand damals aus Nahrungsbeschaffung, Fortpflanzung und den Anstrengungen des alltäglichen Überlebens. Wer in der Steppe durchhalten wollte, war gezwungen, sich in eine Gruppe zu integrieren, um Aufgaben wie die Jagd, die Bewachung der Schlafstätte und die Versorgung von Nachwuchs aufzuteilen. Der Verlust der sozialen Struktur erhöhte demzufolge das Risiko zu sterben. Das Zusammenleben mit anderen garantierte vor allem, dass man am Folgetag auch noch lebendig war. Als Schutzmechanismus entwickelten Menschen daher körperliche Reaktionen, die als Warnsignale dienten. Angst, Unruhe oder Stress. Auch wenn wir heutzutage theoretisch allein überleben könnten, sind Körper und Psyche immer noch auf soziale Beziehungen angewiesen. Unser psychischer Bausatz sagt: Wenn du das fühlst, dann such dir eine Gruppe, um dein Überleben zu sichern.

Die Eigenschaften, die wir benötigen, um mit anderen in Kontakt zu treten, bringen wir von Geburt an mit. Mitgefühl! Schon kleine Kinder zeigen in den ersten Lebensjahren empathisches Verhalten und erkennen, wenn ein anderer Mensch traurig oder wütend ist.[13] Sie können in diesem Alter möglicherweise noch keine genauen Gründe für die Gefühle anderer benennen, wollen aber automatisch helfen. Das zeigen Studien, in denen Kleinkinder zum Beispiel ihr eigenes Spiel unterbrechen, um etwas aufzuheben, was jemand anderes fallen gelassen hat.[14] Wir entwickeln als Kinder schnell ein Gefühl für unsere Umgebung, welche Stimmung gerade herrscht und welche Bedürfnisse andere Menschen gerade haben könnten. So können wir unsere Position innerhalb einer Gruppe stärken – und garantieren unsere eigene Sicherheit. Auch als Erwachsene sind wir dann idealerweise in der Lage, eine traurige Freundin in den Arm zu nehmen oder anderen zuzuhören. Die Fähigkeit, uns in andere einzufühlen und mit ihnen mitzufühlen, verbindet uns miteinander.

Aber du kennst das bestimmt auch: Du möchtest jemanden näher kennenlernen. Aber du traust dich nicht, fühlst dich schüchtern oder vielleicht fällt dir Smalltalk schwer. Sich zu anderen dazustellen? Wir alle wissen, dass das nicht immer so einfach ist.

In sozialen Situationen kann sich Einsamkeit sogar schlimmer anfühlen, als wenn man allein in seiner Wohnung sitzt. Auch Ian fühlte sich vor allem unter anderen Menschen einsam: »Alle reden miteinander und schaffen es, im Gespräch eine gemeinsame Ebene zu entwickeln. Es ist eine quälende Erfahrung, unter Menschen zu sein und sich dennoch abgeschnitten von ihnen zu fühlen. Dann wurde mir immer bewusst, wie einsam ich eigentlich bin. Was sagt es über mich aus, wenn keiner von den vielen Menschen hier Lust hat, mit mir zu sprechen?« In der Psychologie gibt es mittlerweile einen Begriff, der Ians Erleben, wie ich finde, ziemlich gut einfängt: existenzielle Einsamkeit.[15, 16] Das klingt heftig. Dieser Begriff beschreibt, dass Menschen sich grundlegend von anderen abgeschnitten fühlen können. Solche, die sich existenziell einsam fühlen, beschreiben eine allgegenwärtige Distanz zwischen ihnen und anderen Menschen. Ihr Erleben ist mit Gefühlen von Leere, Entfremdung und dem Eindruck, von anderen verlassen worden zu sein, verknüpft[17]. In meiner therapeutischen Arbeit begegnen mir häufiger Menschen, die diesen Gefühlskomplex seit vielen Jahren kennen. Oft fühlen sich Menschen im Umgang mit diesem Mix aus Sehnsucht und Traurigkeit überfordert.

Intensive Gefühle können schmerzvoll sein. Es ist natürlich, dass in so einem Fall die Flucht aus dem Gefühl heraus als die erstbeste Option erscheint. Bei manchen Menschen sind es Alltagsausreden: »Ich habe sowieso keine Zeit« – das Verstecken hinter To-do-Listen und dem Job, in virtuellen Welten, hinter der Kunst, dem Essen oder einer Reise auf die andere Erdhalbkugel. Solche Strategien helfen uns kurzfristig, führen langfristig aber oft dazu, dass wir uns noch mehr isolieren.

Es gibt zahlreiche Ideen und Tipps oder Ratgeber zum Thema,

wie man Einsamkeit beheben kann. Aber mal ehrlich – wenn das Gefühl so tief sitzt, dann hilft »mal rausgehen« nicht. Dann braucht es professionelle Unterstützung, einen ruhigen Raum des Vertrauens, in dem man vorsichtig üben kann, sich anderen Menschen zuzuwenden.

IN KLEINEN SCHRITTEN ALIENGEFÜHLE ÜBERWINDEN

Wie geht es Ian heute? Er nimmt sich als Mensch wahr, der gute soziale Beziehungen hat. Aber aktuelle Krisen führen durchaus dazu, dass er sich zwischenzeitlich doch mal einsam fühlt. Während der Coronapandemie sah Ian über Monate hinweg kaum einen Menschen. Dabei waren die ersten drei Monate entschleunigend. Es war schön, nicht in die Uni gehen zu müssen und Zeit zu Hause zu verbringen. Auch ich erinnere mich an die erste Phase der Pandemie: Waldspaziergänge, Bananenbrot und YouTube-Yoga. Mal nett, nichts zu müssen. Keine »Fear of missing out«, stattdessen eine ganz klare Liaison mit der eigenen Jogginghose. Doch dann kam der Winter und brachte neben kühleren Temperaturen einen nicht enden wollenden Lockdown mit sich, der das Gefühl von Einsamkeit unter den Weihnachtsbaum legte. So ging es auch Ian: »Da kam diese Zeit, in der sich alle zurückzogen. Ich habe mich dann wieder so einsam gefühlt wie früher. Dann, nach dem Winter, habe ich mich langsam doch wieder mit einzelnen Menschen getroffen. In dieser Phase hat selbst der introvertierteste Mensch – und dazu zähle ich mich – gemerkt, dass man mal soziale Kontakte braucht.«

Was dann passierte, beschreibt Ian als spannende Entwicklung in seinem Leben: »Wir haben plötzlich alle angefangen, darüber zu sprechen, wie es uns geht. Tiefe Gespräche. Da ist so eine Coolness von einem abgefallen.« Ian bestätigt das, was die Einsamkeitsforschung uns sagt: Wir brauchen vor allem emotional tiefe Beziehungen zu anderen Menschen.

Ian schaut heute aus einer anderen Perspektive auf seine Vergangenheit und hat eine gute Erklärung dafür gefunden, warum sich manche Menschen einsam fühlen: Jeder braucht Leute, die zu einem passen. Und die muss man erst mal finden. Gar nicht so einfach, vor allem, wenn man eher introvertiert oder schüchtern ist. Für einen einzelnen Menschen kann es schwierig sein, ein passendes soziales Biotop zu finden. Ian sieht darin auch eine gesellschaftliche Aufgabe: »Gerade Kinder und Jugendliche benötigen Unterstützung von anderen Menschen, um ihre eigene Identität zu entwickeln und ein Umfeld zu finden, in dem es für sie leicht ist, durch ihre Talente oder Interessen auf Wertschätzung zu stoßen.«

Dann plötzlich – Nudeln! Ian springt auf, läuft zu dem zischenden Gefäß, ich sehe, wie Wasser aus dem Topf auf die Herdplatte läuft. »Alles unter Kontrolle«, ruft Ian und kommt einige Augenblicke später mit einem Teller voller Spaghetti wieder. Erst mal Parmesan, bevor Ian weiterberichtet.

Er hat noch etwas beobachtet: »Oft ist man ja in Strukturen eingebettet, die man sich nicht aussuchen kann. Schule, Familie, Nachbarschaft. Manchmal passt man mit seinen Interessen und Neigungen nicht so gut in seine Umgebung. Und wenn man nicht die positive Erfahrung macht, dass es auf dieser Welt doch Leute gibt, die ähnlich ticken, dann zieht man sich irgendwann in sich zurück. Weil man nur erlebt, dass man anders ist.« Fröhlich sticht er mit seiner Gabel in den Teller Nudeln. Soße? Überbewertet! Außerdem muss es heute schnell gehen, und die belgische Wohnraumküche bietet nicht viel Luxus zum Kochen ausgedehnter Mahlzeiten: »Ich habe gleich noch ein virtuelles Meeting mit anderen Weltraum-Leuten, wir hängen da zusammen ab.«

Von Ian lerne ich: Einsamkeit hängt stark mit den Beziehungserfahrungen zusammen. Haben wir gelernt dazuzugehören, oder werden wir ausgeschlossen? Das prägt uns!

Ein anderer Mensch, mit dem ich mich entschlossen habe, über Einsamkeit zu sprechen, ist Nia. Sie ist Mitte zwanzig, lebt in einer größeren Stadt in Deutschland und fasst hier gerade in einem sozialen Heilberuf Fuß. Nia sitzt gemütlich in ihrer von Pflanzen überwucherten Wohnung auf einem Stuhl vor ihrem Bildschirm. Verknotet und kreativ. Bevor wir miteinander ins Gespräch kommen, sendet sie mir zwei Mindmaps zu, mit allem, was ihr zum Thema Einsamkeit eingefallen ist. In zwei verschiedenen Handschriftarten stehen dort Fragen wie »Fühlen sich Schneeflocken einzigartig?« aber auch ein Zitat aus dem bekanntesten Kinderbuch von Charlie Mackesy: »Eine unserer größten Freiheiten liegt darin, wie wir auf Dinge reagieren.«[18]

Wenn sich Nia an ihre Kindheit erinnert, dann fährt sie in Gedanken eine lange Straße hinauf, bis auf einen Berg, auf dem sich ihr Haus damals befindet. Direkt am Waldrand. »Ich kenne den Wald wie meine Westentasche«, erzählt Nia. Sie spricht langsam, denkt über jeden Satz nach, den sie formuliert. Nia erinnert sich an ihre Vergangenheit. Sie findet früh Freundschaften – und fühlt sich doch immer »anders« als alle anderen. Leiser. Sie mag die Ruhe. Klavier spielen, malen, den Wald erkunden, das gefällt Nia viel mehr als wilde Spiele mit anderen Kindern. »Wenn ich an den Kindergarten oder an die Schule denke, dann war es mir dort viel zu laut. Zu viele Kinder, Lärm, ich habe immer sehr sensibel auf meine Umgebung reagiert.« Sie zieht sich zurück und schafft sich eine, die ruhiger ist als ihre Umgebung da draußen. Inmitten von Laubbäumen und Klavierpartituren begegnet ihr aber auch das Gefühl von Einsamkeit. »Wenn ich anderen Menschen gesagt habe, dass es mir zu laut ist und die dann geantwortet haben, dass das so nicht stimmt, hat mich das einsam gemacht. Ich habe gelernt, dass die Art, wie ich meine Umgebung und Sinnesreize wahrnehme, nicht zu stimmen scheint und in Frage gestellt wurde.« Nia nimmt daraus mit, dass sie zu sensibel ist und sich nicht so anstellen soll. In ihr entsteht das Gefühl, anders zu sein als alle anderen – wie bei Ian. Und ähnlich wie ihn erfasst sie das Gefühl von Einsamkeit meistens dann, wenn sie sich in einer Gruppe von Menschen aufhält.

Zu Hause, da gibt es viele Möglichkeiten, um dem Gefühl zu entfliehen. Musik hören oder machen, zeichnen. Ihr Zufluchtsort ist bis heute die Natur geblieben. »Denn, in der Natur, da wird man nicht in Frage gestellt. Man wird nicht gesehen, aber man wird auch nicht übersehen.« Doch auch wenn Nias Kindheit aus Spaziergängen im Wald und musikuntermalten Phantasiewelten besteht, fehlen ihr andere Menschen, die ihr ähnlich sind. Sie wünscht sich Freundschaften. Nur eben in leiser Sprache. Während die Welt um sie herum weiterhin laut und wild bleibt, formen sich immer mehr Gedanken in ihrem Kopf, die ihre Art zu fühlen zunehmend in Frage stellen. Nia denkt, für Beziehungen zu anderen Menschen nicht auszureichen, und entwickelt Ansprüche an sich selbst: »Ich habe geglaubt, ich muss achtsam, liebevoller und besser werden, damit man mich endlich mal mag«, erzählt sie. Das erzeugt Druck. Als junge Erwachsene beginnt sie dann zu tanzen und stößt hier auf Gleichgesinnte. Sie entdeckt Menschen, die zu ihr passen. Nia beschreibt die Menschen aus ihrer Tanzszene als »einzigartig wie Schneeflocken, aber auch ziemlich ähnlich«.

Was meint Nia, könnte helfen, um Einsamkeit zu bekämpfen? »Wir müssten enttabuisieren, dass Menschen sich auch mal einsam fühlen. Und dass sie dann nach Hilfe fragen. Denn dafür braucht man ganz schön viel Stärke.« Auch der Autor Daniel Schreiber formuliert in seinem Buch *Allein*, dass Einsamkeit häufig stark tabuisiert wird. Wer einsam ist, erlebt das fast schon als ein persönliches Scheitern[19].

Doch Nias Erfahrung mit Einsamkeit macht sie auch zu Expertin in Krisenzeiten: »Während der Pandemie hatte ich das Gefühl, dass sich viele Menschen das erste Mal mit dem Thema beschäftigen. Ich selbst habe mich total erfahren gefühlt und dachte nur: ihr Anfänger!« Als Nia mir das erzählt, lacht sie. Stimmt, das wollte sie eigentlich auch noch auf ihre Mindmap schreiben.

Einsamkeit hat viele Gesichter. Ian und Nia sind zwei davon. Ihre Erfahrungen decken sich mit Erlebnissen, von denen auch andere Klientinnen oder Freunde berichten und die ich selbst aus meinem Leben kenne. Halten wir fest: Einsamkeit kennen viele von uns besser, als wir vor anderen zugeben würden. Und auch das Gefühl, komisch, anders oder unausstehlich zu sein, kommt vielen von uns bekannt vor. Vielleicht könnte es fast schon eine kleine Revolution gegen die Stille sein, wenn wir lernen, genau darüber miteinander zu sprechen.

EINSAMKEITSFORSCHUNG: WIE DATEN UNS ISOLATION ERKLÄREN

Persönliche Erfahrungen sind essenziell, wenn wir Einsamkeit begreifen wollen. Aber auch der Blick in die Wissenschaft hilft uns, die Entstehung und Aufrechterhaltung von Einsamkeit besser zu verstehen. Einsamkeit ist ein verbreitetes Phänomen – und ermöglicht dadurch flächendeckende Studien.

Wie einsam sind die Menschen in Deutschland? Anruf bei Dr. Theresa Entringer. Sie ist Wissenschaftliche Mitarbeiterin beim Deutschen Institut für Wirtschaftsforschung und untersucht dort Persönlichkeitseigenschaften und deren Entwicklung, aber auch Aspekte psychischer Gesundheit. Sie erforscht außerdem die Einflüsse der Coronapandemie auf das Wohlbefinden und die psychische Gesundheit in Deutschland. Ich spreche im November 2022 mit ihr und frage nach: Wie einsam sind wir?

Erst mal: Einsamkeit zu untersuchen, ist schwierig. Es gibt keine normierte Viruslast für dieses Gefühl. Hinzu kommt, dass Faktoren wie soziale Normen, soziales Leben, Digitalisierung und die individuelle Lebensumgebung unser Einsamkeitserleben beeinflussen. Um zu erfassen, wie einsam wir uns fühlen, stellen Theresa Entringer und ihre Kolleginnen ihren Studienteilnehmerinnen drei Fragen: Wie oft haben Sie das Gefühl, dass Ihnen die Gesellschaft anderer fehlt? Wie oft haben Sie das Gefühl, außen vor zu sein? Wie oft haben Sie das Gefühl, dass Sie sozial isoliert sind?[20] Während der Coronapandemie stiegen die Werte enorm an.[21] Menschen fühlten sich deutlich einsamer als in den Vorjahren. Theresa Entringer konnte messen, dass dieser Trend nach dem Ende der Kontaktbeschränkungen rückläufig war: »Wir haben über den Sommer 2020 immer wieder Daten erhoben und festgestellt, dass das Einsamkeitserleben in Richtung der Vorjahre ging. Es gibt noch keine gesicherten Daten, aber ich könnte mir vorstellen, dass sich diese Zahlen zum Ausgangsniveau zurückbewegen.« Eine sich steigernde »Einsamkeitspandemie«, die in den Medien oft beschrieben wird, ist anhand der Datenlage also nicht erkennbar.[22] Die Zukunft vorhersagen kann niemand. Dennoch ist es für Forscherinnen, die beispielsweise im *Kompetenznetz Einsamkeit* mitwirken, essenziell, die Entwicklung zu beobachten.

Die Frage, welche Personengruppen am einsamsten sind, lässt sich aktuell einfacher beantworten. Umfragen zeigen, dass die »jüngeren Alten« zwischen 65 und 75 Jahren das geringste Einsamkeitserleben zeigen. Alte Menschen ab 80 Jahren fühlen sich demnach am einsamsten. Aber auch die Gruppe der jüngeren Erwachsenen beschreibt sich zunehmend als isoliert.[23, 24]

Warum sind Menschen aus diesen demographisch so verschiedenen Gruppen am ehesten betroffen? Einsam werden wir meist vermutlich dann, wenn wir aus gewohnten Strukturen herausgerissen werden und – im Falle der über Achtzigjährigen – vielleicht auf Pflegeheime angewiesen oder nicht mehr mobil sind. Während der Pandemie verstärkte sich das Einsamkeitsempfinden auch bei Jugendlichen und jüngeren Erwachsenen, ebenso bei Alleinstehenden und Eltern kleiner Kinder.[25, 26] Social Distancing und Quarantäne wirkten da wie Brandbeschleuniger. Diana Kinnert schreibt in ihrem Buch *Die neue Einsamkeit* über gesellschaftliche Einflüsse, die eher Flexibilität statt Verbindlichkeiten fördern und damit Vereinsamung begünstigen.[27] Wer zum Beispiel für seinen Job dauernd umziehen muss, hat weniger Zeit und Ressourcen, Freundschaften zu knüpfen.

Auch die eigene Persönlichkeit kann Einsamkeit beeinflussen. Introvertierten Menschen fällt es leichter, Kontakt auch mal nur über digitale Medien aufrechtzuerhalten, während extrovertierte Menschen eher den direkten Austausch mit anderen bevorzugen würden.[28] Das erklärt uns, warum manche Menschen sich gerne verkapseln, wohingegen andere sich schon beim Gedanken an einen Sonntag allein zu Hause isolierter fühlen.

WENN EINSAMKEIT ZUR BELASTUNG WIRD

Ab wann wird Einsamkeit für Menschen zu einer echten Belastung? Ausschlaggebend dafür, ob Einsamkeit langfristig Spuren hinterlässt oder nicht, ist die Zeitspanne, in der wir uns einsam fühlen. Kurze Phasen der Einsamkeit sind nicht schädlich, sie können daran erinnern, soziale Kontakte wiederaufzunehmen, oder sogar kreativ beflügeln.[29] Jedes Liebeslied und -gedicht ist wahrscheinlich mit ein bisschen Einsamkeit im Nacken entstanden. Problematisch wird es erst dann, wenn Einsamkeit chronisch wird – also lange Zeit andauert. Ein Versuch mit über 300 000 Teilnehmerinnen, die über sieben Jahre hinweg begleitet wurden, zeigte, dass diejenigen, die enge Freundschaften hatten, deutlich länger lebten und auch gesundheitlichen Problemen besser widerstehen konnten, unabhängig von ihrem Alter, ihrem Geschlecht oder ihren Lebensumständen.[30] Mittlerweile weiß die Forschung, dass Einsamkeit auch mit anderen Gesundheitsrisiken einhergeht, beispielsweise mit psychischen Erkrankungen wie Angst- und Schlafstörungen, Depressionen und der Tendenz, sich ungesund zu ernähren.[31] Die Einsamkeitsforscherin Julianne Holt-Lunstad berechnete: Wer sich dauerhaft einsam fühlt, bei dem erhöht sich das Sterberisiko um 26 Prozent.[32] Die

Forschung zeigt auch, dass Menschen, die sich häufig einsam fühlen, auch dazu neigen, ihr soziales Umfeld als unsicher und sogar feindselig wahrzunehmen.[33] Für Menschen, die unter chronischer Einsamkeit leiden, kann es also umso schwerer werden, den Teufelskreis der Einsamkeit alleine zu durchbrechen.

Einsamkeit beeinflusst nicht nur unsere Psyche, sondern auch unsere körperliche Gesundheit. Seit den 1970er Jahren betrachten Forscher zunehmend die Zusammenhänge zwischen Einsamkeit und körperlichen Erkrankungen.[34, 35] Einsame Menschen neigen demnach zu erhöhtem Blutdruck, erhöhten Entzündungswerten und einer verstärkten Ausschüttung von Stresshormonen wie Cortisol, die das Risiko für Herzinfarkte, Schlaganfälle und Krebserkrankungen steigern.[36] Menschen, die in einem funktionierenden sozialen Umfeld leben, leiden im Vergleich dazu seltener an diesen Erkrankungen. An dieser Stelle können wir uns natürlich fragen, ob der Effekt auch umgekehrt verlaufen kann. Der Psychiater und Forscher Andreas Meyer-Lindenberg beobachtete, dass im Alter körperliche Erkrankungen oft ein Grund für Einsamkeit sind, da sie Menschen davon abhalten, Beziehungen zu anderen aktiv führen zu können.[37] Bei jüngeren Menschen kehrt sich dieser Effekt jedoch um: Wer jung ist und einsam lebt, riskiert viel eher körperliche und psychische Folgeschäden.

Einsamkeit kann jede von uns treffen und sich negativ auf uns auswirken. Es lohnt sich zu erforschen, was individuelle Lösungswege sind, um sich weniger isoliert zu fühlen. Vielleicht kann dich das Leben in der Antarktis und im All inspirieren. Denn dort leben – wie schon erwähnt – nur wenige Menschen. Manchen gelingt es, sich trotz sozialer Distanz zu Familie und Freunden gut und verbunden zu fühlen.

EINSAM IM EIS? DAS MUSS NICHT SEIN!

Ziehen wir uns gedanklich erst einmal eine warme Winterjacke an und reisen ans andere Ende der Erde. Eis und Schnee – das ist Sams Lieblingsumgebung. Sam ist ein Paradebeispiel dafür, wie man alleine sein kann, ohne sich einsam zu fühlen. Vorweg: Ich mag Sams Geschichte und die Art und Weise, wie er dem Gefühl von Einsamkeit begegnet. Möglicherweise können wir uns die ein oder andere Verhaltensweise von ihm abschauen. Gleichzeitig ist es völlig in Ordnung, wenn wir beim Gedanken an einen Solotrip in die Antarktis gerne den Kopf in den Schnee stecken würden.

Ich begleite Sam digital im Rahmen meines Forschungsprojekts zum Thema »Umgang mit Emotionen in Extremumgebungen« auf seiner Reise durch Eis und Schnee. Als ich mit Sam über Zoom spreche, sitzt er gerade in London. Das Erste, was ich höre, ist sein übergroßer Hund, der laut in unsere Begrüßung hineinbellt. Sam ist Mitte dreißig, kurze Haare, hager, mit klarem britischen Akzent. Sein nächstes Urlaubsziel könnte ungewöhnlicher nicht sein: Er möchte 80 Tage lang durch die Antarktis wandern. Allein. Temperaturen von minus 50 Grad werden ihn auf seiner fast 2000 Kilometer langen Route begleiten. Das ist die Strecke von der Nordsee bis nach Rom. Fünfmal weiter als die Internationale Raumstation von der Erdoberfläche entfernt ist. Eine so lange Strecke hat noch niemand in der Antarktis zurückgelegt – und vor allem nicht komplett allein. Mal eben zum Supermarkt? Eher nicht! Stattdessen muss er sich auf die 120 Kilogramm Vorräte verlassen, die er auf einem Schlitten hinter sich herzieht. Schlafen wird er in einem gut isolierten Schlafsack auf einer Eisscholle, die einigermaßen gemütlich aussieht. Als ob die Kälte und der Mangel an Nahrungsmitteln nicht schon herausfordernd genug wären, packt Sam auch die Einsamkeit mit in seinen Rucksack. Für Sam ist klar: lieber alleine reisen als mit unpassenden Reisegefährten. »Ganz ehrlich: Es ist nicht einfach, jemanden zu finden, mit dem man so gut harmoniert, dass man eine solche

Expedition zusammen durchziehen kann. Wenn man dann in der Antarktis sitzt und nur ein Gegenüber hat, mit dem man sich nicht gut versteht – das fühlt sich viel einsamer an, als allein unterwegs zu sein.« Sam sieht in seiner Solotour also sogar einen Vorteil. Doch was bedeutet Einsamkeit für jemanden, der freiwillig für 80 Tage weitestgehend keinen Kontakt zu anderen Menschen haben wird?

»Hast du Angst davor, einsam zu sein?«, frage ich ihn. Er schüttelt den Kopf: »Nee, eher davor, dass die Energieriegel knapp werden.«

Typisch. Das erlebe ich in meiner Arbeit als Teampsychologin oft. Gefühle wie Einsamkeit oder Langeweile sind den meisten Extremabenteurern nämlich erst mal unbekannt. Welche wichtige Rolle die Psyche bei so komplexen Extremexpeditionen spielt, das erfassen die meisten von ihnen erst im Nachhinein. »Habe ich total unterschätzt!«, höre ich dann häufig. Meine Aufgabe ist es deshalb, die Menschen schon im Vorfeld auf mögliche Schieflagen der eigenen Stimmung vorzubereiten. »Hast du eine Idee, was du machst, wenn es dir mal schlecht geht?«, frage ich Sam. Er wägt ab: »Natürlich mache ich erst mal weiter.« Nach ein paar Minuten fallen ihm dann doch noch Strategien ein. Dazu aber später mehr.

Die Frage, die ich mir stelle, wenn ich Menschen wie Sam begegne, ist: Gibt es Menschen, die besser mit Einsamkeit zurechtkommen können als andere? Im Gespräch mit Sam zeigt sich schnell, dass er es kennt, mit sich allein zu sein, und damit keine Bedrohung, sondern sogar ein schönes Gefühl verbindet. Sam wuchs als Einzelkind auf, seine Mutter – eine Krankenschwester – arbeitete im Schichtdienst. Eine seiner Kindheitserinnerungen zeigt ihn, wie er mit einer Cornflakes-Schale gemütlich Kinderserien anschaut. Er ist jemand, der lieber in seinen eigenen Gedankenwelten abtaucht, anstatt jeden Tag mit Menschen sprechen zu müssen. Für sein Abenteuer in der Antarktis stellt das einen erheblichen Vorteil dar. Denn wenn Sam auf sich gestellt ist, verbindet er viel eher ein positives Alleinsein damit als unfreiwillige Isolation: »Alleinsein kann man nicht immer beheben. Wenn ich allein in der Antarktis bin, dann ist das für diesen Moment so. Aber das muss nicht dazu führen, dass ich mich einsam fühle. Oft reichen schon wenige Minuten Kontakt zu einer anderen Person, um mich verbunden zu fühlen.« Die Herausforderung steht. Eine richtige Reisebegleitung hat Sam nicht. Außer einem Satellitentelefon, das er für Notfälle nutzen wird, gibt es kein Eisschollen-Videostreaming oder Schnee-Wifi. Abenteurer wie Sam sind verpflichtet, jeden Tag mit einer Ärztin ein kurzes Gespräch via Satellitentelefon zu führen. Das ist alles! Was erst mal einsam klingt, fühlt sich für Sam ganz anders an. Zwei bis drei Minuten, die aber schon viel ausmachen können. »Das hat nichts mehr mit der Einsamkeit zu tun, die Forscher vor 100 Jahren erlebt haben. Die waren richtig von der Außenwelt abgeschnitten«, erzählt er. Eine kurze Funkverbindung kann das Gefühl der Abgeschiedenheit für Sam reduzieren. Trotzdem wird es Momente geben, in denen der Abenteurer mit sich allein zurechtkommen muss. Dabei greift er am liebsten auf Strategien zurück, die schon in seiner Kindheit gut funktioniert haben. Er hat schon immer gerne viel Musik und Podcasts gehört. Ablenkung ist eins von Sams Rezepten gegen die Einsamkeit. Wer beschäftigt ist, hat keine Zeit, nachzudenken oder ins Grübeln zu verfallen. Dabei helfen eine feste Tagesstruktur und sinnvolle Aufgaben, wie die Teilnahme an meinem Forschungsprojekt. Dafür wird Sam ein Tagebuch anfertigen, in dem er seine Erfahrungen reflektieren und festhalten wird, welche Gefühle er im Laufe der Zeit erlebt hat und wie er mit ihnen umgegangen ist.

Sam erklärt mir, wie wichtig es ist, seine Selbstfürsorge genau zu planen. Menschen erleben durchaus Stimmungseinbrüche, wenn sie plötzlich mitten auf einer Expedition feststellten, dass der Streaming-Account nach 30 Tagen ohne Internetverbindung auslaufen wird und sie sich nicht mehr mit Musik ablenken können. Andere Expeditionisten verzweifeln beim Aufbau eines neuen Zeltes. Spontanen Schockmomenten möchte Sam vorbeugen und setzt dafür auf gute Vorbereitung. Er unternimmt kleine Wochenreisen nach Norwegen, testet dort seine bis ins letzte Detail ausgefeilte Ausrüstung und probiert aus, wie es sich anfühlt, im tiefsten Winter alleine in der Natur zu übernachten.

Von Sam nehme ich mit, dass gute Planung hilfreich ist. Auf unseren Alltag übertragen heißt das: Wenn wir in Situationen gelangen, die Einsamkeit hervorrufen können, lohnt es sich, im Vorfeld überlegt zu haben, was uns hilft. Eine Nacht in einer anderen Stadt in einem dunklen Hotelzimmer oder Weihnachten alleine zu Hause? Hier helfen Tagespläne mit Aktivitäten, Playlisten und Podcasts oder auch ein spannendes Buch. Bevor uns Gefühle überfordern und handlungsunfähig werden lassen, dürfen wir uns zeitweise mal davon ablenken.

Doch auch mit diesen Strategien können wir an unsere Grenzen kommen. Denn selbst die beste Vorbereitung und die zahllosesten Ablenkungen schützen nicht davor, nachts im Zelt zu liegen und in der Dunkelheit von dem einen oder anderen schwermütigen Gedanken eingeholt zu werden. Was kann man dann tun? Sam sagt: »Mir hilft es, das Gefühl dann erst mal zu akzeptieren. Es klingt wie ein abgedroschener Kalenderspruch, aber ich finde, da ist etwas dran: Du kannst das Wetter nicht beeinflussen, schon aber, ob du eine Jacke dabeihast.« Auch im Alltag kann Akzeptanz eine selbstfürsorgliche Herangehensweise an Einsamkeitsgefühle darstellen. In der Psychotherapie halten seit Jahrzehnten immer mehr Verfahren Einzug, die Gefühle nicht verändern, sondern erst einmal Raum für Akzeptanz und Selbstmitgefühl schaffen wollen.[38] Gerade bei Einsamkeit hilft es, den Gefühlen, die dabei entstehen, mit einer freundlichen Haltung zu begegnen, anstatt sie sich abzusprechen.[39] Einsamkeit tut weh, aber man kann den Schmerz lindern, wenn man ihn erst einmal erlaubt. Sich selbst einzugestehen, dass man sich einsam fühlt, ist ein erster Schritt, um einen Ausweg zu finden. Und in den Momenten, wo dir das zu viel wird – Musik aufs Ohr und an etwas ganz anderes denken! Wie gesagt: Es gibt kein Patentrezept gegen Einsamkeit. Aber wenn wir uns trauen, uns dem Gefühl zuzuwenden und mutig die ein oder andere Umgangsweisen damit zu erkunden, können wir zunehmend zu Expertinnen unserer eigenen Gefühlswelt werden.

ALS ASTRONAUTIN ALLEINE IM ALL

Vom anderen Ende der Erde ins All: Astronautinnen sind durch die Isolation im Weltall definitiv Expertinnen im Alleinsein. Aber sind sie auch einsam? Wir können von ihnen lernen, wie wir am besten damit umgehen, wenn wir wenig Kontakt zu anderen Menschen haben.

Isolation während einer astronautischen Raumfahrtmission wird in der psychologischen Weltraumforschung als einer der zentralen Risikofaktoren für Astronauten beschrieben.[40] Um es mit Matt Kowalski aus dem Film *Gravity* zu sagen, wo die Astronauten nach einem Notfall frei im All herumtreiben und von anderen Menschen entkoppelt sind: »Kann einem 'ne Scheißangst machen, wenn man ganz alleine hier rumfliegt, was?« Auf der Erde leben aktuell rund acht Milliarden Menschen. Im Weltall sind es – Stand November 2023 – hingegen nur zehn Menschen, die entweder auf der Internationalen Raumstation oder der chinesischen Raumstation Tiangong durch die Schwerelosigkeit treiben. Sie sehen ihre Familie oder Freunde monate- oder womöglich jahrelang nicht, und ihr einziger zwischenmenschlicher und körperlicher Kontakt besteht zu der kleinen Gruppe des jeweiligen Missionsteams. Die Erfahrung dieser Abgeschiedenheit umfasst auch den Verzicht auf einen Spaziergang im Wald, den Geruch von frisch gebackenem Brot, oder auch die Teilhabe am öffentlichen Leben.

Der Verhaltensforscher Jack Stuster analysiert seit Jahrzehnten für die NASA, wie sich Menschen in Isolation auf der Erde und im All psychisch verändern.[41] Um Daten zu Einsamkeit von Astronauten zu erheben, untersuchte er ab Beginn der 2000er Jahre die Missionsteams auf der ISS anhand von Tagebüchern und Fragebögen.[42]

In den Einträgen, die sich oft um Arbeit, das astronautische Mittagessen oder Konflikte mit Kollegen drehten, wollte er eine Antwort auf die Frage finden: Wie einsam fühlen sich die Menschen im All? Was er herausfand, widerspricht unserer gängigen Vorstellung von einem isolierten Leben weit weg von der Erde. Denn trotz der Distanz zu Freundinnen und Familie beschrieben die Astronautinnen, nichts, was darauf hinweist, permanent unter Einsamkeit zu leiden. Wichtig war ihnen, mit Freunden und Familien regelmäßigen Kontakt zu haben. Denn das Gefühl, jemanden zu vermissen, tritt im All durchaus auf. So berichtet der Astronaut John Blaha, seine Frau am meisten vermisst zu haben.[43] Für die NASA sind daher fest eingeplante Videocalls entscheidend. Jack Stuster beobachtete außerdem: Die Astronauten hatten schlichtweg zu viel Arbeit und keine Zeit, um sich einsam zu fühlen. Das entspricht einer Strategie, die wir schon kennen: Ablenkung. Auch heutzutage haben die Astronautinnen im All straffe Tagespläne, die zwar durchaus auch Freizeit vorsehen, ansonsten jedoch nicht viel Zeit zum Nachdenken lassen: Arbeit, Schlafen, Essen, Sport und auch das Gespräch mit der Psychologin der Bodenstation sind hier im Minutentakt eingetragen. Zu arbeiten kann Einsamkeit kompensieren. Aber sollen wir daraus jetzt mitnehmen, dass wir uns bei Einsamkeit am besten mit Arbeit zuschütten? Wohl kaum. Der Psychologe Al Holland sagt sinngemäß, dass es gerade für Astronauten wichtig ist, einen ausgefüllten Arbeitsplan zu haben, der Struktur ermöglicht – und auch davon abhält, ins Grübeln zu verfallen. Aber auch, dass sie regelmäßige Gespräche mit ihren Familien führen können.[44] Denn Zwischenmenschlichkeit wirkt immer noch stärker als Ablenkung durch Arbeit.

Astronautinnen leben in einer kleinen, aber sehr engen und freundschaftlichen Gruppe mit ihren Kollegen, die sie oft bereits durch jahrelanges gemeinsames Training kennen. Das wirkt sich auf Beziehungen aus. In der Wissenschaft spricht man vom sogenannten »Proximity-Effekt«.[45] Dieser besagt, dass sich Menschen, die sich häufig begegnen, auch emotional näherkommen. Das zeigte eine Studie, die sich das Freundschaftsverhalten von Studierenden in einem Wohnheim anschaute. Diejenigen, die auf der gleichen Etage zusammenlebten, bauten eher Freundschaften zueinander auf. Auch die Professorin Sheila Liming schreibt in ihrem Buch *Hanging Out: The Radical Power of Killing Time*, dass das zufällige Abhängen mit Freundinnen ein Rezept gegen Einsamkeit ist.[46] Es muss also nicht immer eine aufwendige Dinnerparty sein – bodenständiges, gemeinsames Herumdümpeln im Park ist völlig ausreichend. Ähnlich ist es auch bei Menschen im All. Ein geteiltes Weltraum-WC oder ein Krisentraining in einer Höhle lassen wenig Platz für räumliche, zeitliche oder emotionale Distanz. Alles in allem kommt also bei einer Mission auf der Internationalen Raumstation eher die Stimmung eines Wissenschaftssommercamps auf als die einer Isolationshaft. Und das verbindet.

KONTAKTBRÜCKEN ZU ANDEREN MENSCHEN SCHLAGEN: WIE GEHT DAS?

An dieser Stelle ist es aber auch wichtig, mit den Füßen auf der Erdoberfläche und damit realistisch zu bleiben. Astronautinnen werden immerhin rundum umsorgt. Das Team am Boden, zu dem auch Ärzte gehören, kümmern sich darum, dass es den wenigen Menschen im All gut geht. Etablierte Infrastrukturen sorgen dafür, dass sich die Raumfahrer nicht einsam fühlen. Auf der Erde sieht es jedoch anders aus. In Therapiesitzungen begegne ich immer wieder Menschen, deren Alltag komplex und herausfordernd ist. Wer allein kleine Kinder versorgt, hat nicht unbedingt Zeit für einen Sportverein. Wir sollten anerkennen, dass Einsamkeit nicht die Verantwortung – oder noch schlimmer Schuld – von einzelnen Menschen, sondern auch eine gesellschaftliche Aufgabe ist.

Wo können wir also aus unseren Strukturen ein wenig ausbrechen? Die Philosophin Sabine Hohl stellt die berechtigte Frage, warum wir in unserer Gesellschaft romantische Beziehungen oft höher gewichten als Freundschaften.[47] Und uns damit oft von Gruppen und neuen sozialen Kontakten isolieren. Oder wie es eine gute Freundin von mir einmal weniger philosophisch ausdrückte: »Das ist doch dumm. Man baut ein Haus schließlich auch nicht nur auf einen Pfeiler.« Das ist ein Aspekt, der im All gut läuft: Raumfahrt ist Teamarbeit, und die Gruppe wird großgeschrieben. Je nachdem, wie wir jeweils leben, kann uns die Frage weiterbringen: Wie kann ich Freundschaften und Gruppen vielleicht mehr wertschätzen, als ich es aktuell tue? Und wie kann ich Beziehungen in meinen Tagesablauf integrieren? In England sorgt man dafür, indem man soziale Kontakte auf Rezept verordnet. »Social Prescribing« nennt sich das – und es hilft gegen Einsamkeit[48]. Wie sieht das aus? Patientinnen, die ein »Rezept gegen Einsamkeit« erhalten, werden zu Sozialarbeitern geschickt, die mit ihnen Möglichkeiten erarbeiten, wie sie Beziehungen zu anderen Menschen aufbauen könnten. Hat jemand früher gerne Schach gespielt? Die Sozialarbeiterin unterstützt, eine lokale Gruppe zu finden. Oder sollte jemand sich zusätzlich mehr bewegen? Dann steht ein Teamsport auf dem Rezept: Exercise on Prescription – ab zum Tanzen heißt das dann! Auch wenn wir keine Anti-Einsamkeitsrezepte bei unserer Hausärztin erhalten können, kann das Beispiel motivieren, sich anderen zuzuwenden. Also vielleicht mal die Nachbarin nachmittags einladen, auch wenn die Kinder in der Wohnung Chaos verbreiten. Bekannte spontan anrufen. Den netten Kollegen einfach mal mit zum Sport schleppen. Grenzen verschwimmen lassen. Treffen mit Freunden auch dann wahrnehmen, wenn wir schlechte Laune haben und den Impuls abzusagen.

Im All wie auch auf der Erde gilt: Es braucht eine Gruppe von Menschen, um sich nicht einsam zu fühlen. Menschen, mit denen wir Zeit verbringen und auch mal ein Abenteuer erleben. Das ist aber noch nicht alles. In meiner psychotherapeutischen Arbeit höre ich nämlich oft einen Satz: »Ich kenne zwar Menschen, aber ich habe niemanden, dem ich DAS erzählen kann.« Beziehungen müssen also nicht nur vorhanden sein, sondern – wie bereits erwähnt – auch eine gewisse Qualität mitbringen. Aber was kann uns dabei unterstützen, nicht nur viele, sondern vor allem vertrauliche Beziehungen zu entwickeln?

Wie auf der Raumstation braucht es ein funktionales Kollektiv aus einigen – vielleicht sogar wenigen – Menschen und die Möglichkeit, zu einem bestehenden sozialen Umfeld eine gute Beziehung herzustellen.

Wie aber fördert man innige Beziehungen? Darauf gibt es viele Antworten. Eine ist besonders spannend: Die Forschung von Wolfgang Tschacher betrachtet gezielt die körperliche Begegnung zwischen zwei Menschen.[49] Das ist insofern spannend, weil wohl die wenigsten Menschen auf ihre nonverbalen Signale achten, wenn sie mit anderen sprechen. Körperlichkeit geschieht oft schnell und unbewusst – und ist deshalb umso authentischer! Der Psychologe und sein Forschungsteam analysierten über Jahre erfolgreiche und weniger erfolgreiche Psychotherapiesitzungen, denn die Beziehung zwischen Klient und Therapeutin ist das, was wir in der Psychotherapie als einen der wichtigsten Wirkfaktoren für gute Psychotherapie bewerten.[50] Tschacher entdeckte: Je besser die Beziehung zwischen Therapeutinnen und Klientinnen war, desto eher synchronisierten sich die Körperbewegungen zwischen Klient und Therapeutin.[51] Körperliches Mitschwingen ist somit ein Prädiktor für die Beziehungsqualität zwischen Menschen. Wenn die Klientin ihre Beine im Gespräch überschlägt und ihre Arme verschränkt, könnte es der Therapeut automatisch auch tun, wenn er mitschwingt. Weitere Beobachtungen belegen diese Ergebnisse.[52]

Die Reaktionen unseres Körpers, aber auch unsere Gefühle in Beziehungen zu anderen zeigen: Wir Menschen sind soziale Lebewesen und brauchen einander – und zwar in direkter, fühlbarer Begegnung. Ein gutes Gespräch mit Freunden ist durch keinen virtuellen Spieleabend oder Mailkontakte zu ersetzen. Versuche, das Verlangen nach Zwischenmenschlichkeit mit technischen Ansätzen lösen zu wollen, münden oft lediglich in der sogenannten »Zoom-Fatigue«[53]. Im Weltall oder während einer Analog-Mission in der Wüste bleibt natürlich oft nichts anderes übrig, als den Bildschirm anzuschalten. Besser als nichts. Technik kann helfen, interplanetare Brücken zu schlagen, Zwischenmenschlichkeit ersetzt sie aber nicht: Viele Astronauten berichten von dem magischen Moment, wenn sie auf der Erde wieder ihre Liebsten in die Arme schließen.

Wir haben uns heutzutage daran gewöhnt, gesellschaftliche Probleme möglichst komplex lösen zu wollen. Aber das Gefühl von Einsamkeit verweist auf etwas Basales. Das Nervensystem eines Menschen möchte nämlich nicht das neueste virtuelle Interaktionsmedium ausprobieren, sondern benötigt eine echte Umarmung mit Nachdruck.[54] Wir werden Einsamkeit niemals kognitiv oder technisch vollständig lösen können. Denn Einsamkeit erfordert nicht unseren Intellekt, sondern spricht unser Empfinden von Stress- und Emotionsregulation auf einer simplen, körperlichen Ebene an. Wir brauchen also Beziehungen, in denen wir uns real begegnen und am besten sogar mal berühren können.

Neben dem körperlichen Miteinander zählt auch, wie wir uns begegnen. Versinken wir stundenlang im Smalltalk über den Job oder teilen wir miteinander, wovor wir Angst haben und welche Fehler wir machen? Stichwort: Selbstoffenbarung.[55] Indem wir uns anderen Menschen gegenüber öffnen, authentisch über uns sprechen und auch persönliche Informationen preisgeben, steigern wir die Wahrscheinlichkeit, dass ein Gegenüber ähnlich auf uns reagiert und wir mit der Zeit zu Freundinnen werden. Studien sagen, dass dieser Effekt am stärksten wirkt, wenn wir uns schrittweise aneinander herantasten.[56] Das macht Sinn. Denn wenn wir wildfremden Menschen mit unserem tiefsten Inneren begegnen, könnte das eher zu Irritation führen. Wer aber niemals über sich spricht, erscheint über längere Zeit distanziert und wird eher gemieden. Es braucht also eine gute Mischung aus Feingefühl für die gegenwärtige Gesprächssituation und eine Prise Mut, sich anderen auch mal verletzlich zu zeigen. Die Spieleindustrie hat das Bedürfnis nach intimem Austausch auch erkannt und vermarktet Kartendecks mit beziehungsfördernden Fragen für Paare und ganze Gruppen. Vielleicht ist es ein Versuch wert, das konfliktfördernde *Monopoly* mal links liegen zu lassen und sich lieber ein paar persönliche Geschichten zu erzählen. Wie geht es mir wirklich? Was bereitet mir aktuell Sorgen? Welche Träume verfolge ich schon lange? Welche peinliche Geschichte vertusche ich bis heute? Gut möglich, dass wir dann von unserem Gegenüber erfahren, dass diese Person sich manchmal einsam fühlt. Zuhören hilft und bietet die Möglichkeit, uns mit anderen emotional zu verbinden.

Astronauten oder Teams in Extremumgebungen haben oft keine andere Wahl, als sich zu öffnen und auch mal über die eigenen Schwächen zu sprechen und sie zu zeigen. Sie leben auf engstem Raum zusammen. Erfahrene Astronautinnen beobachten häufig, wie Erstflieger während der ersten Stunden im All aufgrund der Schwerelosigkeit zunächst einmal ihrer Spucktüte näherkommen. Situationen, die man im Erstkontakt mit einer Gruppe sonst lieber meiden möchte. Die dünne Habitatwand verrät zudem viel über das Schlafverhalten des Kojennachbarn. Und nach mehreren gemeinsamen Abendessen wird schnell deutlich, wer mit vollem Mund redet. In unseren Analog-Trainings setzen wir die Probanden bewusst unter Stress oder fördern Enge. Aufgaben müssen hier schnell bewältigt werden. Auch das Teilen der einzigen Dusche oder Gespräche über die Stärken und Schwächen der Gruppe fördern, dass unsere Analog-Astronautinnen sich immer besser kennenlernen und vertrauen. Schließlich zählt im Testhabitat nicht nur die Arbeit miteinander, sondern auch die emotionale Verbindung untereinander. Und auch in unseren Analog-Missionen erleben wir, dass die Analog-Astronauten zwar Freunde und Familie vermissen, sich aber nur selten wirklich einsam fühlen und dafür ein bestärkendes Verbundenheitsgefühl zu ihrer Astronautinnengruppe beschreiben.

Auch wenn wir nicht planen, in ein Simulationshabitat einzuziehen, um der Einsamkeit zu entfliehen, können wir etwas daraus lernen. Und auch von Ian, Nia und Sam können wir etwas für unseren Alltag mitnehmen: Einsamkeit ist nicht peinlich. Sie kann jedem von uns begegnen und definiert keinesfalls unseren Wert als Mensch. Es ist in Ordnung, dass sie uns überfordert und Angst macht. Wenn wir uns gerade mutig fühlen, dürfen wir hinhören und erkunden, welche Bedürfnisse sie uns vermitteln möchte. Ist uns das gerade zu viel, brauchen wir gute Strukturen und kurzfristige Ablenkung. Das sagen uns auch wissenschaftliche Erkenntnisse zum Aufbau zwischenmenschlicher Beziehungen und neueste Studien aus der Einsamkeitsforschung.

Einsamkeit kannten schon Neandertaler, aber auch im Weltall sprechen wir darüber, denn die Zugehörigkeit zu einer Gruppe ist für uns soziale Wesen unausweichlich. Am Lagerfeuer oder im Marshabitat zusammenzusitzen, gemeinsam Mammuts zu jagen oder die undichte Weltraumluke zu reparieren, schafft Freundschaften. Dabei dürfen wir uns trauen, uns in Beziehungen authentisch mitzuteilen.

Einsamkeit ist ein Gefühl, das sich durch seine leise Art in unser Leben einschleicht. Gerade das sollte uns einladen, möglichst laut über Einsamkeit zu sprechen. Miteinander.

02 Motivation

»Tu es oder tu es nicht.
Es gibt kein Versuchen.«
—
Missionsplanung für orbitale Expeditionen und
Rückenwind im Falle einer Kurskorrektur

Regelmäßig joggen gehen, eine neue Sprache lernen oder das eigene Buch zu Ende schreiben. Dafür brauchen wir nicht nur Zeit, sondern vor allem Motivation. Eine Fähigkeit, die es uns ermöglicht, eine Aufgabe erfolgreich zu bewältigen, ohne zwischendurch vom Weg abzukommen. Wir wissen alle, wie schwierig das sein kann. Ziel gesetzt und wenig später doch nicht weiterverfolgt. Eine Befragung zeigte, dass rund 36 Prozent der Menschen ihre Neujahrsvorsätze schon im Laufe der ersten vier Wochen wieder aus dem Kalender streichen. Immerhin 27 Prozent schaffen es, länger als zwei Monate durchzuhalten.[1] Ziemlich zäh!

Und dann gibt es Menschen, die sich so sehr anspornen können, dass sie Astronautinnen werden. Warum? Der Raumfahrtforscher Professor Mark Shelhamer schreibt frei übersetzt, dass die Antriebsfeder vieler Menschen in der Raumfahrt die Freude an der Forschung ist: »Raumfahrt ist eine Art von Entdeckungsreise. Meistens denken Raumfahrtbegeisterte dabei an wissenschaftliche Erforschung, aber es geht auch darum, Grenzen zu erweitern und neue Horizonte zu entdecken.«[2] Wir können uns vorstellen, wie viel

Motivation ein Mensch mitbringen muss, um dieses Ziel zu verfolgen. Bei Analog-Missionen begegnen mir immer wieder Menschen, die darauf hinarbeiten, irgendwann als Astronaut ins All zu reisen. Klar, viele wollten als Kind ins All. Die Frage lautet jedoch: Was unterscheidet jene, die ihren Traum nicht bereits nach der dritten Klasse an die Realität abliefern, von denjenigen, die dranbleiben, die für ihren Fußabdruck auf dem Mars hart kämpfen? Und wir stellen uns die Frage: Ist das wirklich immer sinnvoll? Oder wann lohnt es sich, doch mal das Raumschiff zu verlassen und auf dem Boden der Tatsachen zu landen? Denn auch im richtigen Moment aufhören zu können, ist wichtig, um sich nicht zu verrennen. Auch dafür haben Psychologinnen einen schlauen Begriff kreiert – man nennt das Zielablösung (dazu komme ich später noch). Denn freie Stellen als Anfängerastronautin findet man eher selten in gängigen Jobportalen. Die letzte Astronautenselektion der ESA fand 2021 statt (und die davor 2008), und wer sich damals bewarb, musste sich gegen 22 589 Mitstreiterinnen durchsetzen. Die Wahrscheinlichkeit, tatsächlich mal ins All zu reisen, ist also schwindend gering.

Aber was genau führt dazu, dass man seine Ziele akribisch verfolgt – oder auf den »Mission Abort«-Knopf drückt? Und ist Dranbleiben wirklich immer gut oder kann es sogar sinnvoll sein, ab und zu eine Kurskorrektur vorzunehmen?

Ich treffe als Erstes einen Menschen, der von Natur aus so richtig motiviert ist, um mich langsam an diese Fragen heranzutasten: Jonas. Ich kenne Jonas, seitdem ich fünfzehn Jahre alt bin. Damals spielten wir beide in einer Theatergruppe, reisten auf Theaterfestivals und lebten unsere alternative Jugend. Jonas hatte immer einen Block dabei und schrieb. Egal wo er war. Und Jonas ist der Mensch, an den ich als Erstes denken musste, als ich mit der Recherche für dieses Kapitel begann. Denn Jonas hat eine Fähigkeit, die mir oft fehlt: Er kann sich aufraffen und dranbleiben. Ich möchte von Jonas lernen, wie das gelingen könnte.

Straßenlärm. Jonas und ich sitzen auf einer Holzbank am Straßenrand und beobachten vorbeifahrende Autos und Spaziergängerinnen. Zweimal frischen Minztee und ein Sitzkissen gegen die Kälte, bitte!

Sein erstes Buch schreibt Jonas zusammen mit einer Freundin. Damals ist er dreizehn Jahre alt. »Mein erstes Langzeitprojekt«, erklärt er mir. Anstatt heimlich zu rauchen oder auf dem Schulhof zu flirten, sitzen die beiden Jugendlichen zwei Jahre lang an einem Buch mit Kurzgeschichten. Wenn ich mich im Vergleich an meine Schulzeit erinnere, beinhalteten meine einzigen Langzeitprojekte das Bestreichen des Pausenbrots oder das Herunterladen von schrillen Klingeltönen aus Jamba-Sparpaketen. Lange an etwas arbeiten? Wenn es mich interessiert, dann kann das schon funktionieren. Aber wie viele andere Menschen auch, brauche ich dafür konkrete Deadlines oder Druck von außen. Bei Jonas ist das schon immer anders. An seinem Buch schreibt er damals vier Jahre. Das Besondere an seiner Arbeit ist bis heute, dass er seine Romane zuerst wild per Hand schreibt und sie dann akribisch überarbeitet und digitalisiert. Seinen Prozess teilt er auf Social Media. Jonas sitzt dann im Café und schreibt sein Buch mit dem Füller. Zettel über Zettel oder ein Collegeblock, auf dem »Heft Nr. 5« steht. Jonas kann sein Leben in Schreibprojekten zurückverfolgen. Er hat versucht, seine Romane in Verlagen unterzubringen – und immer eine Abfuhr kassiert. Sein Fazit: weiter üben und besser werden, bis er irgendwann einen Buchvertrag in den Händen hält. Und noch etwas erzählt er: »Ich finde das, was ich gerade tue, jetzt schon gut und wertvoll. Außerdem macht es mir Freude, und ich lerne dabei viel über mich selbst.«

Das erinnert mich an einen vielzitierten und abgedroschenen Yogi-Tee-Spruch: Der Weg ist das Ziel.

Was verbirgt sich hinter Jonas' unerschütterlicher Motivation? In der Psychologie unterscheidet man zwischen Tätigkeits- und Folgeanreizen.[3] Wenn die Sache an sich Spaß macht, kann das motivieren dabeizubleiben. Studien zeigen, dass Menschen eher durchhalten, wenn ihnen die Aufgabe an sich Freude bereitet.[4] Es gelingt dann sogar besser, sich den weniger freudvollen Aspekten der Arbeit zuzuwenden – wie beispielsweise einen Roman mühselig abzutippen. Eine Tätigkeit, die wir durchführen, weil wir uns damit auf ein späteres Ziel ausrichten, rechnen wir den Folgeanreizen zu. Das wäre der Fall, wenn Jonas den Roman nur deshalb schreibt, weil er sich erhofft, reich und berühmt zu werden.

Aber erst mal weg von der Theorie und zurück zu Jonas. Jonas und ich schlürfen unseren Tee und schauen auf die Straße vor uns. Eine Passantin wird fast von einem Fahrrad überrollt, links neben uns schweigt sich ein Pizzadate konsequent an.

Spaß haben und dann läuft es? Ist das wirklich alles? Denn mal ehrlich: Wenn es keine positive Rückmeldung gibt, lässt man doch irgendwann den Stift fallen. Jonas rührt in seinem Tee und erzählt, dass das Schreiben auch frustrierend sein kann. Dann hilft es ihm, mit Freunden darüber zu sprechen und sich von ihnen ermutigen zu lassen. In einer kleinen Kunstszene, in der er sehr aktiv ist, erlebt er Unterstützung. Dort teilen viele Kreative die Erfahrung, mit ihrer Kunst noch nicht gesehen zu werden. Auch wenn er mit seinem Schreiben bisher weniger Resonanz erfährt, begegnen ihm andere Menschen, die ähnliche Erfahrungen machen. Das motiviert ihn zum Weiterschreiben. »Ich stelle mich jedes Mal der Herausforderung, ein unveröffentlichter Schriftsteller zu sein«, erklärt er mir, und ich finde das irre mutig.

Von Jonas lerne ich, dass es bei schwierigen Zielen helfen kann, sich Gleichgesinnte zu suchen. Jemanden, der auch anfangen möchte, Sport zu machen. Einen Tandempartner im Französischkurs. Oder eine aufbauende Selbsthilfegruppe, wenn man mit einer psychischen Erkrankung kämpft. Das kann ein erster Schritt sein, um dranzubleiben.

WIE AUS MISSIONSTRÄUMEN
EIN STARTPLAN ENTSTEHT

Was steckt eigentlich hinter dem Begriff »Motivation«? Die Motivationspsychologie ist ein breites Forschungsfeld, wir ersparen uns lieber Details. Kurz und knapp also: Der Begriff beschreibt, dass man seine Verhaltensweisen so ausrichtet, dass man ein Ziel erreicht.[5] Also beispielsweise Joggen, wenn man sportlich sein will. Berühmte Motivationspsychologen wie John Barbuto, David McClelland oder Edward Deci und Richard Ryan gingen schon früh davon aus, dass es so etwas wie »innere Antreiber« gibt.[6, 7, 8] In der früheren Forschung lag der Fokus auf sogenannten biogenen Motiven wie Hunger, Sexualität oder Schlaf.[9] Soziogene, also durch unsere Kultur und Gesellschaft geprägte Motive, rückten erst später zunehmend in den Fokus der Forschenden. Heute wissen wir, dass Menschen unterschiedliche Motive entwickeln können. Für manche Menschen ist der Anschluss an Gruppen und Intimität wichtig. Andere möchten Macht und Dominanz erleben oder sind stark leistungsorientiert.[10] Ob man eher neue Freundschaften sucht oder im Job voll aufgeht, das hängt auch stark mit der Persönlichkeit und dem Temperament zusammen.[11] Ziele zu erreichen, steigert unser Wohlbefinden und kann Gefühle von Aufregung, Freude oder Stolz auslösen und die eigene Selbstwirksamkeit erhöhen.[12] Wir sind stolz auf uns, glücklich in Beziehungen oder haben etwas Neues gelernt.

Motive sind also der Motor dafür, dass wir unsere Aufmerksamkeit auf ein Ziel ausrichten, Anstrengungen auf uns nehmen und uns so verhalten, dass wir unserem Ziel näher kommen.[13] Gleichzeitig versuchen wir, Dinge zu vermeiden, die uns davon entfernen.[14] In der Psychologie nennt man das appetitiv oder aversiv. Motivation beschreibt also das Gefühl, das wir entwickeln, wenn wir die Ersten am Buffet sein wollen, also Appetit haben. Genauso können wir aber auch Motivation aufbauen, wenn uns etwas nicht schmeckt. Dann reguliert das aversive Motivationssystem unser Verhalten derart, dass wir negative Zustände möglichst vermeiden. Eine Person, der soziale Beziehungen wichtig sind, riskiert lieber keinen Streit und wählt wohl eher keinen Beruf mit Überstundengarantie.

Vorgegeben werden uns Motive sowohl von uns selbst als auch von unserer Umgebung. Wenn du deiner inneren Stimme folgst, nach deinen Werten und deinen eigenen Bedürfnissen handelst, kommst du deiner »intrinsischen Motivation« nach.[15] Es wäre schön, wenn das immer so laufen würde. Aber die Realität sieht oft anders aus: Es gibt Regeln und Systeme, die erfordern, dass wir uns anpassen und manchmal Ziele übernehmen, die gar nicht unsere eigenen sind. Dann handeln wir extrinsisch motiviert.

Damit wir uns von der Couch auf die Schwimmbahn oder ins All bewegen, braucht es neben Motiven noch eine weitere Variable: den Anreiz. Anreize sind Merkmale von Situationen, die motivierend wirken, indem sie die Möglichkeit bieten, Wünsche zu erfüllen oder Ziele zu erreichen. Zum Beispiel die Möglichkeit, beim Sport eine Siegerurkunde zu ergattern, die Beförderungschance im Job oder die Perspektive auf den ersten Happen einer frisch gebackenen Lasagne.

In der Motivationspsychologie wurden im Laufe der Forschungsjahre immer mehr Modelle und Motiv- und Anreizauflistungen entwickelt. Für unseren Alltag aber reicht es aus, sich die Frage zu stellen, was uns selbst wirklich wichtig ist. Denn oft erlebe ich auch im psychotherapeutischen Alltag, dass Menschen an ihren Motiven vorbeileben. Wenn jemand beispielsweise viel sozialen Kontakt haben möchte, aber nach Dienstende noch zwei Stunden im Büro verbringt, kann das auf Dauer nicht glücklich machen. Ein Mensch, der von Neugierde geleitet wird, langweilt sich mit zu vielen Routinen. Sich die Frage zu stellen, was einem wichtig ist, lohnt sich. Es ist aber oft gar nicht so einfach, eine Antwort zu finden. Nur weil man im Beruf erfolgreich sein will, heißt das nicht automatisch, dass man ein Leistungsmotiv hat. Vielleicht treibt auch die Motivation, dort anderen Menschen zu begegnen, in den Chefsessel.

Behalten wir die Frage nach den eigenen Werten und Wünschen mal im Hinterkopf und lassen uns von einer Person inspirieren, die weiß, was ihr wichtig ist – und die entsprechend handelt.

WENN IDEEN BEFLÜGELN: DIE ERSTE DEUTSCHE ASTRONAUTIN

Claudia Kessler ist diplomierte Luft- und Raumfahrt-Ingenieurin mit einem MBA-Abschluss. Sie gründete das Netzwerk »Women in Aerospace«, das internationale Karrieren weiblicher Fachkräfte in der Raumfahrt unterstützt. Von 2004 bis 2018 war sie als Geschäftsführerin bei der Firma HE Space tätig und steigerte dort den Frauenanteil unter den 200 technischen Mitarbeitenden auf 55 Prozent[16].

Für Claudia Kessler ist klar, was sie antreibt: 2016 rief sie die private Initiative »Die Astronautin« ins Leben, die die erste deutsche Frau ins All bringen soll. Ein ehrgeiziges Projekt. Denn bislang waren nur 13 Deutsche im Weltraum – allesamt Männer. Claudia Kessler will das ändern und hofft, dass ihre ausgewählte Astronautin Suzanna Randall ins All fliegen wird. Diese setzte sich gegen 400 Konkurrentinnen durch und trainiert seit 2018 alles, was man als Astronautin im Orbit können muss. Auf der Erde begegnet Claudia Kessler jedoch vielen Herausforderungen. Mal eben so eine Frau ins All zu bringen, ist nicht einfach. Administrative Vorgänge, Kooperationen mit der europäischen Weltraumbehörde und finanzielle Fragen machen die Reise ins All zu einer ambitionierten Aufgabe. Doch wie kommt eine Visionärin dazu, sich neben Giganten wie die NASA und ESA zu stellen und zu versuchen, das System anders und sogar besser zu machen? »Ich war schon immer fasziniert von der Raumfahrt, seitdem ich als Vierjährige die Mondlandung im Fernsehen gesehen habe«, sagt Claudia Kessler. Sie wollte selbst Astronautin werden, ist aber immer im falschen Alter für eine mögliche Astronautinnenselektion. 2014 fliegt Alexander Gerst zur

ISS, begleitet von einem riesigen Medienrummel und einer florierenden Bildungskampagne, die die Öffentlichkeit für die Raumfahrt begeistern soll. Claudia Kessler findet, dass das nur noch durch eine deutsche Frau im All zu übertreffen wäre. Sie schreibt ihre ersten Konzeptpapiere und klopft an die Türen der Raumfahrtagenturen, um ihre Idee vorzustellen. Damit trifft sie auf Begeisterung – erhält aber dennoch eine Abfuhr. 2008 wurde eine Astronautenselektion durchgeführt und Alexander Gerst ausgewählt. Unter den weiteren Top 20: keine einzige Frau. Eine weibliche Kandidatin, die geeignet ist, ins All zu fliegen? Die habe man nicht gefunden. Die Ingenieurin möchte das nicht akzeptieren. Alleine innerhalb ihres Netzwerks kennt sie genügend Frauen, die fit und intelligent genug fürs All wären. Sie nimmt sich der Aufgabe an und startet selbst ein Auswahlverfahren nur für Frauen. Ihr Vorteil: Sie ist in der Raumfahrt gut vernetzt und kann auf die Erfahrung vieler Expertinnen zählen. Neben viel Unterstützung erfährt sie aber auch viel Kritik. Doch Gegenwind spornt Claudia Kessler erst recht an, das war schon immer so. Mit ihrem Ziel, Astronautin zu werden, erntet sie schon als junges Mädchen von anderen Zweifel. Sie ist das einzige Mädchen im Physik-Leistungskurs. Als sie an der Universität studiert, sagt ihr ein Professor, dass sie es als Frau gar nicht erst versuchen solle. Frauen könnten schließlich nicht dreidimensional denken. Sie legt sich folgende Regel zurecht: Wenn jemand sagt, dass sie ein Ziel nicht erreichen kann, versucht sie es erst recht. Scheitern? Durchaus eine Option. Um es mit Meister Yoda zu sagen, der Luke Skywalker ermutigen möchte, seine telekinetischen Fähigkeiten zu nutzen, selbst wenn es oft schiefgeht: »Do. Or do not. There is no try.« (»Tu es oder tu es nicht. Es gibt kein Versuchen.«) Was andere Menschen dazu sagen? Das ist nicht so wichtig.

Wieso suchen sich manche Menschen schwere Aufgaben und bleiben dran? Werfen wir mal einen Blick in das Risikowahl-Modell von Atkinson.[17] Das Motivationsmodell berücksichtigt die Motive Hoffnung auf Erfolg und Furcht vor Misserfolg sowie die Schwierigkeit der Aufgaben. Je nach eigener Erfolgszuversicht und Schwierigkeit einer Aufgabe beeinflusst es die Entscheidungen für oder gegen eine Herausforderung und Anstrengungsbereitschaft der Personen. Das bedeutet, dass wir in unserem Kopf immer erst mal Mathe machen und prüfen, ob wir eine Aufgabe bewältigen könnten, oder annehmen, dass wir versagen. Menschen, die Hoffnung auf Erfolg haben, zeigen eher auf die mittelschweren Aufgaben. Sie sind überzeugt, die Aufgabe bewältigen zu können, und verbinden damit positive Gefühle. Eine zu leichte Aufgabe wäre ihnen zu langweilig und würde keinen Stolz in ihnen hervorrufen. Wer dagegen Angst hat zu scheitern, sucht sich entweder eine sehr einfache Aufgabe aus, um sich vor anderen nicht zu blamieren, oder eine sehr schwere, um unter Garantie zu versagen. Nach dem Motto: War doch klar, dass das nicht klappen konnte.

Wir lernen: Sehr erfolgsorientierte Menschen entscheiden sich also auch mal für die Herausforderung. »Challenge accepted« auch für Claudia Kessler. Von ihr lerne ich allerdings auch, dass selbst die größte Motivation oft gegen bürokratische und strukturelle Mauern prallt. Es fällt schwer, Sponsorengelder zu bekommen – und schlussendlich braucht es eine Mission, die eine erste deutsche Frau ins All begleitet. Ob das geschieht, hängt nicht nur mit Claudia Kesslers eigenem Ehrgeiz zusammen, sondern ist an politische, bürokratische und finanzielle Hürden gekoppelt. Was heißt das für eine Initiative wie ihre? Aufgeben oder Dranbleiben, wenn sich über lange Zeit nichts tut? Was braucht es, um durchzuhalten? »Geduld, die ich noch nie hatte, und man muss trotzdem optimistisch bleiben«, sagt Claudia Kessler.

Doch es gibt auch motivationspsychologisch einen Unterschied zwischen dem Aufgeben und der Neuausrichtung eines Ziels: »Ich kann ja nicht morgens aufwachen und sagen, dass mir mein Ziel nicht mehr wichtig ist. Ich habe vielleicht die aktiven Bemühungen aufgegeben, aber das Ziel, eine deutsche Frau ins All zu schicken, ist noch da.« Konkret bedeutet das: Ihre Initiative reduziert die Kosten, bleibt aber dennoch aktiv.

Vielleicht ist es ihre eigene Biographie, die sie antreibt, vor allem jungen Mädchen vorzuleben, dass es durchaus möglich ist, seine Träume zu realisieren. Claudia Kessler hat schon oft gehört, dass sie mit ihrer Initiative Menschen Mut macht. Ganz klar, wir brauchen Vorbilder, mit denen wir uns identifizieren können und die uns zeigen, wie wir dranbleiben. Dahinter muss nicht der Wunsch stecken, selbst Astronautin zu werden – sondern sich in dem Bereich zu entwickeln, der einen interessiert.

Was hält uns davon ab, uns zu entwickeln? Vielleicht ist es Bequemlichkeit. Vielleicht aber auch ein vermeintliches Sicherheitsbedürfnis und die Angst, mit einer neuen Idee zu scheitern. Also verharren wir oft lieber in der unbequemen Position, die wir schon kennen. Fakt ist: Auch Dranbleiben ist oft ungemütlich, das zeigt uns Claudia Kesslers Weg. Wann es sinnvoll ist, sich in den Raumanzug zu quetschen, und wann eine Richtungsänderung besser sein könnte – dazu später mehr.

Erst mal stellen wir uns die Frage: Was braucht es, um Wünsche in die Realität umzusetzen? Die Wissenschaft hat dafür einen Begriff: »Volition«.[18] Klingt wie »wollen« und das steckt da auch drin. Denn um Ziele zu erreichen, müssen wir sie nicht nur planen, sondern auch umsetzen. Dafür müssen wir »über den Rubikon«. Psychologinnen nutzen die bekannte historische Anekdote über Julius Cäsar, der 49 vor Christus mit seinem Heer den norditalienischen Fluss Rubikon überquerte und damit dem römischen Staat den Krieg erklärte, als Bild dafür, wie man von der Planung in die Handlung kommt.[19] An erster Stelle steht eine Abwägephase. Gehe ich heute zum Sport oder nicht? Wenn wir diese Frage mit Ja beantworten, müssen wir die Sporttasche packen. Dafür ist eine Planungsphase nötig: Was brauchen wir, um unser Ziel zu erreichen? In unserem Fall: Ist die Sporthose gewaschen, sind die Kopfhörer aufgeladen? In die Handlungsphase kommen wir, wenn wir das Fitnessstudio betreten. Am Ende folgt die Bewertung: War das gut oder nicht? Warum scheitern unsere Träume oft? Das Rubikon-Modell zeigt uns, an welchen Teilabschnitten geplante Ziele oft verpuffen. Viele Menschen setzen sich zwar ein Ziel, aber die konkreten Schritte bis zur Durchführung – das steht noch mal auf einem anderen Stern.

Was braucht es also, um den gewünschten Halbmarathon-Zieleinlauf Realität werden zu lassen? Der Blick in die Wissenschaft zeigt uns eine Strategie, um unsere Ziele nicht nur zu erträumen, sondern auch zu erreichen. Forscher führten einen anspruchsvollen Test durch, der die geistige Leistungsfähigkeit der Teilnehmer forderte. Der Test bestand aus verschiedenen, sich wiederholenden Aufgaben. Teilnehmende sollten beispielsweise möglichst fehlerfrei die Farben von am PC gezeigten Wörtern benennen. Zusätzlich wurden die Teilnehmerinnen durch unangenehme Reize wiederholt abgelenkt. Diejenigen, die am besten abschnitten, sollten eine Belohnung erhalten. Eine Gruppe erhielt regelmäßiges Feedback über ihren Fortschritt, während die andere nicht wusste, wie lange der Test noch dauern würde. Das Ergebnis dieser Studie: Wir arbeiten besser und schneller, wenn wir das Ende einer Aufgabe kennen. Wenn es zwischendurch Feedback und ein klares Ziel gibt, sind wir erfolgreicher.[20] Motivationspsychologen haben diese Erkenntnisse für den Alltag mittlerweile konkretisiert. SMARTe Ziele lautet das Stichwort. Die einzelnen Buchstaben stehen für Zwischenschritte, die wir anwenden können, um ein Ziel zu konkretisieren. Probieren wir es mal aus – und melden uns für einen Halbmarathon an. Das S steht als erster Teilbaustein für »spezifisch«. Du solltest wissen, wann der Lauf stattfindet und welche Strecke du schaffen möchtest. M steht für »messbar«. Hier – ganz einfach – 21 Kilometer in sechs

Monaten meistern. Attraktiv (A) sollte dein Ziel auch sein. Hier könnte das Bild vom Zieleinlauf einladend sein. Der Buchstabe R untersucht, ob dein Ziel realistisch ist. Hier lohnt es sich zu prüfen, ob du dir als Laufanfängerin wirklich direkt den Halbmarathon vornehmen solltest, oder dich besser an eine Zehn-Kilometer-Runde herantasten möchtest. Und T steht zuletzt für »terminiert«.[21] Damit setzt du dir eine Deadline. SMARTe Ziele können auch in kleinere Unterziele heruntergebrochen werden.

Bei großen Aufgaben könnte es sich für dich lohnen, dir greif- und bewältigbare Zwischenziele zu setzen und dich zu belohnen, wenn du sie erreichst. Also sich auch nach fünf Kilometern schon mal selbst loben! In der Psychotherapie sagen wir oft: Kleine Schritte sind besser als gar keine.

KURSKORREKTUR ODER MISSION ABORT?

Falls du nun schon eine Liste mit Zielen für die nächsten zehn Jahre geschrieben hast, aber gleichzeitig bei der Vorstellung, all das erreichen zu müssen, gestresst die Backenzähne aufeinanderbeißt: Keine Sorge, hier kommt das Plädoyer fürs Abbrechen und Abhaken – die bereits erwähnte Zielablösung. Viele von uns haben die gesellschaftlich geprägte Vorstellung im Hinterkopf, dass man mit achtzehn Jahren bereits alle Lebensentscheidungen getroffen haben sollte. Die Realität sieht anders aus: Es gibt Momente im Leben, in denen man einfach die Stopptaste drücken muss, denn die eigenen Fähigkeiten, aber auch äußere Umstände wie Krankheit oder Gesellschaftsumbrüche, führen dazu, dass Willenskraft allein nicht mehr zur Zielerfüllung ausreicht. Aber wann ist der Zeitpunkt, an dem du dich loslösen solltest? Mein Freund Jonas sagt, dass man dann abbrechen sollte, wenn sich die Tätigkeit nicht mehr stimmig anfühlt und man sie nicht mehr vermisst. Claudia Kessler ist der Meinung: »Immer nur das Gleiche machen, das kann ich nicht. Wenn etwas

Routine geworden ist, dann wird es langweilig – dann brauche ich was Neues.« Beides bedeutet, dass wir dann abbrechen sollten, wenn wir mehr negative Auswirkungen durch das Ziel erleben, als es gute Momente verschafft.

In den Medien wird immer wieder postuliert, dass gerade jüngere Menschen nicht mehr resistent seien und immer wieder ihre Ziele überwerfen würden. Wissenschaftlicher Funfact: Die jüngeren Generationen wechseln statistisch gesehen tatsächlich häufiger die Unternehmen oder ihren Job. Die Studienautoren argumentieren, dass das jedoch nicht mit unentschlossenen Arbeitnehmern, sondern vielmehr mit sich schneller verändernden Arbeitsbedingungen zusammenhängt. Effekte wie Globalisierung und Digitalisierung zwingen junge Arbeitnehmerinnen dazu, sich immer wieder neu anzupassen.[22] Anpassung und Neuausrichtung können demnach wichtig sein, um auf dem Arbeitsmarkt mithalten zu können. Oft erlebe ich im Umfeld, aber auch in der psychotherapeutischen Arbeit, dass Menschen Angst davor haben, Jobs zu kündigen oder Lebensentscheidungen umzuwerfen. »Was soll dann werden?« oder »Wie sieht das denn im Lebenslauf aus?« Diese Fragen bereiten vielen Sorge. Gleichzeitig finde ich den Gedanken berechtigt, dass es sogar wichtig sein könnte, mehr Generalistinnen zu haben. Menschen, die Expertisen in verschiedenen Umgebungen gesammelt haben und diese miteinander verknüpfen. Menschen, die bestimmte Tätigkeiten abgebrochen und dafür andere angefangen haben. Auch eine Astronautin hat schließlich von allem ein bisschen Ahnung – Raumstation putzen, Blut abnehmen, navigieren …

Welche psychologische Erklärung steckt hinter dem Neuausrichten? Das Konzept der Zielablösung besagt, dass Aufgeben oft ein langwieriger und ambivalenter Prozess ist.[23] Zielablösung gelingt im seltensten Fall von heute auf morgen. Die Phase, in der man überlegt, ob man das Ziel weiterverfolgen soll oder nicht, wird als Handlungskrise bezeichnet. Man fühlt sich unsicher und hin- und hergerissen zwischen den Optionen weiterzumachen oder aufzuhören.[24] War jetzt alles umsonst, oder wie? Oder wie die deutsche Konzertorganistin, Psychotherapeutin und Autorin Irmtraud Tarr sagt: »Oft hat man schon so viel in das Erreichen eines Ziels gesteckt, dass man gar nicht darüber nachdenkt, dass ein Loslassen des Ziels viel größeren Nutzen hätte, als es weiterzuverfolgen.«[25] »Sunk Cost Fallacy« lautet hier der Fachbegriff.[26] Wir berechnen also, wie viel Mühe und Zeit wir bereits in ein Ziel investiert haben, und bleiben eher dabei, wenn dieser Wert besonders hoch ist. Die ganze Investition scheint einem sonst nutzlos. Doch auch wenn wir schon viel hineingebuttert haben, sollten wir uns fragen: Lohnt es sich noch?

Denn es kann wichtig sein, einen langweiligen Job zu kündigen, den unerfüllten Kinderwunsch gegen ein alternatives Lebenskonzept einzutauschen oder eine unglückliche Beziehung endlich zu beenden. In Psychotherapiesitzungen arbeiten wir viel daran, uns von alten Verhaltensweisen und Glaubenssätzen zu verabschieden. Schonungslose Ehrlichkeit an dieser Stelle: Das kann sehr herausfordernd und schmerzhaft sein und benötigt viel Mut. Doch oft führt das Festhalten an alten Zielen, die wir nicht erreichen, zu Frust und schließlich zu Verbitterung. Ablösung kann also auch dabei helfen, dass wir wieder eine gesunde Selbstregulation erlangen und uns wieder freudvollen Tätigkeiten zuwenden können.[27] Wer nur »dranbleibt« wird also nicht automatisch glücklich. Im Verlauf unseres Lebens ist es sogar wichtig, dass wir uns von Motiven und Zielen – wie Attraktivität oder Leistungsfähigkeit – trennen können, ohne zu verzweifeln.[28] Es ist also völlig normal, dass gesteckte Ziele irgendwann nicht mehr passen, und hat nichts mit Schwäche oder Faulheit zu tun.

Viele Motivationsratgeber und auch Beiträge in sozialen Netzwerken werfen oft mit Sprüchen wie »Träume nicht dein Leben, lebe deinen Traum!« oder »Du musst nur fest genug daran glauben, dann kannst du alles schaffen!« um sich. Ich halte das für unrealistisch. Eine schwere Krankheitsdiagnose, der Verlust eines geliebten Menschen oder der Betrieb, der schließt, wenn man fünf Jahre vor der Rente steht – all das sind Herausforderungen, die uns begegnen und durch Motivation allein nicht zu bewältigen sind. Ohnmächtig landet man auf dem Boden der Tatsachen, und das Letzte, was man dann hören möchte, ist: »Du musst nur mal raus aus deiner Komfortzone!«

Träume können platzen. Die letzte Astronautenselektion der ESA zeigt zwar, dass man den Traum vom All mit harter Arbeit und etwas Glück verwirklichen und zu den 17 glücklichen Neu-Astronauten gehören kann. Jedoch mussten über 22 000 andere den Gedanken loslassen, jemals in eine Raumkapsel zu steigen. Viele dieser hochqualifizierten Menschen sind der Erfahrung zu scheitern noch nicht oft begegnet. Und selbst für diejenigen, die für den aktuellen Corps der ESA ausgewählt wurden, besteht keine Garantie, in den Weltraum zu fliegen. Eine Astronautin sagte mal in einem Training: »Es ist nicht so schwer, Astronautin zu sein, aber superschwer, Astronautin zu werden.« Viele der Menschen, die mir in Analog-Missionen begegnen, träumen seit ihrer Kindheit von nichts anderem. Wie damit umgehen, wenn es nicht klappt?

Die Akzeptanz- und Commitment-Therapie (kurz ACT) ist ein neueres Verfahren der Verhaltenstherapie.[29] Hier geht man davon aus, dass psychisches Leiden oft entsteht, wenn wir versuchen, unangenehme Gedanken und Gefühle zu vermeiden oder zu kontrollieren. Die ACT lehrt uns, diese Erfahrungen anzunehmen, anstatt gegen sie anzukämpfen, und uns auf unsere persönlichen Werte und Ziele zu konzentrieren. Das hieße also, das Scheitern erst mal anzunehmen. Dann können wir uns fragen, welche nächsten Schritte realistisch sind. Vielleicht ist es nicht Joggen, sondern eher eine kleine Runde spazieren gehen. Akzeptieren, wo wir stehen. Auch hier: kleine Schritte.

Das Einzige, was wir wirklich konstant brauchen, ist die Fähigkeit, unserer inneren Stimme immer wieder zuzuhören und Entscheidungen dahingehend zu fällen. Und ich finde, das ist in einer Zeit, in der immer höhere Anforderungen an uns gestellt werden und Unsicherheiten den Alltag prägen, gar nicht immer so leicht. Wie uns das trotzdem gelingen kann, können wir von Sebasthian lernen.

WER FLIEGEN WILL, DARF FÜHLEN ÜBEN

Sebasthian hat gelernt, sich selbst zuzuhören. Ich kenne ihn aus einem Training, in dem Analog-Astronauten Missionen auf dem Mond simulierten. Wir übten zusammen, wie man psychisch in einer Gruppensituation gut bestehen kann. Seine eigene Mission ist jedoch größer: Er möchte der erste chilenische Astronaut werden. Doch spulen wir mal 29 Jahre zurück und scrollen auf der Weltkarte ein gutes Stück Richtung Südwesten.

Antofagasta in Chile. Hier wächst Sebasthian auf. Sein Vater ist Techniker, aber die Familie verfügt nicht über viel Geld. Seine Eltern wiederholen in seiner Kindheit einen Satz immer wieder: »Du bist etwas Besonderes.« Ihn irritiert diese Aussage. Ja, er ist ein sehr guter Schüler – aber mit den anderen Kindern kommt er nicht gut zurecht. Rund sechs Jahre lang wird Sebasthian stark gemobbt. Wenn er den Schulhof betritt, fühlt er sich ohnmächtig. Immer wenn er etwas sagen oder tun möchte, kommt Gegenwehr. Er versucht, sich anzupassen und Teil einer Gruppe zu werden, und scheitert jeden Tag. Beziehungen, das lernt er, können gefährlich und unsicher sein. Er erlebt, dass er keine Kontrolle und Macht in der Welt hat, in der er jeden Tag zurechtkommen muss. Sebasthian setzt sich ein Ziel – vielleicht auch, um zu überleben: »Ich werde die Welt verändern.« Sobald die anderen Kinder ihm mit Wut und Aggressionen begegnen, schließt er die Augen und stellt sich vor, wie er in der Zukunft dafür sorgt, dass es anderen Menschen besser geht. Und dass er dadurch endlich zu einer Gruppe gehören wird. Aber dass er tatsächlich jemand mit besonderen Fähigkeiten sein könnte, das fühlt er zu diesem Zeitpunkt kein bisschen.

Doch wohin mit dieser Neugierde, die Sebasthian oft bei sich spürt? Häufig schaut er abends in den Himmel. Mitten in der Stadt kann er die Milchstraße sehen: eine Ansammlung von hell und schwach leuchtenden Sternen, die sich quer über den Nachthimmel erstreckt, eingetaucht in ein milchiges Licht. Die Region ist dafür bekannt, dass man von hier aus wunderbar die Sterne beobachten kann. Forscherinnen aus der ganzen Welt kommen in diese Gegend, um mehr über Galaxien und sterbende Sterne zu lernen. Auch Sebasthian lernt so das Staunen und beginnt, sich zu fragen, was er dort am Himmel eigentlich sieht. Nach der Schule entscheidet er sich für ein Studium der Astronomie. Auch wenn ihn das Studium interessiert, beschleicht ihn das Gefühl, dass ihm etwas Handfestes fehlt. Astronomie bedeutet, das Universum zu beobachten, aber Sebasthian sehnt sich danach, konkrete Veränderungen zu schaffen und vielleicht selbst einen Fuß ins All zu setzen. Nach zwei Jahren entscheidet er sich, den Studiengang zu wechseln und Maschinenbau zu studieren. Technik ist schließlich greifbarer als weit entfernte Sterne. Und realistisch gesehen, kommt man so eher ins All – selbst wenn man nur einen Satelliten baut und diesen losschickt. 2013 sieht Sebasthian einen Film, in dem Astronauten im Weltraum unterwegs sind. Er hat seinen Berufswunsch gefunden! Chris Hadfield, Karen Nyberg und Luca Parmitano arbeiten zu dieser Zeit im All. Doch was braucht es, um Astronaut zu werden? Sebasthian hat das Gefühl, dass ein Astronaut fast übermenschliche Fähigkeiten aufbringen muss. Zunächst stellt er fest, dass viele Astronauten Taucher sind. Sebasthian ist zu dem Zeitpunkt Anfang zwanzig – und kann nicht mal schwimmen, obwohl er direkt an einem Strand aufgewachsen ist. Er meldet sich an der Uni für einen Schwimmkurs an. Die anderen, die dort teilnehmen, wollen ihren Stil verbessern. Nichtschwimmer Sebasthian hingegen muss erst mal Froschbeine und Seepferdchen machen. Dafür wird er immer von der Gruppe getrennt. Jedes Mal, wenn er den Kurs besucht, kämpft er mit seinem Schamgefühl. Doch er hält durch und lernt sogar das Tauchen.

Sebasthian erinnert sich noch gut an eine bestimmte Situation: Eine Welle spült ihm Wasser in die Nase, er kann nicht atmen, und seine Taucherbrille läuft voll. Sein Körper möchte mit Panik reagieren, aber Sebasthian probiert etwas Neues aus: den »Astronautenmodus«. Er beginnt, ruhig zu atmen, und erlangt allmählich die Kontrolle über seinen Körper zurück. Im Wasser macht er seinen ersten Schritt ins All.

Schritt Nummer zwei: Fast alle Astronautinnen sprechen Russisch. Sebasthian blättert durch die Austauschprogramme seiner Universität. Deutschland, England und andere Länder – Russland steht nicht auf der Liste. Aber er hat Glück: Die Universität initiiert doch noch ein Austauschprogramm nach Russland. Er meldet sich an, Freunde schenken ihm Geld, er bewirbt sich für ein Stipendium und reist nach St. Petersburg. Er möchte nur sechs Monate bleiben, verlängert seinen Aufenthalt aber auf ein Jahr. Am Ende spricht er fast fließend Russisch.

Und dann – verliebt Sebasthian sich in eine Frau. Neben den Hormonen Oxytocin und Vasopressin wühlen ihn plötzlich Erinnerungen aus seiner Kindheit auf. Nicht dazuzugehören und nicht gut genug zu sein. Intime Beziehungen können uns daran erinnern, wovor wir uns fürchten. Nachts kann er nicht schlafen, er fühlt sich oft unsicher und denkt sich: »Du willst Astronaut werden, und diese Gedanken machen dich fertig? Das kann nicht sein!« Sebasthian sucht sich professionelle Unterstützung und versteht, dass es nicht nur darum geht, Fähigkeiten zu erlernen, sondern sich selbst zu entwickeln. Nach und nach verblasst das Bild eines Superhelden. Er lernt, dass es nicht Fähigkeiten und Zertifikate sind, die einen Menschen stark machen, sondern ein gutes Gespür für sich selbst.

Gerade an den Stellen, an denen unser Lebensweg holprig verläuft, entwickeln wir Fähigkeiten. Ray Bradbury, der Autor von *Fahrenheit 451*, sagte mal: »First you jump off the cliff and you build your wings on the way down.« (»Zuerst springst du von der Klippe und baust dir auf dem Weg nach unten deine Flügel.«) Wir lernen und sammeln Erfahrungen, während wir leben. Als Kind war es für Sebasthian beispielsweise wichtig, seine Umgebung gut lesen zu können, besonders in der Schule. Wer ist gerade wütend? Wo lauert Gefahr? Bei der Zusammenarbeit mit Menschen helfen ihm heute seine sensiblen Antennen, die Stimmung in einer Gruppe wahrzunehmen. Das Ziel, ein Astronaut zu werden, entwickelt sich immer mehr zu einem Synonym, das für den eigenen Lebensweg steht. Währenddessen bewirbt er sich als Analog-Astronaut und simuliert auf der Erde mit anderen, wie es wäre, auf dem Mond zu leben. Und siehe da – Sebasthian wird plötzlich zum Teil einer Gruppe. Wie müssen Aufgaben erledigt werden, wer übernimmt welchen Dienst im Habitat? Sebasthian liebt es, Struktur zu schaffen, und übernimmt gerne eine Führungsrolle. Er ist nicht nur Mitglied einer Gruppe, sondern leitet seine Mitstreiter sogar an. Aus dem Jungen, dem niemand zuhörte, ist ein Mensch geworden, der andere inspiriert und führt. Expertise – das lerne ich durch meine Begegnung mit Sebasthian – ist kein fiktives Stadium der Perfektion, das man erst dann erreicht hat, wenn einem die ersten grauen Haare wachsen und man genug Zeugnisse überreicht bekommen hat, die einen für fähig erklären. Die Herausforderungen, denen wir uns täglich stellen, befähigen uns jeden Tag aufs Neue.

Ob Sebasthian es ins All schafft? Er zuckt mit den Schultern: »Vielleicht mit einer privaten Raumfahrtorganisation. Vielleicht auch nicht.« Die Vision vom All war für ihn wichtig, um sich zu trauen, auf der Erde anzudocken. Sebasthian hat mittlerweile seine eigene Firma gegründet, die das Ziel hat, die Raumfahrt nach Chile zu bringen. Er erinnert sich an den Satz seiner Eltern: »Du bist etwas Besonderes.« Mittlerweile kann er es fühlen.

Von Menschen, die Astronautinnen werden wollen oder andere ins All bringen möchten, aber auch von jenen, die ihre Phantasie in Geschichten verwandeln, können wir lernen, uns Ziele zu stecken – und sie wieder loszulassen. Die Begegnungen mit Jonas, Claudia Kessler und Sebasthian haben mir gezeigt, dass diese Menschen supermotiviert sind – und trotzdem mit den gleichen Herausforderungen kämpfen wie wir alle: Selbstzweifel, formale Hürden und Misserfolge. Das vergessen wir oft, wenn wir nur die Erfolge anderer Menschen sehen. Jemand kann ins All fliegen und dennoch unzufriedener sein als ein Mensch, der auf der Erde ein entspanntes Leben führt.

Träume und Ziele sind oft greifbare Abbilder von Werten, die uns wichtig erscheinen. Es ist fast schon egal, was wir machen – wichtiger ist, aus welchen Gründen wir so handeln. Anstatt uns kopflos konkreten Tätigkeiten zuzuwenden, können wir kurz mal innehalten und uns fragen: Wohin will ich fliegen? Wenn man das herausgefunden hat, für sich selbst und für genau diesen Zeitpunkt im Leben, dann kann man langsam losgehen.

Kleine Schritte und ohne Scheu, wenn es sich richtig anfühlt, den Kurs zu korrigieren. Kein Weg ist umsonst gegangen.

03 Gruppen

»Mich? Es gibt kein mich. Es gibt nur uns!
Ein Bewusstsein.«
—
Konfliktlösungsstrategien mit Tape,
Spaghetti und Marshmallows,
dazu antarktistaugliche Feste

Peuerbach. Noch nie gehört? Das ist nicht verwunderlich. Peuerbach ist eine 2000 Einwohner große Stadtgemeinde in Oberösterreich. Felder, ab und zu ein Baum, im Hintergrund die Berge und vor allem Tankstellen, die um 17 Uhr die Zapfsäulen abstellen. Ohne einen triftigen Grund verirrt sich wohl niemand an einen Ort, in dem bereits im August Werbeposter für das Weihnachtskonzert hängen, weil sonst nicht so viel passiert. Dass dieser Ort für wissenschaftliche Errungenschaften bekannt ist, vermutet man zunächst nicht. Schlagen wir das Geschichtsbuch auf: Der erste Universitätsprofessor für Astronomie überhaupt stammte aus der Gemeinde, deren Namen er trägt. 1423 wurde Georg von Peuerbach geboren. Er forschte zur Position von Planeten, bestätigte das kopernikanische Weltbild und entwickelte mathematische Theorien weiter. Ein typischer Gelehrter seiner Zeit. Ob er es damals wohl für möglich gehalten hätte, dass anlässlich seines 600. Geburtstags einmal eine Gruppe von Analog-Astronauten in silbernen Raumanzugsimulatoren über das Gelände der Freiwilligen Feuerwehr stapfen würde? Wohl kaum.

Genau 600 Jahre nachdem Georg von Peuerbach geboren wurde, organisiert das Oberösterreichische Landesmuseum in Schloss Peuerbach die *Communale*, eine Sonderausstellung über die vielleicht prominenteste Persönlichkeit des Ortes. Es soll die größte Weltraum-Veranstaltung des Jahres in ganz Österreich werden und zahlreiche Besucherinnen anlocken und ihnen die Faszination Weltall näherbringen. Und was wäre dafür besser geeignet als frisch gebaute Mars-Rover, die über das steinige Gelände der Feuerwehr rasen, oder ein EEG-Gerät, mit dem man einen Rover nur anhand der eigenen Hirnströme steuern kann? Weitere Exponate: essbare Schnellzuchtpflanzen und eine Greifzange, mit der man Marsgestein aufheben kann. An einem sonnigen Mittwoch im August reise auch ich mit drei Brötchen und meinem Team des Österreichischen Weltraum Forums (ÖWF) auf der Autorückbank nach Peuerbach, um vor allem neugierigen Kindern zu erklären, wie man im Raumschiff gut zusammenlebt. Doch das ist nicht alles. Für die Vorbereitung unserer Mission AMADEE-24 – eine Marssimulation in Armenien – verlagern wir unser Teamtraining, das 120 Leute umfasst, inklusive Teamleiterinnen, Analog-Astronautinnen, Flugplanern und neuen Missionsanfängerinnen an den Rand von dicht bepflanzten Maisfeldern. Wo keine städtischen äußeren Reize ablenken, haben wir die Möglichkeit, uns als Gruppe zu entwickeln. Mit dabei sind Menschen, die schon seit Jahrzehnten für das ÖWF aktiv sind – aber auch andere, die das allererste Mal mitarbeiten und das Team und seine Infrastrukturen erst kennenlernen müssen. Wie können so viele Menschen aus rund 20 Nationen, unterschiedlichen Altersgruppen und mit verschiedenen beruflichen Hintergründen zu einem funktionierenden Team zusammenzuwachsen? Und wie trainiert man die sechs Analog-Astronautinnen, die ab dem Frühjahr 2024 in Armenien in einem Habitat leben werden, um einen Aufenthalt auf dem Mars zu simulieren?

Der Faktor »Gruppe« ist einer der wichtigsten Aspekte auf einer Mission in extremen Umgebungen. Die Wissenschaftlerinnen Pauline Kahn und Gloria Leon untersuchten eine Kleingruppe aus vier Menschen, die innerhalb von 67 Tagen auf Skiern zum Südpol fahren wollten.[1] In ihrem Paper beschreiben sie die Gruppe als hochfunktional, wenig kompetitiv und gut in ihrer Kommunikation. Das Ergebnis der Studie zeigte, dass weder das eisige Wetter noch der Mangel an leckerem Essen der größte Stressfaktor für die vier Abenteurerinnen war, sondern wenn sie sich mit anderen Gruppenmitgliedern ärgerten oder sich um sie sorgten. Harmonisches Miteinander kann Bedürfnisse wie Hunger oder Wärme zeitweise überlagern, fehlt dieser Zusammenhalt in der Gruppe, wiegen auch alle anderen Stressfaktoren schwerer.

Gruppen sind wichtig. In meinem Alltag, aber auch in meiner Arbeit als Psychotherapeutin begegnet mir hier immer wieder eine große Ambivalenz. Gruppen bereiten viel Freude, sorgen für Humor und unvergessliche Erinnerungen, schüren jedoch auch Ängste oder sogar Aggressionen. Jeder, der mal mit Freunden im Urlaub war, weiß das. Gruppen bewegen sich langsam, strapazieren den Geduldsfaden, wählen einen beim Sportunterricht nicht von der Bank ins Feld oder futtern die frisch erbeuteten Frühstücksbrötchen weg. Das weckt Fluchtinstinkte und führt dazu, dass viele Menschen, wenn sie das Wort »Gruppe« hören, die eigene Couch dem Gemeinschaftsabend oder der Vereinsbierbank vorziehen. Gleichzeitig sehnen sich Menschen nach Beziehungen und Zuspruch und dem ganzen Potpourri aus Gefühlen, das man nur erlebt, wenn man es mit anderen teilt. Nicht umsonst reagieren viele allergisch, wenn sie aus einer Gruppe ausgeschlossen werden. Was für ein Gefühlschaos! Auch im All sind Menschen diesen Empfindungen ausgesetzt. Der Kosmonaut Waleri Rjumin meint dazu: »Wir müssen uns jetzt an das Zusammenleben anpassen, abgeschieden vom Rest der Welt.

(…) Wir müssen unsere Probleme gemeinsam lösen und dabei die Gefühle der anderen berücksichtigen. Zugegeben, wir haben uns lange und hart darauf vorbereitet (…), aber das geschah in einer Umgebung mit anderen Menschen. Hier sind wir völlig allein. Jedes ausgesprochene Wort nimmt eine zusätzliche Bedeutung an. Man muss ständig alle Eigenschaften des anderen im Kopf behalten, seine Gedanken vorausahnen und die Auswirkungen einer falschen Äußerung überdimensional aufbauschen.«[2]

Wo die eigene Ambivalenz vielleicht kein zuverlässiger Wegweiser ist, kann die Wissenschaft helfen. Gerade in Extremumgebungen erforschen Wissenschaftlerinnen seit Jahrzehnten die Dynamik in Gruppen. Denn das Letzte, was man im Habitat gebrauchen kann, ist ein klirrender Konflikt, weil jemand seine Kaffeetasse nicht in die Spülmaschine geräumt oder eine Kollegin »aus Versehen« draußen vergessen hat. Die Fragen, die sich stellen, sind folgende: Wie kann Gruppenbildung gelingen? Und warum brauchen wir Gruppen? Erste Anhaltspunkte finde ich tatsächlich in meinem alten Lehrbuch *Sozialpsychologie*, das seit den Anfängen meines Studiums im Bücherregal verstaubt. Manche Theorien besagen, dass das Zusammenleben in der Gruppe schon in der Steinzeit Sicherheit bot.[3] Verschiedene Individuen verfügen über Fähigkeiten, mit denen sie zum Wohlergehen der Gesamtgruppe beitragen. So wie die Borg in *Star Trek*. Wissen und Erfahrung liegt in Form eines kollektiven Bewusstseins vor. »Es gibt nur uns.«

Auch in der Psychotherapie arbeiten wir gerne mit Gruppen. Das hat gute Gründe. Studien zeigen, dass die Zusammenarbeit mit anderen Menschen eigene Bewältigungsstrategien verbessert und bei der Genesung hilft.[4] Die Begleitung durch einen oder mehrere Menschen wirkt sich positiv auf Menschen aus, die psychische Erkrankungen bewältigen möchten.[5]

Wir haben ein angeborenes Bedürfnis nach Zugehörigkeit.[6] Ausgeschlossen zu werden, schafft Ängste. Wenn ich meine Klientinnen frage, wovor sie beispielsweise im Job oder in sozialen Situationen wirklich Angst haben, höre ich oft, dass sie sich im Kern davor fürchten, allein gelassen und von anderen isoliert zu werden. Um das zu verhindern, legen wir mitunter ziemlich anstrengende Verhaltensweisen an den Tag.[7] Manche Menschen versuchen, Aufgaben für andere zu übernehmen, um Anerkennung und Unterstützung zu erfahren, andere wollen mit Leistung ihren Wert demonstrieren. Im Therapieraum höre ich täglich von immensen Kraftanstrengungen, die Menschen aufbringen, um dazuzugehören. Manche vergessen dabei sogar ihre eigenen Bedürfnisse. Wenn du möchtest, kannst du einmal kurz darüber nachdenken, wie es dir gelingt, dich in neuen Gruppen oder ganz allgemein in sozialen Situationen einzufinden. Hast du Vertrauen, dass die anderen dich schon mögen werden? Oder fühlst du dich manchmal unbehaglich, wenn du neuen Menschen begegnest? Wenn Letzteres der Fall ist, dann ist das ganz typisch. Später komme ich zu ein paar Ideen, wie du besser damit umgehen könntest.

EIN TURM AUS MARSHMALLOWS, SPAGHETTI UND TAPE

Zurück in die Praxis und nach Peuerbach. Erst mal alle der Reihe nach aufstellen. Wer ist schon wie lange beim Österreichischen Weltraum Forum? Einige wenige begleiten bereits seit mehr als zehn Jahren viele Analog-Missionen. Andere haben gerade mal ihr Sommerpraktikum bei uns gemacht und freuen sich, im kommenden Jahr ihre erste Analog-Mission mitzuerleben und nun das vorbereitende Training dafür zu absolvieren. In der Sozialpsychologie wird schon lange untersucht, wie ein gutes Onboarding gelingen kann.[8] Menschen, die neu in eine Gruppe kommen, befinden sich demnach im Stadium der »Erkundung«. Heißt: Wir beschnuppern uns erst mal. Schnell wird klar, ob sich jemand vorstellen kann, gemeinsam mit den anderen Ingenieurinnen, Ärzten und Analog-Astronautinnen zusammen an einer Mission zu arbeiten – oder ob es doch nur ein kurzer Wochenendabstecher in die Pampa war. Wer sich entscheidet, in der nächsten Mission im Mission Support mitzuhelfen, lernt die »Normen« unserer Gruppe kennen. Neue Mitglieder müssen demnach zunächst an die bestehende Gruppe assimiliert werden. In unserem Fall heißt das: Wir ziehen den Neulingen ein rotes T-Shirt an und geben ihnen eine Aufgabe. So lernen sie schnell, welche Regeln im ÖWF wichtig sind: pünktlich sein, viel lachen und konstruktiv mit den Kolleginnen zusammenarbeiten.

Nächster Task: Aus Marshmallows, Spaghetti und Tape soll in Kleingruppen ein Turm gebaut werden. Unter den leicht irritierten Blicken der Freiwilligen Feuerwehr erfreuen sich die Ingenieurinnen an ihrer Aufgabe. Spaß ist wichtig, um motiviert an diesem Abenteuer mitzuwirken. Doch das ist nicht alles. Schnell lernen die jeweiligen Kleingruppen, was nötig ist, um ein gutes Ergebnis zu erzielen. Im All weiß man, dass die gebündelte Expertise der jeweiligen Gruppenmitglieder zum Erfolg einer Mission beitragen kann.[9] Der Fachbegriff hierfür ist »aufgabenbezogene Kohäsion«.[10] Eine Metaanalyse, also eine Zusammenfassung der Daten vieler Studien, zeigt, dass Aufgaben besser gelingen, wenn wir uns als Gruppe einig sind und gut zusammenarbeiten.[11] Damit das funktioniert, üben wir. Tesafilm soll also nicht nur Spaghetti, sondern auch Menschen verbinden.

Auch bestehende Gruppen profitieren von Gruppentrainings. Das Team der Analog-Astronauten besteht schon seit einigen Jahren. Im Obergeschoss des Feuerwehrgebäudes versammeln sich zwei Frauen und vier Männer, die im Frühling 2024 als Kleingruppe in das Habitat in Armenien einziehen werden. Ziel ist es, Erfahrungswerte für zukünftige echte Marsmissionen zusammenzutragen. Wir nutzen diese Simulationen, um den Ernstfall im Weltall zu üben.

In der astronautischen Raumfahrt herrschte lange das Paradigma, Individuen nach ihren Fähigkeiten auszuwählen, aber nicht das ganze Team aufeinander abzustimmen.[12] Die Besatzung eines

Raumschiffs war also ähnlich zusammengewürfelt wie ein studentisches Wohnzimmer mit Möbeln von Ikea, Mama und vom Sperrmüll. Aber Menschen müssen auch als Gruppe zueinander passen.

Laut der Weltraumpsychologin Sheryl Bishop ist eine sinnvolle Gruppenzusammensetzung extrem wichtig für den Erfolg einer Mission. Eine funktionierende Gruppe zusammenzustellen, ist eine Kunst für sich: »Es ist so wie bei einer Ehe. Wenn wir zu dicht aufeinanderhängen, dann kennen wir irgendwann alle Geschichten und langweilen uns. Es braucht ein bisschen Diversität – aber auch nicht zu viel. Wenn Menschen in Gruppen zu verschieden sind, führt das zu Diskrepanzen, die wir nicht überwinden können.« Kommunikationsstile, aber auch kulturelle Prägungen geben vor, wie eine Gruppe zusammenarbeitet.[13] Dazu gehört, dass wir passende Gruppenmitglieder auswählen – und sie im Vorfeld im Hinblick auf ihre Zusammenarbeit als Team trainieren.

Mit Blick auf zukünftige Marsmissionen könnte es sich lohnen, genau hinzuschauen, welche Potenziale mit in die Raumkapsel wandern – ob vielleicht jemand fehlt, der die anderen mal tröstet, oder eine Person, die im Notfall die Führung übernehmen könnte.

Zurück nach Peuerbach. Auch hier stellen sich diese Fragen. Wer übernimmt welche Rolle in der Gruppe? Selbst wenn sich alle sechs Teammitglieder schon seit Jahren kennen, schauen wir uns ihr Gruppenpotenzial immer wieder im Detail an. Also erst mal einen Fragebogen zur Rollenverteilung ausfüllen – Stärken und Schwächen auf Papier aufzeichnen.

Aus der Erfahrung mit astronautischen Teams wissen wir, dass jedes Teammitglied ein gutes Verständnis von allen missionsrelevanten Themen haben sollte – sei es Medizin oder die Reparatur des Anzugshelms.

Auch wenn Analog-Astronautinnen in vielen Bereichen gute Fähigkeiten mitbringen sollten, nehmen Menschen in Gruppen verschiedene soziale oder aufgabenbezogene Rollen ein. Zum einen gibt es klar zugewiesene Rollen. In unserem Fall: Anika ist in der nächsten Mission unsere Kommandantin. Eine wichtige Rollenzu-schreibung. Es sollte klar sein, wer Chefin und wer Mitarbeiter ist. Eine klare Aufgabenverteilung kann helfen, Verantwortlichkeiten zu klären und zu garantieren, dass die Werkzeugkiste auch wirklich mit an Bord ist. Wer war noch mal dafür zuständig? Auch auf der Erde ist es mitunter entschleunigend zu wissen, was die eigenen Aufgaben-bereiche sind und auf welchem Gebiet eine Kollegin die Expertin ist.

Darüber hinaus nehmen Menschen informelle Rollen ein.[14] Diese können durch das Alter oder auch die Erfahrung einer Person be-gründet sein und im Gruppensystem für Ordnung oder auch Ver-wirrung sorgen.

Es gibt viele Modelle zur Rollenverteilung in Gruppen. Eines, das gerne in Teamtrainings genutzt wird, unterscheidet zwischen neun verschiedenen Rollen.[15] Bist du eher jemand, der viele Ideen hat, alleine vor sich hin arbeitet und andere mit seiner Kreativität begeistert? Oder jemand, der andere in ihren Vorhaben unterstützt? Oder gehörst du zu den Personen, die gut organisiert ist, systema-tisch denkt und zuverlässig arbeitet? Solche Rollen werden uns nicht einfach zugewiesen. Wir nehmen sie oft ganz selbstverständlich ein, weil sie unseren Eigenschaften entsprechen.

An diesem sonnigen Augustwochenende lernen wir einiges über unsere Terranautinnen: Viele aus der Gruppe haben gute Ideen und Pläne, aber es fehlt jemand, der diese auch bis zum Ende durch-denkt. Was passiert, wenn man nicht gut vorbereitet ist, zeigen Er-fahrungswerte aus Gruppen, die lange Zeit gemeinsam in Isolation gelebt haben – beispielsweise in der Antarktis.

GRUPPENTRAINING IM EIS

Zusammenleben auf engstem Raum. Ein Jahr lang. Zwei Türme, 13 Menschen. Tiefe Dunkelheit und Kälte. Im Sommer kann es bis zu minus 30 Grad Celsius »warm« werden, im Winter frieren bei bis zu minus 80 Grad Celsius Nasenspitze und Fingerkuppen ein. Carmen Possnig ist Ärztin. Im November 2022 wurde sie als Ersatzastronautin in den ESA-Astronautencorps aufgenommen.

Im Jahr 2017 verbrachte sie ein Jahr als Forschungsärztin auf der Forschungsstation Concordia in der Antarktis, um medizinische Experimente durchzuführen. Über ihre Zeit im Eis schrieb sie ein sehr lesenswertes Buch.[16] Ich treffe Carmen im Winter 2023. Wenn jemand Profi im Konfliktgesprächeführen, Sichabgrenzen und Zusammenleben mit anderen Menschen in einer kleinen Gruppe ist, dann ja wohl sie!

Rückblick mit Carmen ins antarktische Eis. Für einige Teammitglieder ist es zunächst schwierig, sich in neue Rollen einzufinden. Wer früher ein Team geleitet hat, muss sich hier nun unterordnen. Alte Rollen, Hierarchien und auch kulturelle Zuschreibungen werden in der Antarktis zunächst auf null gesetzt und müssen sich neu etablieren. In der Theorie definieren Psychologinnen Stadien der Gruppenentwicklung[17]: Herausbilden, Stürmen, Normenbildung, Leisten und Abschließen – das sind die Phasen, die wir durchlaufen, wenn wir mit anderen ein Team bilden. Dabei lernen wir uns kennen, verteilen Aufgaben und Rollen, entwickeln Freundschaften und gemeinsame Ziele, die wir verfolgen, bis wir unser gemeinsames Projekt beenden. Intensive Arbeitsphasen schweißen zusammen. »Man hat keine Geheimnisse voreinander, weil das nicht möglich ist. Das ist schon eine besondere Art von Beziehung, die man da aufbaut«, sagt Carmen. Das Zusammenleben in der Antarktis hält einem dabei selbst den Spiegel vor, denn wer tagtäglich Frühstück und Freizeit miteinander teilt, hat keine Möglichkeit, sich immer zu verstellen. Gerade für astronautische Teams oder Menschen, die sonst mit perfektem Auftreten andere beeindrucken, bedeutet das: Konfrontation! Denn die Kolleginnen sehen dich auch an deinen dunklen Tagen, mit einer dicken Erkältung oder wenn dir etwas misslingt. Das kann dazu führen, dass eine Person in einer extremen Situation in einer Gruppe das erste Mal so richtig ihrer eigenen Scham oder auch ihren Versagensängsten begegnet. Ich persönlich glaube, dass echte Gruppenarbeit zwischen Menschen erst dann beginnt, wenn der Glanz von einzelnen Menschen abfällt. Du kannst dir denken, warum gerade für astronautische Teams, die oft einen internationalen Heldenstatus tragen, solche Erfahrungen essenziell sind.

In ihrem Buch schreibt Carmen, dass »Gruppe« nach einigen Monaten noch etwas anderes bedeutet, nämlich Gewohnheit: »Wir kennen inzwischen jeden Witz, jede Anekdote, jede lustige Kindheitserinnerung der anderen. Ich weiß, wer wann aufsteht, wer sein Steak gerne *saignant* isst, wer wann welches Badezimmer aufsucht (und wie es danach riecht), wer seine Ehefrau vermisst und wer nicht, wer wann mit wem (und meistens auch worüber) redet, und auch im Schlafzimmerstock sind die Wände relativ dünn.«[18] Carmen erzählt, dass kleine Gewohnheiten, die im normalen Alltag belanglos wären, in der Station große Dramen auslösen können. Wer kommt zu spät zum Abendessen, wer lässt das Licht an? Wenn es nicht viel Ablenkung von der Außenwelt gibt, fallen diese Kleinigkeiten ins Gewicht. Bei unseren Selektionsprozessen im ÖWF fragen wir angehende Analog-Astronautinnen oft nach ihrer Empfindlichkeit gegenüber Schmatzgeräuschen. Denn die sollte man aushalten können, wenn man mit anderen so eng zusammenlebt.

Leben auf engstem Raum erfordert gute Vorbereitung, am Südpol erwartet die Menschen nämlich viel freie Zeit und wenig Ablenkung. Am besten packt man sich also Hobbys und Beschäftigungsideen ein, so wie Carmen, und schickt ein Klavier in die Antarktis. Und Origamipapier. Damit kann man tropische Blüten basteln und das Habitat dekorieren. Im Alltag auf der Forschungsstation gibt es Fixpunkte, Mittag- und Abendessen, bei denen sie ihre Kolleginnen trifft. Die Station fasst 1500 Quadratmeter – das klingt zwar groß, aber man begegnet trotzdem ständig einem anderen Teammitglied. Jeder verfügt über seinen eigenen kleinen Rückzugsraum, doch die

Wände der Station sind dünn und ermöglichen, dass man seine Zimmernachbarn hört. Es gibt einen Computer, auf dem Skype installiert ist. Nach einiger Zeit stellt die Gruppe fest, dass man die Skype-Gespräche der anderen aus einem darunterliegenden Zimmer belauschen kann. Schlechtes Internet, schlechte Architektur. Wo liegt die magische Grenze zwischen Zusammenleben und Abgrenzung? »Ich habe beispielsweise festgestellt, dass es für die Gruppe unangenehm sein kann, wenn ich abends immer mit einem Buch dasitze und nicht sozial bin«, erzählt Carmen. Ein Spannungsfeld zwischen Ruhe finden und ständiger Interaktion. Freundschaften helfen Carmen, das Jahr zu bewältigen, aber auch der Kontakt zur Außenwelt. Denn gerade wenn Konflikte innerhalb der Gruppe sich hochschaukeln, hilft es, mit jemandem zu reden, der eine Außenperspektive einnehmen kann.

Konflikte früh anzusprechen, ist ebenfalls wichtig. Denn anders als im Alltag, kann man in der Antarktis nicht mal eben frustriert von der Arbeit abdüsen, um sich im Fitnessstudio abzureagieren. Wenn Konflikte nicht gelöst werden, wachsen sie. Carmen entwickelt Feingefühl, Reibereien früh zu erkennen. Oft bilden sich zwei Konfliktlager, das kann den Gruppenzusammenhalt gefährden. Bei Streit ist es wichtig, die Situation präzise zu analysieren und vielleicht auch mal von seinem Standpunkt abzurücken, um ein gutes Miteinander zu wahren. Aber auch das hat Grenzen. »Als wir auf die Station kamen, waren da noch Wissenschaftler aus dem Vorjahr. Ein Forscher hatte in der Gruppe die Opferrolle. Ihm wurde für alles die Schuld zugeschrieben, und die Gruppe konnte die Situation nicht gut klären. Diese Person wirkte stark belastet. Wir haben uns als Gruppe früh darauf geeinigt, dass es bei uns so nicht laufen soll«, erinnert sich Carmen. Es gibt zwar Unterstützungsteams, die man kontaktieren kann – aber nicht jeder fühlt sich mit der Person auf dem Bildschirm verbunden oder spricht gerne mit Fremden über Probleme. Es ist daher sinnvoll, dass die Gruppe eigene Fähigkeiten entwickelt, um Konflikte eigenständig zu lösen. Was passieren kann, wenn das nicht gelingt, zeigt ein Beispiel aus einer anderen Mission. Die Geophysikerin Christiane Heinicke nahm 2015 an der HI-SEAS-IV-Mission teil. Mit fünf anderen Menschen lebte sie ein Jahr lang in einem Habitat auf Hawaii. In ihrem Buch beschreibt sie unter anderem ausführlich die Teamdynamiken.[19] Auch hier häuften sich nach einigen Monaten die Konflikte: »Unsere Crew war gespalten – in die, die sich selbstironisch ›die Unbezwingbaren‹ nannten, und die ›Sicherheitsbesorgten‹. Wir fühlten uns nicht als zusammengehörige Crew und verspürten deswegen auch keinerlei Motivation, so zu tun, als wären wir eine.«[20] Welche Konsequenzen hat eine solche Spaltung? Christiane Heinicke beschreibt in ihrem Buch, dass sich Konflikte häuften, der gemeinsame Spieleabend ausfiel und einzelne Teammitglieder sich sogar ab und an Steine in den Weg legten, die die Arbeit erschwerten. Was Christiane in ihrem Buch erzählt, passt auch zu Carmens Erfahrungen aus der Antarktis.

Lautet das Ziel nun: nie mehr Streiten? So einfach ist das nicht. Denn Konflikte in Gruppen sind üblich. Und genau genommen – auch nicht schlimm! In einer Metaanalyse wurden viele Studien zu Teamdynamiken in Extremumgebungen unter die Lupe genommen.[21] Die Forscherinnen fanden heraus, dass alle Teams von mindestens einem Konflikt nach rund drei Monaten berichteten. Dass die Stimmung ein bisschen kippt, ist also völlig normal – egal wie das Team zusammengesetzt ist. Sheryl Bishop teilt ihre Erfahrungen dazu: »Psychologen waren zunächst immer unbeliebt bei Astronautinnen. Wer mit ihnen spricht, hat Angst, von der Mission ausgeschlossen zu werden. Doch es gab oft harte Konflikte (...), von denen Astronauten im Anschluss an die Mission erzählten. Sie schauten sich dann ihre Familienfotos an, weil sie sich nach zu Hause sehnten.« Einer der Astronauten, John Blaha, fühlte sich in der ihm fremden Gruppe zunächst sehr einsam. Es gab keine Gemeinsamkeiten und Erfahrungen mit den russischen Kosmonauten. Der Astronaut suchte ein gemeinsames Thema und fand – Fußball!

Langsam baute sich eine Kommunikationskultur in der Crew auf. Und John Blaha fühlte sich weniger abgekoppelt.

Ein weiterer Einflussfaktor auf die Gruppendynamik ist das biologische Geschlecht. Auf der Forschungsstation Concordia arbeiten elf Männer, Carmen ist eine von zwei Frauen. In ihrem kleinen Team entwickeln sich die Rollen zunehmend unabhängig vom biologischen Geschlecht. Sehr angenehm! Und auch notwendig. Denn da, wo nur wenige Teammitglieder zur Verfügung stehen, müssen alle zusammenarbeiten und gibt es keine Ressourcen, sich aufgrund von Genderfragen auszuschließen. Aber als im Sommer rund 80 Menschen auf die Station kommen, sind unter ihnen einige, die nach einem Abenteuer der anderen Art in der Antarktis suchen. Carmen berichtet, dass sie sich plötzlich »als Frau« beobachtet fühlt. Einige der »Besucher« setzen zudem nicht unbedingt auf eine gute Teamzusammenarbeit und wünschen sich eher einen Flirt im Eis. Solche Dynamiken lösen Unbehagen aus. 2022 publizierte die National Science Foundation einen Report, in dem viele Frauen schildern, dass sie im Rahmen ihrer Forschungstätigkeit Opfer von sexuellen Übergriffen wurden.[22] Weit über die Hälfte der Frauen erwähnte sexuelle Belästigung, in vielen Interviews wird im Detail von Übergriffen und Bedrohungen berichtet. Im Eis wurde damit nicht gut umgegangen. Frauen schilderten, dass ihre Chefs sie baten, Stillschweigen zu bewahren, und dass Kollegen, die davon wussten, nicht eingriffen. Der Fall von Liz Monahon, die 2021 auf einer Forschungsstation von einem Mann bedroht wurde und daraufhin immer einen Hammer dabeihatte, um sich im Notfall wehren zu können, machte in den Medien die Runde.[23] Vorfälle wie diese geben uns einen Hinweis, wie sich Gruppen entwickeln können, wenn es keine Regeln, keine angemessenen Auswahlprozesse und keine Supervision von professionellen Teams außerhalb der Station gibt.

Frühere Beispiele aus der Raumfahrt zeigen ebenfalls, was passiert, wenn die Gruppendynamik kippt. 1999 startete das Projekt Sphinx-99. Auch hier sollte eine Reise zum Mars simuliert werden.

Judith Lapierre war das einzige weibliche Mitglied der Testcrew. Einen Monat lang lief alles gut. Doch an Silvester eskalierte die Situation in der Anlage. Ein Kollege versuchte, Judith Lapierre gegen ihren Willen zu küssen. Währenddessen kam es zwischen den anderen Crewmitgliedern zum Streit, und der Silvesterabend endete in einer Schlägerei. Als sich die Crew anschließend an die Projektleitung wandte, erfuhren sie nur wenig Unterstützung.[24] Harmonie im Habitat sieht anders aus.

Zur Genderthematik in Extremumgebungen wird mittlerweile immer mehr geforscht. Eine, die sich dieser Fragestellung schon lange widmet, ist die Soziologin Inga Popovaite. Mit Inga habe ich das erste Mal vor mehreren Jahren gesprochen, als sie gerade an ihrer Doktorarbeit saß. Sie erforschte, wie sich Gruppen in extremen Umgebungen verhalten – und welche Rolle das Gender und Emotionen dabei spielen. Dafür untersuchte sie in einem Teil ihrer Studie 824 Protokolle von Kommandantinnen und Kommandanten in Analog-Missionen und fand heraus, dass Frauen im Schnitt positiver schrieben und sich zusätzlich mehr um das Gemeinwohl der Gruppe sorgten. Männer widmeten sich eher der Erhaltung des Habitats und nutzten häufiger negative Begriffe.[25] In einer weiteren Studie, die ebenfalls Missionsprotokolle untersuchte, fand sie heraus, dass Frauen eher zurücksteckten, wenn es darum ging, einen Ausflug im Raumanzug zu machen, und ihren männlichen Kollegen oft den Vortritt ließen.[26] Was sagt uns das? Geschlechterstereotype Verhaltensweisen finden sich auch in den entlegensten Simulationshabitaten und Antarktisexpeditionen wieder. Gleichzeitig bieten genau diese extremen Umgebungen die Möglichkeit, sie zu hinterfragen. Teams profitieren davon, wenn sie die individuellen Fähigkeiten ihrer Gruppenmitglieder in den Vordergrund rücken – egal ob sie von einer biologischen Frau, einem biologischen Mann oder jemand Diversem getragen werden.

VON EUPHORIE BIS WINTERSCHLAF:
WIE GRUPPENDYNAMIK SICH ÜBER
DIE ZEIT VERÄNDERT

Gruppendynamiken verändern sich über die Zeit. Weißer, flacher Horizont. 13 Monate ohne Tiefschlaf, die Dunkelheit schlägt immer mehr aufs Gemüt, das ständige Miteinander, das Ausbleiben von äußeren Reizen wie Gerüchen, kein frisches Essen beeinflussen, wie Menschen miteinander interagieren. Im Laufe des Jahres werden die Gespräche in Carmens Gruppe leiser und auch seltener. Man versteht sich auch ohne Reden, der Smalltalk verschwindet, viele sind müde, und das Wetter ändert sich ohnehin nicht. Warum also darüber sprechen?

Forschungsstudien deuten darauf hin, dass Menschen in Extremumgebungen im Verlauf einer Mission lethargischer werden. Die Metaanalyse zu Teamdynamiken, die ich dir eben schon gezeigt habe, fand auch heraus: Je länger die Mission dauerte, desto weniger Zeit verbrachten die Teammitglieder miteinander. Die Tendenz geht also dahin, sich zu verkriechen. Außerdem reduzierte sich die Kommunikation mit Mission Control – die Teams machten mehr unter sich aus.[27] Verkriechen zeigt sich auch körperlich. Eine weitere Studie untersuchte in einer unserer ÖWF-Missionen das Gruppenverhalten von Menschen anhand ihres Bewegungsverhaltens.[28] Das Team spaltete sich in zwei Subgruppen, die sich unterschiedlich viel bewegten und jeweils innerhalb dieser neu entstandenen Gruppen interagierten. Die genauen Gründe für die Entwicklung des Bewegungsverhaltens können aus den Studienergebnissen nicht abgeleitet werden. Möglicherweise hängen sie – ganz pragmatisch – mit der Aufgabenverteilung im Habitat zusammen. Eine weitere Beobachtung zeigte, dass die Analog-Astronautinnen gegen Ende der Mission weniger durch das Habitat spazierten als zu Beginn. Und sie berichteten davon, immer weniger positive Gefühle wie Freude oder Aufregung zu empfinden.

Diese Beobachtungen helfen, passende Gegenmaßnahmen zu entwickeln, denn es braucht eigene Ideen und Routinen, um nicht auf der intergalaktischen Couch zu versacken.

Auch in Carmens Gruppe wird es stiller. Wenn »die Nacht« kommt – also über Monate kein Tageslicht mehr da ist –, werden Menschen ruhiger und ziehen sich zurück. Emotionaler Winterschlaf. Carmen hängt vom Kontakt zur Gruppe ab – auch für die Experimente, die sie an ihren Kollegen durchführt. »Manche Teammitglieder sind depressiver geworden, der Umgang mit ihnen war dann schwierig. Anderen hat aber genau diese stille Umgebung gutgetan«, erinnert sich Carmen. Carmens Gruppe hält die Laune aufrecht, indem sie Feiern und Rituale plant. Jeder Feiertag ist Anlass, das Habitat zu dekorieren und sich ein Programm auszudenken. Mittsommer feiert die Crew fünf Tage lang. Alle Mitglieder suchen sich ein Thema aus und bereiten es vor. Eine Kleingruppe bastelt einen tropischen Wald und heizt einen Raum auf, damit alle im Bademantel herumtanzen können. Es gibt einen *Asterix und die Römer*-Abend mit Helmen aus dem Gips vom Krankenflügel und selbstgebastelten Rüstungen. Außerdem Sprachtandems, Kabarett- und Kochabende.

Carmen schwärmt von dem großartigen Gemeinschaftsgefühl, aber auch von der persönlichen Lernerfahrung. Noch einmal teilnehmen? Ja, sicher.

Eine Lesson learned: »Wir sprechen in unserer Gesellschaft, gerade im Kontext Arbeit, so wenig über Gefühle. Dabei verbringen wir dort so viel intensive Zeit mit Menschen und müssen teilweise komplexe Aufgaben gemeinsam bewältigen.« Manchmal muss man auch die eigenen Bedürfnisse hinter die der Gruppe zurückstellen – und sorgt so für Harmonie. Gleichzeitig ist es wichtig, die Kommunikation aufrechtzuerhalten und Konflikte schnell anzusprechen, damit sich nichts aufstaut. Carmen hat daraus für sich mitgenommen, auch im Alltag Probleme früher anzusprechen. »Und man wird weniger anfällig fürs Drama«, lacht sie. Carmen lebt inzwischen wieder in Österreich. Ob sie im Rahmen ihrer ESA-Auswahl jemals ins All reisen wird, weiß sie nicht. Wenn sie es sich aussuchen könnte, wäre ihr Reiseziel klar: der Mars! Aber nur mit Rückfluggarantie und einer garantiert netten Crew.

RÜCKENDECKUNG IN DER WÜSTE

Menschen wie Carmen liefern Weltraumpsychologinnen wichtige Anhaltspunkte über das Verhalten von Gruppen in Extremumgebungen. Von ihnen möchten wir für zukünftige Marsmissionen lernen. Wir wollen wissen: Was braucht es, um im All gut miteinander zurechtzukommen? Orientieren wir uns an einem weiteren Positivbeispiel. Claudia Kobald ist Astronauten-Support in unseren Analog-Missionen. Sie übernimmt jede Aufgabe: vom Kaffeekochen über den Weckdienst bis hin zur last minute Materialbeschaffung im Feld. Sie erinnert sich noch gut an die letzte Auswahl der Analog-Astronautinnen: »Wir haben nicht nur Individuen, sondern eine Gruppe ausgewählt – das ist uns gut gelungen. Die Menschen standen sich von Anfang an nahe und haben gut harmoniert.« Ein fähiges Gruppenmitglied ist viel wert. Aber was muss man mitbringen, um sein Team zu unterstützen? Claudia sagt:»Es braucht Menschen, die im richtigen Moment hervortreten, aber auch mal andere vorlassen können.« In jedem Team gibt es Aufgaben, die beliebter sind als andere. Claudia erinnert sich noch an die Analog-Mission im Oman 2018. Ihre Aufgabe: Kochen für 35 Menschen in der Wüste. Nicht besonders wissenschaftlich. Claudia und ihr Team beschließen, ihre Tätigkeit umzubenennen: Well-being-Managerin! Denn wer kocht, tut den anderen etwas Gutes. Claudia erzählt, dass es immer wieder Menschen gibt, die nur spezielle Aufgaben übernehmen wollen. Aber im Feld gelten andere Regeln: »Eine Mission ist eine einzigartige Situation. Wir brauchen Menschen, die auch mal das Klo putzen.«

Wie sollte man sich als Mitglied einer Gruppe verhalten? Der Verhaltensforscher Jack Stuster empfiehlt Folgendes für Missionen im All: »Gemeinsame Mahlzeiten, Kontakt zur Familie, Rückzugsorte für etwas Privatsphäre, Unterhaltungsangebote wie Spiele oder Filme, ein machbares und sinnvolles Arbeitspensum, klare Regeln des Zusammenlebens und viel Verständnis – sowohl von den Missionsplanern auf der Erde als auch von den Kollegen in der Raumstation. Eigentlich einfache Dinge, die Hunderte Kilometer über der Erde aber nicht immer leicht umzusetzen sind.«[29] Empfehlungen, die in jeder WG und jedem Haushalt ihre Berechtigung finden. Für uns auf der Erde bedeutet das: Haare aus der Dusche entfernen, Müll raustragen, Tasse abspülen. Das kann Frieden schaffen. Klingt ziemlich simpel, aber mal ehrlich – in welchem Haushalt funktioniert das immer so? Gerade dann, wenn Menschen möglicherweise verschiedene kulturelle oder soziale Hintergründe haben, sind ein gemeinsames Training und die Einigung auf gewisse Grundregeln essenziell.[30] Wir vom ÖWF, aber auch Teams aus anderen Organisationen, nutzen dafür gerne strukturierte Briefings und Debriefings. Also Jack Stusters Abendessen gekoppelt mit einer guten Problemanalyse. Wir besprechen, welche Probleme es im Missionsalltag gibt, wie sich einzelne Teammitglieder fühlen oder wer gerade Unterstützung braucht. Im Alltag gehen solche Gesprächsrunden oft zwischen To-do-Listen, Kinderversorgung und der eigenen Selbstoptimierung verloren. Doch gerade, wenn wir mit anderen zusammenleben oder arbeiten, können Gesprächsrunden helfen, um eigene Bedürfnisse zu benennen oder herauszufinden, wer die Küchenrolle immer leer macht. Gute Bewältigungsstrategien für Konflikte in Gruppen lernen wir immer wieder in unseren eigenen Missionen. Unsere Analog-Astronautin Carmen Köhler, die im Österreichischen Weltraum Forum mehrere Missionen mitgemacht hat, empfiehlt: »Wenn es Probleme gibt, sollte man natürlich erst mal in der Gruppe versuchen, sie zu lösen. Ganz pragmatisch. Aber Humor ist auch eine gute Bewältigungsstrategie, wenn eine emotionale Hitzewelle übers

Habitat fegt.« Claudia aus dem Astronautinnen-Support teilt ebenfalls ihre Erfahrung: »Konflikte sind superwichtig. Es treten immer wieder Probleme auf, das ist normal. Dann sollte man offen kommunizieren. Je mehr wir darüber sprechen, desto besser funktioniert die Zusammenarbeit.« Wer Teil eines Teams wird, sollte also damit rechnen, dass es auch mal rumpelt.

Gruppen sind anstrengend. Aber auch persönlich bereichernd. Einen ihrer schönsten Momente erlebte Claudia während der Mission 2018. Sie durchläuft mit den Analog-Astronauten das gesamte Gruppentraining – hat aber die Rolle der Unterstützerin. Ist man dann Teil eines Teams? Eines Abends geht Claudia ins Missionszelt, in dem die Analog-Astronautinnen sitzen. Sie will fast wieder kehrtmachen – sie wollte doch nicht stören. Doch die Kolleginnen rufen: »Claudia, komm rein, du gehörst doch zu uns!« Das ist die schönste Bestätigung. Gruppe bedeutet, dass wir zwar wissen, wann wir Bäcker, Ärztinnen oder Dachdeckerinnen sind – aber auch, wann das nicht mehr im Vordergrund steht, sondern das gemeinsame Ziel. Wenn wir beispielsweise im Sportverein alle dem Ball nachlaufen – egal ob wir vorher einen Anzug oder einen Malerinnenoverall getragen haben. In einer Gruppe zu sein, hat noch einen Vorteil. Wer gemeinsam durch die Wüste stapft, findet dort nicht nur Fußspuren, sondern vor allem Menschen, die die gleichen Interessen haben. Potenzielle Freunde! Das schreibt auch Alexander Gerst in seinem Buch *Horizonte* über seinen russischen Kommandanten Sergei Prokopjew: »Wir haben die Kapsel gemeinsam gesteuert und ohne zu reden gespürt, was der andere gerade denkt und tut.«[31]

Claudia erzählt von einem weiteren Moment, der das Zusammengehörigkeitsgefühl gestärkt hat. Ein Teammitglied gesellt sich an einem anderen Abend zu der Runde im Zelt: »Ach, hier sitzen die Cool Kids!« Erstaunen in der Astronautinnengruppe. »Ich gehörte nie zu den Cool Kids«, erzählt eines der Crewmitglieder. Ein anderes Mitglied schüttelt den Kopf: er auch nicht. Am Ende sind sich alle einig: Zu den Heldinnen auf dem Schulhof zählte hier wohl kaum jemand. Heute aber, da sitzen sie gemeinsam in einer Wüste und simulieren eine Reise zum Mars. Ähnlichkeit kann Verbindung schaffen. Das sagt auch die Wissenschaft. Eine neue Studie zeigt: Ein guter Gruppenzusammenhalt entsteht dann, wenn Menschen sich in ihren Wertvorstellungen und ihrer Persönlichkeit ähneln. Das ist wichtiger als der kulturelle Hintergrund, das biologische Geschlecht oder das Alter.[32] Im schmutzigen Overall Astronautenfutter aufwärmen – das fördert Gemeinschaft. Gerade dann, wenn wir uns in Gruppen unwohl fühlen, kann es uns helfen, nach Gemeinsamkeiten mit anderen zu suchen.

Im ÖWF lernen wir Mission für Mission: Gruppenarbeit ist mühevoll. Gleichzeitig geht aber nichts über die geteilten Momente, wenn beispielsweise der *Morning Song* durch das Mission Support Center dröhnt und alle lachen. Wenn man einem anderen Menschen begegnet, der durch seine Ideen und Meinungen unser Leben durch eine weitere Perspektive bereichert. Eine Gruppe kann nur dann funktionieren, wenn alle zusammenhalten. Ganz egal ob im All, in der Antarktis, in einer Wüste im Oman – oder in einem Maisfeld in Peuerbach.

04 Anpassung

»Oh, Schwerkraft,
welch herzloses Ding du bist!«
—
Strecken, Springen und tiefe Atemzüge
für mehr stabile Bodenhaftung

Krach! Ein dumpfer Aufprall erinnert Sandra Magnus daran, wie schwer ihr eigener Körper ist. Erstaunlich! Damit hat die junge Astronautin nicht gerechnet. Gerade noch war sie das erste Mal für zehn Tage im All.

Über den Wiederaufprall auf die Erde hatte Sandra bei ihrem Abflug zur ISS am 7. Oktober 2002 nicht nachgedacht. Im Rahmen der STS-112-Mission flog Sandra ins All und unterstützte die Installation des S1-Fachwerk-Abschnitts auf der ISS und die Lieferung von Verbrauchsmaterialien. Sandras spezielle Aufgabe bestand darin, einen Roboterarm für Weltraumspaziergänge zu bedienen. Das fühlt sich fast wie die Steuerung bei einem Videospiel an. Gar nicht so schwer und Spaß hat es auch gemacht. Durchs Weltall schweben, die Erde von oben sehen, Sandra erlebte alles als enorm aufregend und gewöhnte sich schnell an ihren Arbeitsplatz im Erdorbit. 170 Umrundungen später landete sie wieder in Florida. Mit einem dicken Knall. Eine gewaltige Energie schmetterte Sandra in den Sitz des Spaceshuttles. »Ich hielt gerade meine Ablaufprotokolle in der Hand und war daran gewöhnt, dass sie neben mir herschwebten.

Und plötzlich musste ich wieder meine Armmuskeln anspannen, um etwas festzuhalten. Das hat mich zuerst erschrocken«, erzählt sie mir im Gespräch.

Schwerkraft. Eine bizarre Erfahrung, Sandra muss sich zunächst orientieren. Sie hat das Gefühl, das erste Mal in ihrem Leben wirklich zu begreifen, was Schwerkraft bedeutet. Es erstaunt sie, welche Kraft Menschen aufwenden müssen, um zu gehen oder zu stehen, während der Planet sie permanent in den Boden presst:»Wenn man nie etwas anderes erlebt hat, ist einem gar nicht bewusst, wie besonders diese Kraft wirkt. Und welche Energie und Fähigkeiten unser Körper aufbringen muss, um mit ihr fertigzuwerden.« Auf der Landebahn nimmt sie ein paar Atemzüge und schaut sich um. Ihr Körper fühlt sich an, als würde er gleich umkippen. Alles fällt nach unten, kognitiv ist ihr das klar! Aber wenn man mehrere Tage schwerelos im All war, nach seinem herumfliegenden Mittagessen greifen und sich zum Schlafen an einer Wand festbinden musste, fühlt es sich erst mal merkwürdig an, wieder festen Boden unter den Füßen zu spüren.

ACHTUNG BEIM WIEDEREINTRITT IN DIE ATMOSPHÄRE!

Einer der grundlegendsten Einflüsse, die täglich auf unseren Körper einwirken, ist die Schwerkraft. Sie verleitet Sheldon Cooper, den Physiker aus der Serie *Big Bang Theory*, zu dem pathetischen Ausruf:»Oh, Schwerkraft, welch herzloses Ding du bist!« Schwerkraft fordert den Körper heraus. Es bedarf der Stärke von Muskeln, Faszien, Gelenken und Knochen, damit wir uns jeden Tag über den Erdboden manövrieren können. Die Schwerkraft auf der Erde beträgt $9{,}81\,\text{m/s}^2$. Das bedeutet konkret, dass die Gravitationskraft einen Gegenstand mit einem Kilogramm Masse mit einer Kraft von 9,81 Newton nach unten zieht. Je mehr Masse etwas hat, desto stärker wirkt die Gravitation.

Wenn wir Bilder von Menschen auf der ISS sehen, dann schweben diese meistens in der Raumstation herum. Auf dieser Höhe ziehen noch 88 Prozent der Erdanziehung die Astronauten Richtung Boden. Die ISS bewegt sich jedoch sehr schnell auf ihrer Umlaufbahn und befindet sich stets in einer Art freiem Fall. Das permanente Fallen bewirkt, dass die Astronauten auf der Station schweben können. Ohne die Belastung des eigenen Körpergewichts dehnt sich die Wirbelsäule bei Astronautinnen während ihrer Mission etwas aus – sie wachsen sogar ein paar Zentimeter. Doch durch die starken Kräfte beim Wiedereintritt in die Erdatmosphäre ist das kein länger andauernder Effekt, und die Wirbelsäule kehrt nach kurzer Zeit zu ihrer Ursprungslänge zurück. Wie komplex die Mechanik dahinter ist, fällt uns erst auf, wenn wir wie Sandra davon befreit sind. Oder genau jetzt. Wenn du möchtest, kannst du das gerne direkt ausprobieren: Spring nach oben und beobachte, was dein Körper dabei tut. Welche Muskeln musst du anspannen, um in die Höhe zu schnellen? Und was braucht es für eine sichere Landung? Ganz egal, in welche Richtung du springst – du wirst immer auf dem Boden landen.

Wir sind mit unserem Körper und unserer sensorischen Wahrnehmung perfekt an unsere Umgebung, an die Erde angepasst. Hier können wir atmen, laufen und regenerieren. Gute Voraussetzungen für ein entspanntes Dasein auf unserem Heimatplaneten.

Könnte es sein, dass unser Körper noch mehr Kompetenzen besitzt, als der Schwerkraft zu trotzen, die wir häufig ignorieren, weil sie für uns normal erscheinen? Fähigkeiten, denen wir im Alltag mehr Aufmerksamkeit schenken sollten? Denn wir wissen alle: Um Dinge, die gut funktionieren, kümmern wir uns am wenigsten. Unser Körper gehört leider oft dazu. Probiere doch, vor dem nächsten Absatz einmal tief und langsam einzuatmen. Nimm ganz bewusst wahr, wie sich deine Brust anhebt und Luft durch deine Nase strömt. Sauerstoff fließt in deinen Körper, deine Lungen dehnen sich aus, und du atmest langsam wieder aus – unter anderem Kohlendioxid.

Vielleicht bist du jetzt sogar ein bisschen entspannter. Diesen Vorgang wiederholst du – ganz automatisch – am Tag circa 20 000-mal. Verrückte Sache, oder?

Das Überleben im All ist kompliziert. Wir können festhalten, dass es bislang aber ganz gut geklappt hat. Von den rund 550 Menschen, die bisher ins All gereist sind, sind nur drei abseits der Erde gestorben.[1] Trotzdem verzeichnet die astronautische Raumfahrt im letzten halben Jahrhundert rund 30 Tode. Diese ereigneten sich jedoch vor dem Austritt aus der Erdatmosphäre, weil sich beispielsweise eine Rakete entzündete. Aber auch wenn astronautische Reisen nicht direkt tödlich enden, können sie negative Konsequenzen für den Körper haben. Das Feld der Raumfahrtmedizin erforscht unter anderem, wie sich kosmische Strahlung auf den menschlichen Organismus auswirkt, wie sich der Augeninnendruck in der Schwerelosigkeit verändert und wie Osteoporose verhindert werden kann. Von den Erkenntnissen der Weltraummedizin können wir auch auf der Erde profitieren. Ergebnisse aus weltraummedizinischen Untersuchungen werden kontinuierlich in Bereiche wie Krebsforschung, Diagnose durch Telemedizin oder Lösungen gegen Rückenschmerzen integriert. Die zwei wichtigsten Fragen, die sich Expertinnen auf diesem Gebiet stellen, lauten: Welche sogenannten Gegenmaßnahmen können wir zur Sicherung des Überlebens in der lebensfeindlichen Umgebung etablieren?[2] Und wo liegen die biologischen Grenzen unserer Anpassungsfähigkeit?

RÜCKENSCHMERZEN, PORÖSE KNOCHEN UND GLUBSCHAUGEN

Wie schwierig es ist, im All zu überleben, lernt jedes Jahr eine Gruppe aus 30 Menschen in einem Kurs über Weltraummedizin, den die Europäische Weltraumorganisation für Menschen aus Gesundheitsberufen veranstaltet. Ich gehöre auch zu denjenigen, die daran teilnehmen. Es ist noch früh am Morgen und tiefster Winter. Mein erster Kaffee ist noch nicht in der Gesamtumlaufbahn meines Körpers angekommen. Und doch wird mir schnell klar, was der menschliche Körper leisten muss, um im All zurechtzukommen.

Enge, Beschleunigung, Schwerelosigkeit und Strahlung sind Gefahrenquellen für den Körper und wirken sich auf das Immunsystem, den Hormonhaushalt, aber auch das Gehirn, die Augen, das Atmungssystem und die Flüssigkeitsverteilung im Körper aus.[3] Der menschliche Körper ist nicht für das Leben im All gemacht.

So berichten 60 bis 70 Prozent der Astronauten in den ersten Tagen einer Mission von Reiseübelkeit. Zu Beginn gibt es keine Weltraumspaziergänge, und die Arbeitspläne sind erst einmal recht leer. Viele Astronautinnen klagen über Rückenschmerzen, die mit Übungen bekämpft werden, und bei Schlafproblemen hilft die Reiseapotheke – oder ein kritischer Blick auf die astronautische Schlafhygiene.

Im Weltraum kann man einige lustige Effekte beobachten, die durch die Schwerelosigkeit verursacht werden. Astronauten haben mitunter das Gefühl, dass oben und unten vertauscht ist, weil sich ihre Orientierung verändert. »Inversion Illusion« lautet der Fachbegriff für dieses Erleben[4]. Manche Astronauten berichten als Reaktion auf diese Wahrnehmungsverzerrung, dass sie Angst haben zu fallen und sich dann festhalten. Solche Prozesse verdeutlichen, dass sich der Körper in der Schwerelosigkeit erst mal anpassen muss. Während des Wiedereintritts in die Erdatmosphäre wirken zudem erhebliche Trägheitskräfte, sogenannte g-Kräfte, auf sie ein, die je nach Raumfahrzeug und Missionsprofil etwa 4 bis 5 g erreichen. Bedeutet: Astronauten werden mit dem Vier- bis Fünffachen ihres eigenen Körpergewichts in ihre Sitze gepresst, was eine erhebliche Belastung für den Körper ausmacht. Die Rückkehr auf die Erde stellt einen der anspruchsvollsten Momente einer Mission dar und erfordert, dass die Raumfahrerinnen fit sind. Astronautinnen müssen – vor allem bei Langzeitmissionen, wo niemand auf dem

Mars auf sie wartet –, in der Lage sein, sich nach Monaten in der Schwerelosigkeit mit eigener Körperkraft aus einer Raumkapsel zu befreien. Dafür brauchen sie gut trainierte Muskeln. Sport im All stellt eine Maßnahme gegen den Muskelabbau dar. Mittlerweile gibt es sogar Ansätze, im All seine Muskeln durch eine Art Trampolin oder Schwungräder zu trainieren.[5, 6]

Was ist mit Geschlechterunterschieden? Ähnlich wie auch auf der Erde besteht hinsichtlich Risiken astronautischer Raumfahrt, die speziell einen weiblichen Körper betreffen könnten, vor allem eins: eine riesengroße Datenlücke[7]. Nur 11 Prozent der Menschen im All waren Frauen[8]. Dabei könnten sie – vor allem bei Langzeitmissionen – körperliche Vorteile haben: Sie sind oft kleiner und verbrauchen weniger Sauerstoff und im Schnitt 20 Prozent weniger Kalorien als ein Astronaut. Könnte günstiger sein.

Ob die Reise ins All auch langfristige körperliche Konsequenzen nach sich zieht, ist noch unklar: Wissenschaftlerinnen befürchten, dass lange Missionen ein höheres Krebsrisiko oder Unfruchtbarkeit zur Folge haben könnten.[9] Ärzte arbeiten auf Hochtouren an Lösungen, von denen manche sich jedoch nur für einen begrenzten Zeitraum eignen oder Langzeitfolgen dennoch nicht ausschließen können.

Missionen in lebensfeindliche Umgebungen gestalten sich komplex, sie sind aber nicht unmöglich. Denn Menschen verfügen neben der Kreativität, Maßnahmen gegen die Gefahren zu erfinden, auch über eine weitere Superkraft: Sie sind anpassungsfähig!

WARM ANZIEHEN, BASTELN ODER AUGEN ZU UND DURCH? WIE WIR UNS AN EXTREME ANPASSEN

Dahinter steckt die Eigenschaft von Lebewesen, Veränderungen in ihrem Verhalten oder ihren physischen Merkmalen entwickeln zu können, um sich erfolgreich an neue Umgebungen oder Bedingungen anzupassen.[10] Doch bis zu welchem Grad können wir uns an eine lebensfeindliche Umgebung adaptieren – auch hier auf der Erde? Ein Beispiel für eine extreme Lebensumgebung ist die Antarktis. Hier überwintern regelmäßig Menschen, wie beispielsweise Carmen Possnig, die du schon im vorigen Kapitel kennenlernen durftest. Das sogenannte »Überwintern« erfordert die Anpassung an eine Umgebung, die für rund vier Monate vollständig dunkel ist und in den Übergangsmonaten nur wenig Tageslicht ermöglicht. Auch wenn unsere europäischen Wintermonate von diesen Bedingungen weit entfernt sind, können wir uns vorstellen, dass sich das Leben im Dunkeln auf die psychische und körperliche Gesundheit von Menschen auswirkt. Studien weisen auf Veränderungen im Nacht-Tag-Rhythmus sowie auf Ein- und Durchschlafprobleme hin, bei manchen Menschen werden darüber hinaus Veränderungen im Gefühlserleben deutlich. Wie verändern sich Gefühle von Menschen in der Antarktis und in anderen extremen Umgebungen?

Erst mal zu den Trends: Wenn Menschen lange Zeit in extremen Umgebungen leben, geht es ihnen nicht schlechter, sondern vor allem – weniger gut. Gefühle wie Einsamkeit oder Traurigkeit bleiben gleich, aber positive Emotionen wie Freude oder Enthusiasmus fallen ab[11]. Die Folge: Als negativ erlebte Gefühle fallen viel stärker auf und belasten die Menschen.

Wann geht es Menschen am schlimmsten? Auch hier haben Forscherinnen eine Vermutung, die jedoch wissenschaftlich noch besser bestätigt werden muss. Kurz nach der Hälfte einer Mission beobachten Forscher das sogenannte »Third Quarter«-Phänomen[12]. Nach der Missionshälfte ist die extreme Umgebung dann alltäglich geworden und verliert ihren positiven Reiz. Gleichzeitig wissen Menschen, dass sie dieselbe Zeit in dieser Umgebung noch mal aushalten müssen. Das schlägt auf Stimmung und Stresserleben.

Wichtig ist aber auch: Menschen unterscheiden sich darin, wie sie auf ihre Umgebung reagieren. Manche fühlen sich einsam und werden in den dunklen Monaten apathisch, andere verbinden damit eine eher ruhige Zeit, in der sie sich auf sich selbst besinnen können. Auch Carmen berichtete davon, dass Menschen ganz individuell mit der lichtarmen Umgebung umgingen, und auch Adrianos – den ihr später noch genauer kennenlernen werdet und der ebenfalls ein Jahr in der Antarktis verbrachte – benannte, dass einige Teammitglieder viele Bücher lasen und zufrieden wirkten, während andere Löcher in die Luft starrten und kaum mehr sprachen. Was bedingt, ob Menschen sich an eine komplexe Umgebung anpassen können oder nicht?

Eine wichtige Rolle spielen persönliche Faktoren, die Menschen schon im Vorfeld mitbringen. Menschen, die ein gutes Gefühl für sich selbst und darüber hinaus funktionale Bewältigungs- und Emotionsregulationsstrategien mitbringen, können sich oft besser an die Extremumgebungen anpassen und berichten im Nachhinein positiver über ihren Aufenthalt. Gute Emotionsregulation umfasst hilfreiche Verhaltensweisen, wie sich mit anderen über schwierige Gefühle auszutauschen, selbstreflexiv sein Tagebuch zu befüllen, weinen zu können oder auch mal Humor an den Tag zu legen. Kurzzeitiges Wegschieben von Gefühlen ist möglich, um arbeitsfähig zu bleiben. Langfristig stellt das aber keine gesunde Lösung dar. Die Forschung zeigt uns: Wir bleiben dann resilient – also widerstandsfähig – wenn wir uns in extremen Situationen oder Krisen gut anpassen können. Dazu gehört: die eigenen Gefühle anzuschauen und ihnen zu begegnen.

Eine neue Studie verweist hier auf einen spannenden Zusammenhang. Sie untersuchte vor dem Aufenthalt in der Antarktis, wie achtsam die unterschiedlichen Teilnehmerinnen waren. Dazu füllten die Teilnehmerinnen mehrere Fragebögen aus und nahmen an einer Atemübung teil, bei der das Bewusstsein für die eigene Atmung erfasst wurde. Ergebnis: Wer hier hohe Werte zeigte und zu den achtsamen Teilnehmern zählte, wies nach der Zeit in der Antarktis ein geringeres Stresslevel auf als weniger achtsame Personen.[13] Sich auf den gegenwärtigen Moment fokussieren zu können, ohne ihn zu werten.[14] Das könnte eine wichtige Fähigkeit sein, die Anpassung unterstützt.

Und was auch hilft? Sich anderen zuwenden. Auch hier zeigen Studien, dass soziale Unterstützung Stress reduzieren kann und Anpassung an extreme Umgebungen erleichtern kann.[15]

Es ist wichtig zu prüfen, ob man mit seiner Persönlichkeit gut in eine bestimmte Lebensumgebung passt und sich mit den eigenen Grenzen auseinanderzusetzen – denn diese variieren von Person zu Person. Anpassungsprozesse haben aber auch Grenzen, denn Menschen können nicht jeder Widrigkeit trotzen. Sheryl Bishop, die seit Jahren mit Menschen im All und in Extremumgebungen arbeitet, erlebt oft eine Diskrepanz zwischen dem körperlichen Erleben und der Art, wie Menschen darauf reagieren: »Ich sage den Teams immer, dass sie zum Beispiel auf ihre Sportuhr schauen sollen. Denn oft sagen mir die Leute, dass sie entspannt sind – ihre Körper sagen aber etwas anderes.« Viele Menschen haben gelernt, ihre Körpersignale zu ignorieren, oder halten sich für Schwächlinge, wenn sie darauf hören. Gerade Astronauten!

Doch auch die reagieren auf ihre Umgebung – und zwar deutlich! Der bereits erwähnte Astronaut John Blaha berichtete nach seinem Aufenthalt auf der MIR 1997, dass er aufgrund interpersoneller Konflikte und Distanz und Mangel an Privatsphäre depressiv wurde.[16] Frank Rubio, der aufgrund eines Lecks an der Raumkapsel 371 Tage im All verbrachte, berichtete ebenfalls von psychischer Belastung aufgrund des lauten Surrens der Maschinen. Und – hätte er vorher gewusst, wie lange er ins All muss, wäre er lieber auf der Erde geblieben.[17] Solche Anekdoten widersprechen offiziellen Meldungen. Die NASA veröffentlichte in einem Report zu psychiatrischen Ereignissen eine schwindend geringe Anzahl von psychischen Zwischenfällen.[18] Die Wissenschaftsautoren Kelly und Zach Weinersmith, die in ihrem Buch *A City on Mars*[19] der Weltraumpsychologie ein recht amüsantes Kapitel widmen, konstatieren humorvoll: »Astronauts are liars!« Freundlich formuliert: Sie sind nicht besonders ehrlich, wenn es um ihre Psyche geht.

Unbeirrbare Raumfahrerinnen? Das ist ein Mythos, der kaum der Realität entspricht. Wahrscheinlich fürchten Astronauten, wenn sie zu ehrlich über ihren Gemütszustand sprechen, nicht mehr ins All zu dürfen. Um Risiken zu senken, ist eine offene Kommunikation über Anpassungsschwierigkeiten, Schmerzen oder schwierige Gefühlszustände aber essenziell – nur dann können wir in extremen Umgebungen sicher überleben.

Für den Umgang mit Umweltbedingungen wie sensorischer Deprivation oder feindlichen Wetterbedingungen, wie Hitze oder Kälte, Schlafstörungen oder Stimmungsschwankungen braucht es auch bei hoher Belastbarkeit geeignete Gegenmaßnahmen. Vor allem im Hinblick auf Langzeitmissionen. Kleidung, Entertainmentprogramme, neue Technologien, Medikamente, Sportgeräte oder auch geplanter Winterschlaf[20] könnten solche futuristischen Maßnahmen sein.

Je weiter und länger wir ins All reisen, desto komplexer könnten sich körperliche und psychische Anpassungsprozesse gestalten. Auf welche Umgebung müssen sich zukünftige Mars-Astronautinnen einstellen? Psychisch belasten vor allem die Distanz zur Erde, Einsamkeit, Konflikte in der Gruppe oder Langeweile die Crews. Aber auch körperliche Anpassung wird zur Herausforderung. Die Atmosphäre des Roten Planeten ist sehr dünn, der Luftdruck beträgt nur 0,6 Prozent dessen auf der Erde. Atmen wäre unter diesen Bedingungen kaum möglich, Menschen würden einfach ohnmächtig werden. Da hilft nur ein Raumanzug, der allerdings jede Bewegung mühselig und kompliziert macht. Sich mal eben bücken, um etwas aufzuheben? Anstrengend! Und auf dem Handy scrollen? Das stellt mit dem dicken Astronautenhandschuh eine ziemliche Herausforderung dar.

Was brauchen wir, um uns in lebensfeindlichen Umgebungen körperlich gut anpassen zu können?

Sebastian Sams beschäftigt sich seit Jahren mit dieser Frage. Für das Österreichische Weltraum Forum testet er auf der Erde, wie Analog-Astronautinnen mit ganz alltäglichen Problemen umgehen können.

Dazu gehört beispielsweise auch, eine Lösung dafür zu finden, wie man im klobigen Raumanzug einen Gegenstand aufhebt – mit einer Greifzange! Auf der Erde können solche Probleme im Vorfeld getestet werden.

Das Österreichische Weltraum Forum simuliert deshalb astronautische Missionen und besitzt einen der wenigen weltweiten Raumanzugsimulatoren.[21] Wenn man den 45 Kilogramm wiegenden Prototyp trägt, hat man das Gefühl, auf dem Mars zu sein. Sein Exoskelett simuliert Druck, wodurch die Bewegungen schwerfällig werden, und ein Interface ermöglicht die Kommunikation mit dem Team. Während eine Analog-Astronautin in diesem Raumanzug durch die Wüste wankt, können Ärztinnen die Atmung, den Herzschlag und die Körpertemperatur überwachen. Der Anzug soll den Menschen, die darin unterwegs sind, möglichst weltraumrealitätsnah ihre Bewegungen erschweren. Was sofort deutlich wird: Jeder Handgriff in dem silbernen Anzug ist eine Herausforderung. Sebastian fragt sich während der Tests nicht nur, wie man sich bewegen muss, sondern auch, wie man Bewegungen reduzieren kann. Denn sogar Herumstehen in einem schweren Raumanzug ist körperlich belastend. Fitte Analog-Astronautinnen, die sonst locker Tagesmärsche hinlegen, zeigen in dem Anzug nach ein bis zwei Stunden oft die ersten Erschöpfungsanzeichen. Wie wir uns fühlen, wenn wir uns nicht mehr uneingeschränkt bewegen können, darüber denken wir auf der Erde selten nach. Wenn Analog-Astronauten in den Anzug steigen, machen sie zunächst die Erfahrung, dass ihr Körper nicht mehr selbstverständlich auf ihre Befehle reagiert. Überall neue Grenzen: die Luft, der Boden, die eigene Kniebeugung. Wer sonst zu den Starken zählt, fühlt nun Demut. Einen Menschen in diesen Anzug zu stecken, ist bereits eine echte Herausforderung. Das sogenannte »Donning« wird von zwei bis drei Menschen durchgeführt und dauert meistens ein paar Stunden. Zuerst steigt die Analog-Astronautin in die Hose, das restliche Team zieht ihr den oberen Teil des Anzugs über und schließlich den Helm. Wer pinkeln muss, sollte das vorher erledigt haben. So steht es in den Donning-Protokollen als Empfehlung vermerkt!

Auf dem Mars können zukünftige Astronauten im Habitat viel weiter und höher springen, weil die Schwerkraft schwächer ist. Sie werden sich leichter fühlen als auf der Erde. Um rauszugehen, brauchen sie jedoch einen Raumanzug mit lebenserhaltenden Systemen. Im Prinzip ist der Anzug ein kleines, mobiles Raumschiff und würde in echt etwa dreimal so viel wie unser Simulator wiegen. Daher entspricht die Belastung, der unsere Analog-Astronautinnen ausgesetzt sind, vergleichbaren Bedingungen wie auf dem Mars. Der Anzug vermittelt auch, wie es sich anfühlt, wenn man seine Umgebung nicht mehr richtig wahrnimmt. Das reduzierte Sichtfeld erschwert es, sich mal eben umzuschauen. Außerdem dämpft der Helm alle Geräusche ab. Wie wirkt sich das auf Menschen aus? Der Mensch besitzt eigentlich die Fähigkeit, die Umgebung wahrzunehmen, zu interpretieren und daraus sinnvolles Verhalten abzuleiten. Die Raumfahrt nutzt hier den Begriff »Situationsbewusstsein«.[22] Menschen, die ein gutes Situationsbewusstsein haben, können sich in die Lage der anderen Teammitglieder hineinversetzen. Wenn wir den Überblick haben, können wir besser reagieren. Im Raumanzug reduziert sich dieses Gefühl, weiß Sebastian. Ein Display im Anzug überträgt Koordinaten, und per Funk können Daten übermittelt werden. Doch obwohl man die ganze Zeit unter der Beobachtung des Teams steht, kann ein Gefühl der Isolation entstehen, denn sogar mit der zweiten Anzugträgerin, die vielleicht neben einem steht, kann man nicht mehr direkt sprechen. Ein bisschen wie beim Tauchen, wo man nur noch mit Hilfe von Handzeichen kommunizieren kann. Und das Team auf der Erde reagiert nur auf die Rückmeldungen aus dem Funk. Es ist ein ambivalentes Gefühl: Das Team auf der Erde kennt zwar die Herzratenfrequenz der Analog-Astronautin im Feld, aber niemand kann direkt mit ihr reden. Sebastian fasst es so zusammen: »Wir sehen alle Telemetriedaten. Es fühlt sich so an, als würden wir jemandem über die Schulter schauen, aber trotzdem warte ich immer darauf, dass jemand spricht. Die direkte Kommunikation fehlt.« Zuschauen, ohne direkt eingreifen zu können, führt dazu, dass Teammitglieder sich ohnmächtig fühlen können. Daran muss man sich gewöhnen. Während der Testsimulationen sitzt das Team im Mission Support und erhält die zeitverzögerten Daten aus dem Anzug. Ist die Temperatur noch aushaltbar? Oder sollte der Analog-Astronaut wieder zurück ins Habitat geschickt werden? Ärztinnen müssen vorausdenken und Entscheidungen treffen, bevor die Lage zu gefährlich wird. Und wenn die Verbindung abbricht? Dann ist die Analog-Astronautin plötzlich ganz auf sich allein gestellt.

Was ist nötig, um körperlich in einer extremen Umgebung bestehen zu können? Sebastian ist überzeugt: ein gutes Bewusstsein für den eigenen Körper. Außerdem: Improvisationstalent. Er erinnert sich an MacGyver-Rekordreparaturen während einiger Missionen: »Da hing der Analog-Astronaut schon halb im Anzug, und wir haben noch letzte Reparaturen durchgeführt.« Von der astronautischen Raumfahrt können wir lernen, dass gute Pläne und Vorbereitung wichtig sind – wir aber bei weitem nicht alles vorhersehen können. So wie im All treten auch im echten Leben immer wieder ungewohnte Situationen auf. Es kann helfen, darauf zu vertrauen, dass wir Menschen ziemlich robuste Lebewesen sind, die schnell kreative Lösungen finden und Problemen souverän begegnen können. Sebastian beobachtet auch, dass Menschen anpassungsfähig sind, wenn sie Motive haben, die ihnen Kraft geben. Ganz gleich, ob es das Ziel ist, zum Mars zu reisen oder das eigene Kind ohne Schlaf und Struktur durch die ersten anstrengenden Jahre zu bringen. Solche Beispiele verdeutlichen uns, welche Potenziale wir aufbringen können, wenn Anpassung die einzige Möglichkeit darstellt.

Bekannte Beispiele kennen wir aus den Nachrichten: 2010 wurden beim Grubenunglück von San José 33 Bergleute fast 70 Tage in einer Mine eingeschlossen. Pro Tag erhielten die Eingesperrten gerade mal ein bisschen Fisch, einen Keks und ein paar Schlucke Milch. Trotzdem schafften es die Bergleute zu überleben. Klare Rollen und Rituale halfen, während sie auf die Rettung warteten.[23] Berichte beschreiben die Überlebensleistungen von Kindern, die einen Monat lang alleine im Amazonas überstanden, und von einem Sherpa, der einen Bergsteiger aus der Todeszone des Mount Everest trug.[24, 25] Falls du jetzt denkst, dass du das aber niemals geschafft hättest, dann lass dir gesagt sein: Wahrscheinlich hätte keiner der Beteiligten dieser Ereignisse von sich geglaubt, solch eine Situation überstehen zu können – und im besten Fall musst du das auch nicht.

SCHWERKRAFT TESTEN, SPRUNGKRAFT FÖRDERN –
BEWEG DICH MAL!

An dieser Stelle ist vielleicht ein kleiner Selbstversuch interessant: Spür mal in deinen Körper hinein, ob gerade alles schmerzfrei und entspannt ist. Wenn wir uns genau beobachten, werden wir immer eine Stelle finden, die gedehnt werden möchte oder gerade Müdigkeitserscheinungen aufweist. Es ist gesund, dass wir uns um uns kümmern – aber wir können auch bestehen, wenn wir uns mal anstrengen und mutig sein müssen. Immer häufiger erlebe ich im psychotherapeutischen Rahmen, dass Menschen sich ausführlich mit Selbstfürsorge befassen – was gut und wichtig ist. Wir sollten nur aufpassen, dass wir nicht verlernen, wie stark wir sind, und dass wir den Alltag auch dann bewältigen können, wenn wir unsere Grundbedürfnisse nicht zu 100 Prozent erfüllt haben.

Doch was, wenn uns die Psyche einen Strich durch die Rechnung macht? Psychische Erkrankungen stellen oft große Anpassungsleistungen an unsere Umgebung dar. Menschen, die sich aufgrund von Depressionen zurückziehen, ermöglichen dadurch ihrem System, für Ruhe und Regeneration zu sorgen. Wer in sozialen Situationen Scham erlebt hat, reagiert mit Vermeidungsverhalten, um das unangenehme Gefühl nicht mehr erleben zu müssen. Menschen, die zum Beispiel im Bereich der Persönlichkeitsstörungen eingeordnet werden, zeigen bestimmte Verhaltensweisen oft als Reaktionen auf frühere Beziehungserfahrungen.[26] Wer nur bei guten Noten geliebt wurde, reagiert mit Ehrgeiz in der Schule, um der Umgebung zu gefallen, oder mit der Flucht in eine fiktive Welt, um sie zu vermeiden.[27] Ich stelle Klienten oft die Frage, wofür es wichtig war, sich lange Zeit kleinzumachen, Konflikte zu vermeiden oder auch mit starker Wut auf andere Menschen zu reagieren. Die Antworten der Menschen, die im Therapieraum Platz nehmen, zeigen oft, dass wir durch genau diese Verhaltensweisen gelernt haben, uns an schwierige Situationen anzupassen. Wenn uns also das nächste Mal eine eigene Verhaltensweise begegnet, die uns stört, können wir uns fragen: Wofür war das mal gut? In welcher komplexen Umgebung musste ich mal überleben und wie ist mir das gelungen?

Im zweiten Schritt ist es wichtig, wieder Erdung zu finden. Denn so wie Astronautinnen im All können auch Menschen auf der Erde nicht unbegrenzt in extremen Situationen verweilen, ohne Schaden zu nehmen. Der Wiedereintritt in eine sichere und natürliche Umgebung ist nötig, damit wir uns erholen können. Oft zeigen uns Körper und Psyche unsere Grenzen und das damit verbundene Bedürfnis nach dem Ende einer Mission. In diesem Moment kann es helfen, sich einmal umzuschauen und zu fragen: Lebe ich noch in einer beengten Raumstation? Oder befinde ich mich eigentlich wieder in einem Laubwald, in dem ich tief durchatmen und mich ausstrecken kann? Übrigens – falls du gerade eingerollt auf deiner Couch liegst, mach doch genau das mal: Streck dich richtig lang aus! Menschen sind sehr anpassungsfähig und können zur Höchstform auflaufen, wenn sie in einer komplexen Umgebung überleben wollen. Das verdeutlichen die Beispiele in diesem Kapitel. Aber es gibt auch physische und psychische Grenzen von Anpassungsbemühungen, die wir ernst nehmen müssen und die uns daran erinnern, dass wir am Ende schlichtweg Menschen sind, die Bedürfnisse haben. Geübte Apnoetaucherinnen können die Luft zwar ein paar Minuten anhalten, aber selbst mit viel Training ist irgendwann Schluss und sie brauchen wieder Sauerstoff.

Ganz gleich, wie robust wir uns fühlen, an essen, schlafen und atmen führt nichts vorbei. Und an Bewegung. Fast die Hälfte aller Deutschen macht laut einer Krankenkassen-Umfrage selten oder gar keinen Sport.[28] Die Gründe dafür sind der stressige Alltag, herausfordernde Jobs sowie fehlende Motivation. Bewegungsmangel gefährdet die Gesundheit. Studien zufolge verbringen Erwachsene im Schnitt neun Stunden ihres Tages im Sitzen.[29] Der Spruch »Sitzen ist das neue Rauchen« flottiert zwar oft durch Zeitungen, sollte aber vorsichtig betrachtet werden, da die Auswirkungen des langen Sitzens noch als zu wenig erforscht gelten und einen Vergleich erschweren.[30] Weitere Studien zeigen, dass Menschen, die täglich mehr als acht Stunden sitzen, ein höheres Sterblichkeitsrisiko haben als jene, die sich ab und zu bewegen.[31] Bewegungsmangel ist ähnlich risikobehaftet wie Bluthochdruck oder Diabetes.[32] Um nicht nur die Angstkarte zu spielen, lohnt es sich jedoch, den Fokus auf die positiven Effekte von Bewegung zu legen. Wer sich mehr bewegt, schläft im Schnitt besser und neigt weniger zu Depressionen und Angsterkrankungen.[33] Und wer dreimal pro Woche Ausdauersport macht, bleibt körperlich jung und reduziert das Risiko für Krebserkrankungen.[34, 35] Menschen, die oft joggen gehen, leiden seltener an Herz-Kreislauf-Erkrankungen.[36] In einer anderen Studie wurden Menschen an Yoga herangeführt. Nach einigen Monaten mit regelmäßigem Training zeigten sie eine höhere Lebenszufriedenheit sowie ein gesteigertes Körperbewusstsein – und fühlten sich insgesamt glücklicher.[37] Es gibt wenig, was so deutlich ist wie die positiven Effekte von Bewegung und einem gesunden Körperbewusstsein auf unser physisches und psychisches Wohlbefinden. Wenn wir unserem Körper erlauben, zu atmen und sich zu bewegen, geht es uns automatisch besser. Kaum etwas ist für Menschen, die körperlich dazu in der Lage sind, so einfach umzusetzen wie ein Spaziergang, ein Waldlauf, Schwimmen, Yoga oder ein Krafttraining zu Hause. Trotzdem ignorieren wir unseren Körper oft. Wir setzen einfach voraus, dass er ohne Zuwendung jeden Tag kooperiert. Also: gerne einmal aufstehen, um den Couchtisch laufen und zweimal hüpfen, bevor du das nächste Kapitel liest.

Sandra Magnus reiste in ihrer Astronautinnenlaufbahn dreimal ins All. Als sie das dritte Mal auf der ISS eintraf, fühlte es sich an, wie nach Hause zu kommen. Ihr Körper kannte bereits das Leben in der Schwerelosigkeit. Dinge fangen, schlafen in der Luft. Die Tatsache, dass Sandra schon mehrere Monate im All verbracht hatte, machte es ihr leichter, sich erneut anzupassen. Menschen sind anpassungsfähig, auch an komplexe Umgebungen – da ist sie sich sicher.

05 Ressourcen

»Ich bin der beste Botaniker
auf diesem Planeten.«

—

Radieschenzucht im Wohnzimmer und
Wassersparen mit Nebelduschen

Alles beginnt mit einer Tomate, die auf den niedlichen Namen
»MicroTom« hört. Eine kleine rote Tomate, die schneller wächst als
eine herkömmliche Supermarkttomate und dabei viele Nährstoffe
abgibt. 90 Tage kann es dauern, bis diese Tomate Salate dekoriert
oder in Spalten geschnitten servierbereit auf dem Teller landet.[1] Und
vielleicht wird sie zukünftig sogar Bestandteil intergalaktischer Buf-
fets sein. Astronautinnen, die eines Tages auf dem Mond oder Mars
leben, wünschen sich bestimmt auch mal Tomaten und Salat zum
Abendbrot. Welch besseren Grund könnte es also geben, um neben
aufblasbaren Habitaten oder einer handhabbaren medizinischen
Versorgung auch an der Optimierung des astronautischen Kühl-
schrankinhalts zu forschen? Genau diese Aufgabe hat sich Luca
Nardi auf seine To-do-Liste geschrieben.

Astronautenfutter aus der Tube löst bei Luca Skepsis aus. Aber
was wird nötig sein, um inmitten einer grau-weißen Mondlandschaft eine rote glänzende Tomate wachsen zu lassen oder sie mit
der Rakete zu importieren? Denn unabhängig davon, dass weder
Mond noch Mars gute Wachstumsgrundlagen für den Obst- oder

Gemüseanbau bieten, sind Transportkosten ins All teuer. Ein Kilo Material ins All zu schicken, kostet aktuell circa 12 000 Euro.[2] Da überlegt man es sich zweimal, was mit ins Astronautengepäck wandert. Und im All mal eben den Wasserhahn zum Gießen aufdrehen? Das fällt flach, solange das Abwasser noch nicht recycelt wurde. Wer den Film *Der Marsianer* gesehen hat, erinnert sich an den Astronauten Mark Watney, dessen einseitige Nahrung aus selbst angebauten Kartoffeln besteht. Stolz verkündet er: »Ich bin der beste Botaniker auf diesem Planeten.« Frische Äpfel aus dem Supermarkt sind wohl ebenfalls Mangelware, denn *Flink* liefert nicht in den Marskrater. Menschen im All müssen also lernen, mit knappen Ressourcen zurechtzukommen, die uns auf der Erde unerschöpflich erscheinen: Wasser, Nahrung, Luft. Und davon können wir uns einiges abschauen.

MINI-TOMATEN FÜR DAS MONDBUFFET

Auch auf der Erde werfen die Klimakrise und damit verbundene Zukunftsängste die Frage nach einem gesunden Umgang mit Ressourcen auf. Klima, Energieknappheit und Inflation sorgen dafür, dass wir unseren Verbrauch auf vielen Ebenen reduzieren müssen. Wie können wir den Verzicht lernen, wenn wir es gewohnt sind, auch im tiefsten Winter Erdbeeren zu kaufen und uns jeden Abend ein Schaumbad einzulassen?

Auf der Erde wie im All gibt es zahlreiche Ansätze und Ideen, wie wir mit Ressourcenknappheit umgehen können. Eine davon widmet sich dem Anbau von Pflanzen in der Erdumlaufbahn. Diese Hürde möchte Luca in Kooperation mit der S5Lab-Forschungsgruppe am Lehrstuhl für Maschinenbau und Luft- und Raumfahrttechnik der Sapienza-Universität in Rom nehmen.[3, 4] Hier entsteht das Projekt Hort3Space. Luca baut mit seinen Kolleginnen eine modulare, abgeschlossene Anlage, die auf kleinem Raum die Pflanzenzucht automatisiert. Das soll dazu beitragen, dass die Astronauten weniger Arbeit mit der Pflanzenpflege haben, allem voran aber den Verbrauch von Ressourcen senken, Abfall wiederverwenden und leckeres, nährstoffreiches Gemüse produzieren können.

Hort3Space nutzt ein vollautomatisches Hydroponik-System mit mehreren Ebenen – eine Art hochgezüchtetes Blumenbeet. Dieses System befindet sich in einem aufblasbaren Zelt, verfügt über spezielle LED-Leuchten und ist mit einem Roboterarm ausgestattet. Zusammenfaltbares oder aufblasbares Material ist ideal für zukünftige Marsreisen, deren Gepäckvolumen stark limitiert sein werden. In Lucas Beeten wachsen nicht Rosenkohl oder Kartoffeln, sondern verschiedene Arten von sogenannten Microgreens[5]. Das sind junge essbare Pflanzen, die aus den Samen verschiedener Gemüse-, Kräuter- und Getreidesorten gezogen werden. Microgreens sind bekannt für ihre zarten Blätter und intensiven Aromen. Sie sind reich an Nährstoffen wie Vitaminen, Mineralstoffen und Antioxidantien und schmecken auch nach einer schnellen Wachstumsphase besonders gut. Aufgrund ihrer Konzentration von Nährstoffen und Aromen werden Microgreens häufig als kulinarische Ergänzung in Salaten, Sandwiches, Smoothies und vielen anderen Gerichten verwendet. Man erntet sie, wenn die ersten Blätter erscheinen, was – abhängig von der Pflanzensorte – normalerweise bereits nach 7 bis 21 Tagen der Fall ist. Aufgrund ihrer kurzen Wachstumszeit und kompakten Größe sind Microgreens ideal für den Anbau in geschlossenen Umgebungen wie Hydroponik- oder Indoor-Gärten. Und das macht sie eben auch für die Raumfahrt besonders interessant, wo die Produktion frischer Nahrungsmittel auf begrenztem Raum von großer Bedeutung ist.

Erste Frage an Luca: Was wächst gut im All? Luca hat viele Forschungsstunden in die Suche nach dem perfekten Suppengrün investiert. Ihm zufolge landen Radieschen, Kohl, Amarant und Senf auf dem astronautischen Abendbrottisch. Eine Mischung, die man mögen muss. Diese Lebensmittel haben einen intensiven

Geschmack und eine besondere Farbe und sollen die Astronautinnen auch emotional ansprechen. Denn im All geht es nicht nur um die Beschäftigung der Geschmacksknospen, sondern auch um die astronautische Psyche. »Astronautinnen sind meistens mehrere Monate im All unterwegs. So lange auf frisches Essen verzichten zu müssen, belastet uns Menschen, denn wir wünschen uns natürliche Zutaten auf unseren Tellern.« Und es gibt noch einen weiteren psychologischen Vorteil von Pflanzenzucht im All: »Zukünftige Marsreisende werden Heimweh haben. Frische Nahrung kann durch die Erinnerung an Geruch und Aussehen das Heimweh reduzieren.« Wir kennen das aus unserem Alltag. Erinnerst du dich noch daran, wie es früher bei Oma roch? Genau. Sobald Duftmoleküle an die Riechrezeptoren in unserer Nasenschleimhaut andocken, werden Signale erzeugt und an das Gehirn weitergeleitet. Dort werden sie interpretiert: Salat oder Kuchen? Kuchen! – Und mit der Situation in der Erinnerung verknüpft. Diese Informationen speichern wir ab. Der Kuchengeruch bei Oma bleibt dann auf ewig erinnerbar. Wenn Astronautinnen also ihre Mond-Tomate essen, könnte sie das an ihr Leben auf der Erde erinnern.

Damit der Nahrungsmittelkorb immer gut gefüllt ist, müssen Pflanzen schnell wachsen, und zwar auch in einer lebensfeindlichen Umgebung – wie der auf dem Mars. Luca ist diesbezüglich optimistisch. Ihm zufolge sind Pflanzen viel stressresistenter als Menschen. Denn sie können sich widrigen Umweltbedingungen nicht einfach entziehen, sondern müssen dort zurechtkommen, wo sie Wurzeln schlagen. Wenn ich da an meinen nicht vorhandenen grünen Daumen und mein Küchenbasilikum denke: Pflanzen können wirklich zäh sein. Trotzdem sollte man Pflanzenzucht im All nicht mit dem sporadischen Gießen einer robusten Kaktee verwechseln, denn wenn eine Pflanze im All eingeht, sorgt das für Traurigkeit. Welke Kohlblätter wirken sich auf das Gemüt von hungrigen Habitatbewohnern aus – das beobachtete Luca in seinen Experimenten. Dagegen bereitet es ihnen Freude, sich um die Pflanzen zu kümmern.

Könnten Microgreens auf der Mondstation also nicht nur eine Nahrungsergänzung, sondern möglicherweise auch ein emotionaler Ersatz für Haustiere und andere Formen des sozialen Kontakts sein? Luca zitiert aus einem Buch von Stefano Mancuso: »Wir brauchen diesen Kontakt. Pflanzen sind Lebewesen, die mit uns interagieren. Wir riechen, sehen und fühlen Pflanzen. Wenn wir uns anderen zuwenden, tut uns das gut.«[6]

Das Thema Pflanzen, das merke ich schnell, hat für Luca nicht nur wissenschaftliche Relevanz, sondern auch einen emotional hohen Stellenwert, was die Rückschau in seine Biographie verdeutlicht. Lucas Kindheit begann auf einer Farm. Sein Vater züchtete Milchkühe, und als Luca ein kleiner Junge war, musste er oft im Stall mithelfen. Jeden Morgen um fünf Uhr begann sein Tag, und ganz gleich, ob es regnete oder ihn unerträgliche Hitze motivierte, ins Freibad zu gehen, wartete am Nachmittag Arbeit auf ihn. Seine Kindheit folgte anderen Regeln als die der Kinder seiner Umgebung: kein Urlaub, keine Ferien, nur der konstante Rhythmus, den eine kleine Farm nun einmal vorgibt. Füttern, melken, versorgen, schlafen. Luca genoss es, sich um die Tiere zu kümmern, merkte aber auch zunehmend, wie die arbeitsintensive Farm die kleine Familie an ihre Belastungsgrenze führte und Konflikte hervorrief. Luca reagierte dann so wie viele Kinder, wenn zu Hause Streit aufkommt. Er versuchte zu schlichten, und erlebte dabei immer wieder ein Gefühl der Machtlosigkeit: »Vielleicht liegt es an meiner konfliktbehafteten Kindheit, dass ich mich ohnmächtig fühle, wenn meine Umgebung unsicher wirkt. Ich habe früh gelernt, mich mit Aufgaben zu befassen, die eigentlich zu komplex für mich waren, und diese zu lösen.« Luca fühlte sich verantwortlich, und sein Bedürfnis nach einer sicheren Umgebung übertrug sich zunächst auf das, was ihn morgens weckte und was er kontrollieren konnte: ein voller Milcheuter! Als er sich für seinen weiteren Ausbildungsweg entscheiden sollte, wünschte er sich: etwas mit Lebewesen, aber gerne entspanntere als Kühe. Also Pflanzen! Schon bald begann er, seine Pflanzenforschung durch den

Einsatz von Biotechnologien zu erweitern, und lernte schnell, dass Wissenschaft bedeutet, auch mal Fehler zu machen. Nur wer scheitert, kann sich entwickeln.

Dieses Mantra taucht oft in unserem Gespräch auf, und ist etwas, was Luca seinen Studierenden an der Universität vermitteln möchte: Wir müssen akzeptieren, dass der Rettich mal nicht wächst und die Himbeeren zu sauer werden. Wenn wir uns großen globalen Krisen widmen wollen, brauchen wir den Mut, auch mal Fehler zu machen. Während er mir von seiner Kindheit erzählt, stelle ich mir vor, wie Luca zwischen Kühen und überforderten Eltern seinen Weg in die Wissenschaft sucht. Herausforderungen können dazu führen, dass Menschen Resilienz entwickeln und lernen, Widerständen zu trotzen. Immer weitermachen, das kann Luca. Bis die Tomate im Raumschiff röter ist als der unfruchtbare Marsboden.

WENN DIE KLIMAANGST DAS FÜHLEN BEHERRSCHT

Es liegt auf der Hand, dass unsere Abhängigkeit von der Umwelt immens ist, jedoch tendieren wir im täglichen Leben dazu, die Beziehung zu ihr häufig zu vernachlässigen. Wir atmen, laufen und leben, ohne über die Zusammensetzung von Sauerstoff nachzudenken. Wir kaufen uns Bananen, Mangos und Avocados. Wo diese Pflanzen wachsen und wie viel Energie ihre Produktion oder Lieferung kostet, diese Fragen stellen wir uns selten. Die aktuelle Klimakrise zeigt uns immer mehr die Problematik dieser Haltung. Unsere Umwelt ist verletzlich, und die Folgen unseres Umgangs mit ihr sind deutlich spürbar. Menschen, deren Luft verschmutzt ist, tragen eher gesundheitliche Schäden davon als jene, die nicht täglich Smog einatmen müssen.[7] Infektionskrankheiten breiten sich durch Faktoren wie die Erderwärmung möglicherweise schneller aus.[8] Steigende Temperaturen, die Zerstörung von Ökosystemen und die Bedrohung der Artenvielfalt rücken zunehmend in den Vordergrund unseres

Bewusstseins. Überschwemmungen in nah gelegenen Regionen wie dem Ahrtal führen dazu, dass die Klimakatastrophe plötzlich real erscheint und sich konkret in Gefühlen wie Angst oder Ohnmacht ausdrücken kann.[9] In ihrem Buch *Klimagefühle* schreiben Lea Dohm und Mareike Schulze über die Angst vor klimatischen Veränderungen: »Ich durchlebe Phasen tiefer Trauer und Depression. Ich fühle heftige Schuld, als mir die globalen Zusammenhänge bewusstwerden: Menschen sterben schon jetzt mitbedingt durch meinen Lebensstil! Ich habe Angst um die Zukunft meiner Tochter. Ich traure um den Verlust der Natur, die ich sehr liebe, ich bin immer schon ein ›Draußen-Mensch‹«[10], so eine der Buchautorinnen.

Dieses Gefühl trägt mittlerweile sogar einen eigenen Namen – die eingangs bereits erwähnte Klimaangst – auch »Eco-Anxiety« genannt.[11] Dieser Begriff beschreibt affektive Reaktionen wie Sorge, Angst oder Traurigkeit im Zusammenhang mit den negativen Auswirkungen des Klimawandels.

Studien zeigen, dass konkrete Bedrohungen wie Stürme, Dürren oder Fluten unsere mentale Gesundheit beeinflussen können, was sich in depressiven oder ängstlichen Stimmungslagen manifestieren kann. Auswirkungen sind unter anderem Schlafstörungen und ein verringertes Selbstwertgefühl. In jüngeren Generationen sind diese Effekte besonders deutlich zu beobachten.[12] In einer Umfrage nannten rund 70 Prozent der Befragten den Klimawandel als eine der größten Bedrohungen unserer Gegenwart.[13] Pandemien, Terrorismus oder Cyberattacken aus anderen Ländern wurden als weniger bedrohlich eingestuft. Eine weitere Studie untersuchte die Auswirkungen der Klimakrise und der Pandemie auf das psychische Wohlbefinden junger Menschen zwischen 18 und 30 Jahren. Es zeigte sich, dass Gefühle wie Hilflosigkeit, Sorge und Traurigkeit im Alltag eine Rolle spielen.[14] Obwohl die Klimakrise an Realitätsgehalt zunimmt, erscheint sie für viele Menschen immer noch abstrakt und diffus. Die Auswirkungen der Coronapandemie waren im Vergleich im Alltag spürbarer. So kann es sein, dass alltagsbezogene

Ängste und Sorgen zwar dominieren, aber ein Grundgefühl von Unsicherheit, das andere Ursachen hat, wie ein bleierner Teppich über uns liegt. Auf Ohnmacht reagieren wir oft mit Verdrängung. Was wir vermeintlich nicht beeinflussen können, wollen wir lieber nicht sehen. Das ist eine typische Reaktion, die ich auch in Therapiesitzungen häufig beobachte. Verdrängung ist eine Bewältigungsstrategie. Es gibt aber auch zahlreiche Menschen, die mit Aktionismus auf das Gefühl von Ohnmacht reagieren. Demonstrationen, Aktionen, teilweise kritisch bewertete Protestwellen erfahren immer mehr gesellschaftliche Sichtbarkeit. Sich mit anderen zu verbünden und laut zu werden, ist eine Möglichkeit dem erlebten Kontrollverlust entgegenzuwirken und über diese Gefühle miteinander in Kontakt zu treten. Gerade in Krisenzeiten kann das wichtig sein und Verbindung zueinander schaffen.

Eine, die lieber anpackt, anstatt zuzusehen, ist Lena. Sie studiert Psychologie und engagiert sich schon seit Jahren in sozialen Projekten. Vor allem das Thema Nachhaltigkeit ist ihr wichtig: »Ich wollte mich schon immer mit Fragen auseinandersetzen, die groß und global sind. Allein in meinem stillen Kämmerlein aktiv zu sein, fühlt sich nicht erfüllend an, ich brauche andere Menschen dafür.« Ihre erste Station war ein Urban-Gardening-Projekt, anschließend arbeitete sie in einer Lebensmittelkooperative. Aktuell ist Lena bei den Psychologists / Psychotherapists for Future aktiv. Hier leitet sie vor allem Workshops, in denen Menschen über ihre Gefühle zum Klimawandel sprechen. Lena beängstigen die Berichte zu Dürren und Fluten. In ihrer sozialen Umgebung findet sie aber oft keine Gesprächspartnerinnen, da viele das Thema lieber verdrängen. Lena jedoch möchte anpacken und übernimmt direkt bei ihrem ersten Gruppentreffen ein Projekt. Aktiv zu werden, hilft ihr zunächst dabei, mit ihren eigenen Gefühlen zurechtzukommen. »Ich fühle mich in dieser Gruppe gesehen. Als Gruppe ist es einfacher, präsent zu sein und ernst genommen zu werden«, sagt Lena.

Wer an Lenas Workshop teilnimmt, lernt Strategien, um mit Gefühlen wie Wut, Angst, Hilflosigkeit und Schuld besser umzugehen. Der erste Schritt besteht darin zu akzeptieren, dass das mal leichter und mal schwerer fällt. An manchen Tagen befüllen wir Positiv-Tagebücher, räumen die Spülmaschine aus und gehen bewusst mit unseren Gefühlen um, so dass wir uns am Ende wohler fühlen. Und an anderen stecken wir den Kopf in den Sand und wollen am liebsten aufgeben. Diese Ambivalenzen in unserem Gefühlserleben sind ganz normal. Wir reagieren mit unseren Gefühlen auf andere Menschen und unsere Umgebung: Wetter, Stress, hormonelle Schwankungen, Schlafentzug beeinflussen, ob wir uns mutig oder ohnmächtig fühlen. Der zweite Schritt ist, über eine Frage nachzudenken: Was will mir mein Gefühl überhaupt mitteilen? Denn es geht nicht nur darum, Gefühle auszuhalten, sondern sie auch als Kompass für unsere Bedürfnisse zu sehen und neugierig zu erkunden. Hilft es, wenn ich mit Freunden über meine Ohnmacht spreche? Braucht meine Wut eine Straßenblockade? Oder erlebe ich beim Kochen veganer Gerichte Selbstwirksamkeit? Lena erforscht in ihren Gruppen, wie wir alternativ zu Verdrängung und Ablenkung handeln können. Durch den Austausch mit anderen Menschen erfahren wir: Andere fühlen sich auch mal überfordert, ängstlich und einsam!

Doch Lena entdeckt in ihrer Auseinandersetzung noch etwas anderes: Es fällt nicht allen Menschen leicht, die Gefühle von anderen zu ertragen. »Ich erlebe das oft in meinem Alltag. Manche wollen nur die Lena sehen, die ihre Ziele erreicht oder fröhlich ist. Doch ich bin auch mal verzweifelt oder traurig. Manchen Menschen fällt es schwer, das auszuhalten«, sagt Lena.

Mit intensiven Gefühlen anderer Menschen umzugehen, ist für viele nicht einfach – aber nicht, weil sie es nicht wollen, sondern eher, weil sie nie gelernt haben, wie man Menschen in ihrer Traurigkeit oder Angst gut begleiten könnte. Wie oft verkriechen sich Menschen bei Themen wie Tod, Krankheit und Fehlgeburten aufgrund der eigenen Überforderung. Was machen wir mit Ohnmacht, Scham, Schuld und Wut? Wie können wir uns gegenseitig unterstützen? Das können wir üben. Aktionismus hilft, um sich selbst zu regulieren und die eigene Psyche zu stabilisieren. Aber was ist nötig, um die Klimakrise zu lösen? Lena glaubt: vor allem definierte Strukturen und Vorgaben seitens der Politik. Wenn es keine klaren Maßnahmen gibt, entstehen aus Angst und Ohnmacht Konflikte, die zwischen Menschen am Küchentisch ausgetragen werden. Und wenn wir einzelnen Menschen die geballte Verantwortung für die Klimakrise zuschreiben, kann sie das überrollen und Schuldgefühle provozieren, die dem Einzelnen nicht zuzuschreiben sind. Die wenigsten von uns sind wahrscheinlich in der Position, politisch relevante Entscheidungen fällen zu dürfen. Aber uns zu fragen, wie unser eigener Umgang mit Ressourcen aussieht und welche Maßnahmen, Verzichte oder Restriktionen für jeden von uns im eigenen Alltag umsetzbar sind, ist immer möglich. Lena ist außerdem der Meinung, dass wir nicht für alle Menschen die gleichen Regeln aufstellen können. Es gibt Menschen, die aufgrund individueller Einschränkungen mehr Ressourcen benötigen als andere, die vielleicht gesund und stark sind. Außerdem sollten wir einzelne Menschen nicht für ihre Verhaltensweisen verurteilen, denn wir kennen niemals die Beweggründe für individuelle Entscheidungen. Vielleicht steigt jemand, dessen Familie im Ausland lebt, öfter in ein Flugzeug als eine Person, die für den Familienbesuch nur die Straße runtergehen muss. Es ist einfach zu sagen, dass wir uns alle regional und umweltfreundlich ernähren sollten – aber meine Klientinnen, die vom Mindestlohn leben müssen, erklären mir regelmäßig, wie teuer Sojasprossen und Haferkleie sind. Jemand, der aufgrund hoher Mieten mit seiner Familie auf dem Land lebt, muss natürlich öfter in ein Auto steigen, um die Kinder zur Schule zu bringen oder ältere Angehörige zu versorgen.

Auch in unseren Analog-Missionen besprechen wir den Umgang mit den vorhandenen Ressourcen. Es ergibt keinen Sinn, wenn eine Analog-Astronautin, die möglicherweise mehr Nahrung benötigt, hungert, während eine andere den eigenen Vorrat wegwirft. Einfaches

Aufteilen mag gerecht wirken, aber mitfühlende Kommunikation kann der Ressourcennutzung ein Upgrade verpassen. Noch etwas muss uns klarwerden: Wenn wir Ressourcen sparen, müssen wir sie gegen andere eintauschen. Wer Kleidung selbst näht, anstatt zu kaufen, benötigt Zeit. Wer auf Bioprodukte Wert legt, investiert meistens mehr Geld dafür. Es ist wichtig, dass wir wertungsfrei miteinander ins Gespräch darüber kommen können, für wen welche Möglichkeiten tragbar sind.

Ihr Engagement bei den Psychologists / Psychotherapists for Future ermöglicht es Lena, mit ihren eigenen Gefühlen besser umzugehen – aber auch andere Menschen mit ihren Emotionen zur Klimakrise zu unterstützen. Lena ist vor allem eins wichtig: Sie wünscht sich, dass wir dieses sperrige, komplexe Thema Klima nicht als Anlass zum Konflikt nehmen, sondern als Impuls, miteinander in Beziehung zu treten und über unsere Gefühle zu sprechen.

DIE RESSOURCENFRAGE IM WELTALL

Im All brauchen wir konkrete Lösungen: Wie sollten Astronauten beispielsweise mit rationiertem Astronautenfutter und recyceltem Duschwasser umgehen? Ein paar Impulse finden wir in unseren Testmissionen. Carmen Köhler – du kennst sie schon – ist Meteorologin und eben eine unserer Analog-Astronautinnen, die regelmäßig in Testmissionen in Wüsten und auf Gletschern zukünftige Reisen zum Mars erprobt. Einen großen Koffer nehmen die Analog-Astronauten dabei nicht mit. Das Material wird gut durchdacht und meistens vorab schon verschifft. Der Missionsalltag muss zudem umstrukturiert werden, denn wir Menschen verbrauchen viele Ressourcen. 128 Liter Wasser nutzt ein Mensch täglich im Schnitt.[15] 44 Liter gehen allein für die Dusche drauf.[16] Wir können keine Wasserleitung zum Mars legen. Morgens kurz unter die Dusche springen? Auf dem Mars wird das schwierig.

Auf der ISS ist es aktuell so, dass die Astronautinnen mit Feucht-tüchern Katzenwäsche betreiben. Die Haare werden mit einer Art Trockenshampoo sauber gerubbelt. Laut ESA wird ein Teil des Wassers aus der Luft aufgefangen und wiederverwertet – bis zu 24 Liter Wasser täglich.[17] Durch Recyceln und Sparen bleiben Astronautinnen im All hydriert und auch ein bisschen sauber. Auf der Erde testen wir immer wieder neue Ansätze, die astronautische Reisen zukünftig komfortabler und ressourcenschonender machen sollen. 2015 testete Carmen die Dusche »FOG«: eine faltbare Duschkabine, die aussieht wie ein aufgestellter Kriechtunnel für Kinder. »FOG« arbeitet mit Wassernebel: Zehn Minuten Duschen verbraucht gerade mal 4,5 Liter, also ungefähr ein Zehntel des aktuellen durchschnittlichen Wasserverbrauchs für die Dusche pro Kopf und Tag. »Ich dusche auch gerne, um mich zu entspannen«, erzählt Carmen. Auf einer Höhlenmission, an der sie teilnahm, gab es ebenfalls kein fließendes Wasser. Sich die langen Haare nicht waschen zu können – das macht schnell etwas mit dem eigenen Körpergefühl. Wenn man im All oder in Extremumgebungen unterwegs ist, muss man auf vieles verzichten, was für uns im Alltag ganz selbstverständlich ist. Was hat Carmen aus den Missionen für sich mitgenommen? »Unsere Simulationen haben mir verdeutlicht, wie besonders Wasser, Luft oder auch gewisse Nahrungsmittel für uns sind. Mir ist bewusstgeworden, wie wichtig die Ressourcen sind, die wir hier haben, und dass wir sie schützen müssen.« Sie beschließt, sich während der Missionen hauptsächlich vegan zu ernähren. Und duschen? Das hat sie gelernt – ist Luxus!

Astronautische Raumfahrt kann uns Ideen für den Umgang mit wenigen Ressourcen liefern. Jedoch steht die Raumfahrt oft im Verruf, genau das Gegenteil zu bewirken und Ressourcen zu verschwenden. Im Erdorbit schweben mehr als 32 000 Teile Weltraumschrott. Da kann selbst der heimische Staubsaugerroboter nicht mehr helfen. Klar, das darf und sollte man kritisch sehen. Die Kosten für eine neue Rakete könnte man sicherlich auch in Bildungsprojekte investieren, gleichzeitig trägt die Raumfahrt wesentlich zur Forschung bei. Studien zufolge, die die klimabezogenen Auswirkungen von Raketenstarts untersuchen, reichern sie erhöhte Mengen von Stickoxiden und CO_2 in der Atmosphäre an, die schädlich wirken können.[18] Verglichen mit täglich rund 100 000 Flügen fallen die 100 Raketenstarts pro Jahr jedoch kaum ins Gewicht.[19] Das Budget der ESA betrug im Jahr 2023 circa sieben Milliarden Euro.[20] Zum Vergleich: Das entspricht circa 14 Prozent des deutschen Verteidigungshaushalts.[21]

Ich finde es wichtig, darüber nachzudenken, wie viele Menschen wir tatsächlich in den Orbit senden müssen – und wen genau. Womöglich reichen ein paar sinnvolle wissenschaftliche Projekte, die einen klaren Forschungs- und Bildungsauftrag erfüllen. Milliardäre müssen nicht unbedingt ihren Sommerurlaub im All verbringen. Raumfahrt ist nicht gleich Raumfahrt. Technologien, die in der Raumfahrt genutzt werden, können zudem helfen, den Klimawandel zu bekämpfen. Ansätze aus Projekten wie der Duschkabine »FOG« können beispielsweise für Gegenden mit geringen Wasserressourcen weiterentwickelt werden. Zusätzlich leisten Satelliten einen erheblichen Beitrag zur Beobachtung und Erfassung klimabezogener Daten. Der Radarsatellit TanDEM-X liefert Informationen zum Zustand von Wäldern und ermöglicht genaue Höhenmessungen.[22] ConstellR soll bis Ende 2024 aus dem Weltall mit Hilfe von Temperaturmessungen die Vegetation überwachen, Daten zur Bodengesundheit erfassen und Wasser und Kohlenstoffvorkommen untersuchen.[23, 24] Und ein österreichischer Nano-Satellit mit dem Namen »Pretty« dokumentiert schmelzende Polkappen und den Anstieg des Meeresspiegels, indem er GPS-Daten verarbeitet.[25] Schön! Genaue Wetterdaten bekommen wir übrigens von Satelliten, die die NASA seit den 1960er Jahren ins All schickt.

DER SALAT DER ZUKUNFT:
GURKEN AUS DEM WOHNZIMMER

Reisen wir noch mal nach Italien, zu Luca. Keine Sorge, nicht mit dem Flugzeug, sondern virtuell. Während Luca seine Pflanzen züchtet, häufen sich die Nachrichten zur Klimakrise und kleben sich Menschen auf Straßen fest, um einen Wandel herbeizuführen. Ähneln sich die unwirtlichen Bedingungen im All und auf der Erde immer mehr? Luca nickt: »Immer mehr Menschen werden – bedingt durch den demographischen Wandel – in Städten wohnen. Wir müssen Methoden entwickeln, diese Menschen zu ernähren. Manche Landwirte verwenden wieder alte Anbaumethoden. Aber ich halte das für Nonsens. Wir sollten moderne Technologien und das Wissen, das wir aus Projekten gewinnen, nutzen, um eine große Weltbevölkerung gesund ernähren zu können.« Landwirtschaft ist nicht romantisch. Das weiß Luca nur zu gut. Vor Sonnenaufgang aufstehen, um Kühe zu melken, ist wohl kaum Teil einer hippen Vision vom Dorfleben.

Luca zufolge prokrastinieren wir. Eines der größten Probleme, das wir haben werden, ist seiner Meinung nach die Wasserversorgung. Im All kennt man diese Schwierigkeit und recycelt Urin zu Wasser. Doch auch auf der Erde herrscht Wasserknappheit. Lucas Lösung: die Lebensmittelproduktion programmierbar machen. Idealerweise könnten Menschen dann kontrolliert Gurken im eigenen Wohnzimmer züchten. »Domestische Agrikultur« nennt Luca das Konzept. Menschen könnten in ihren Häusern mit Hilfe von künstlichem Licht und technisch programmierten Gieß- und Düngesystemen ihr Essen selbst anbauen. So würden wir nur das konsumieren, was wir wirklich benötigen. Abfälle und Wasserverbrauch könnten dadurch stark reduziert werden. Außerdem sieht Luca noch einen weiteren Vorteil, wenn Menschen für ihre Nahrung selbst verantwortlich werden: Wer in einem übervollen Supermarkt einkauft, entwickelt kein Bewusstsein dafür, wie viele Lebensmittel weggeworfen werden. Wer jedoch Zucchini auf der eigenen Terrasse anbaut und erfährt, wie komplex das ist, wird nichts unnötig wegwerfen. Der Transfer der Nahrungsmittelproduktion in unsere eigenen vier Wände schafft Bewusstsein für die Ressourcen, die wir nutzen. Luca ist der Meinung, dass unsere teilweise veraltete Einstellung zur Landwirtschaft und unsere Skepsis gegenüber technischen Lösungen mit mangelnder Aufklärung zusammenhängt. In seinen Kursen an der Universität versucht er, seinen Studierenden Biotechnologie – im wahrsten Sinne des Wortes – schmackhaft zu machen. Tomaten im Reagenzglas zu züchten, ist kein abgefahrener Freak-Kram, sondern eine Perspektive, die uns in der Zukunft helfen kann. Innovationen wie diese sollen dazu beitragen, dass wir langfristig auf der Erde überleben können.

Pflanzen sind unglaublich zähe Lebewesen, und sie können den Menschen überleben, auch wenn wir das häufig genau andersherum sehen. Es gibt ganze Forschungsarbeiten zum Thema, wie Pflanzen nach Katastrophen wie Fukushima oder Tschernobyl in verstrahlten Umgebungen trotzig weiterwachsen.[26] »Wir sind viel vulnerabler als jede Pflanze. Der Natur ist es egal, ob es Menschen gibt. Dessen sollten wir uns bewusst sein«, erklärt Luca.

Das Gespräch mit Luca vermittelt eine wichtige Perspektive. Wir haben die Möglichkeit, die richtigen Entscheidungen zu treffen. Heute. Und in unserem eigenen Zuhause. Innovation bedeutet umzudenken.

Eine grüne Zukunftsvision. Aber wie sieht es pflanzentechnisch eigentlich in Lucas eigenem Wohnzimmer aus? Ich vermute, dass eine deckenhohe Monstera direkt neben einem ausladenden Ficus steht. Doch bei Luca zu Hause gibt es keine Pflanzen. »Ja, weißt du, ich bin den ganzen Tag damit beschäftigt, es anderen schön zu machen und mich um andere zu kümmern und habe das bei mir selbst ein bisschen versäumt«, erklärt er mir. Neben der Betreuung von Projekten, der Motivation von Studierenden und den vielen Fragen bleibt Luca kaum Zeit für eigene Geranien auf dem Balkon. Hier lerne ich noch etwas. Damit wir die Kraft entwickeln können, uns den drängenden Fragen unserer Zeit zu widmen, müssen wir uns zunächst selbst gut pflegen. Wir können uns fragen, wie viel Licht, Wasser und Zuwendung wir individuell brauchen, um in unserer Umgebung gut wachsen zu können – wie eine Pflanze. In meiner therapeutischen Arbeit merke ich das sehr deutlich. Um mit anderen mitfühlen zu können, sollte ich vorher gegessen, geschlafen und eine Runde Sport gemacht haben. Meine persönliche innere Pflanze braucht Bewegung, das war schon immer so. Eine andere Person benötigt vielleicht mehr Rückzug und Ruhe. So wie die Radieschen, Tomaten und Senfkörner in Lucas Gewächshäusern wachsen auch wir unterschiedlich. Manche duschen länger, manche essen mehr. Am Ende geht es auch darum, dass wir uns selbst pflegen und begegnen. Und uns selbst beim Wachsen in einer sicheren Umgebung zusehen dürfen.

Klar ist, dass wir uns um unsere Umwelt und unsere Ressourcen kümmern müssen. Luca hat eine feste Meinung dazu: Wenn wir in andere Menschen und unsere Umwelt investieren, dann wird das zu uns zurückkommen. Zudem schafft es Kontrolle und Freiheit. Wie wir individuell dabei vorgehen, sollte sich jeder selbst aussuchen. Lucas Ziel ist jedenfalls klar: Er möchte eine eigene Farm haben und dort mit hochentwickelten Technologien Pflanzen nachhaltig züchten. Und endlich eine Zimmerpalme besitzen, das wäre großartig!

06 Grenzen

»Planetensonderanfertigungen sind schließlich
so was wie Luxusgegenstände, nicht wahr?«
—
Territorialverteidigung mit Postkarten und Habitat-
Wohnkonzepte für leise Klospülungen

Ein indisches Couchkissen, zwei Lichterketten warmweiß und
ein Palettenbett. Oder doch lieber der weiße PAX-Kleiderschrank
von Ikea? Unser Wohnraum, egal wie klein oder groß, ist oftmals
Ausdruck unserer Identität. Ein Mensch in Westeuropa verfügt im
Durchschnitt über einen Wohnraum von 30 bis 40 Quadratmetern. In Deutschland kochen, baden und schlafen Menschen, Stand
November 2023, sogar auf rund 55,5 Quadratmetern pro Person.[1]
Maßeinheiten, die sich auf unsere Psyche auswirken können. Das
zeigen uns Erfahrungen wie Lockdowns, aber auch steigende Im-
mobilien- und Mietpreise, die uns zwingen, nicht nur die Risse in
unserer Tapete genauer zu betrachten, sondern uns immer wieder
zu fragen: Kann und will ich hier überhaupt wohnen? Rund zehn
Prozent der Menschen in Deutschland leben in einer Wohnung,
die man als »überbelegt« bezeichnet.[2] Das bedeutet konkret: Im
Verhältnis zur Personenzahl verfügt die Wohnung über zu wenige
Zimmer. Gemütlichkeit geht anders. Aus der Wissenschaft wissen
wir: Wir brauchen Rückzugsräume, Zeiten zum Tagträumen und
einen Ort, der nur uns gehört, sonst reagieren wir mit Stress auf un-

sere Umgebung.³ Aber wie finden wir auf wenig Raum viel Freiheit und können uns trotz des Zuwachses in den Städten eine behagliche Höhle gestalten, in der wir uns vor der Welt da draußen zurückziehen können? Das Thema »Abgrenzung« begegnet uns dabei nicht nur auf der eigenen Türschwelle, sondern auch in Beziehungen zu unseren Mitmenschen. Vielleicht stellst du dir auch manchmal die Frage, wie du es schaffen kannst, gesunde Grenzen zu ziehen, wenn es mal eng wird?

Der Blick in den typischen Altbau einer Großstadt vermittelt uns außerdem noch ein anderes Bild: Kaum jemand kennt noch seine Nachbarn. Über 60 Prozent der Menschen geben an, dass sie sich einen besseren Kontakt zu ihren direkten Nachbarinnen wünschen – einen Austausch, der über eine Begrüßung oder das Annehmen von Paketen hinausgeht.⁴ Übertragen auf dein Leben kannst du dich an dieser Stelle also auch fragen: Wo ziehst du vielleicht zu viele Grenzen? Wohn- und Lebensentwürfe, die Isolation begünstigen, und perfektionistische Beziehungskonzepte, in denen wir ganz klar entscheiden, wann wir mit wem zu tun haben wollen, führen zu Distanz. Das kann, wie wir schon erfahren haben, zu Einsamkeit führen. Viele von uns verbarrikadieren sich, anstatt in Beziehung zu gehen. Auch im Wohnen. Die Anzahl der Privathaushalte hat sich in den letzten Jahren vermehrt. Demnach wohnen rund 41 Millionen Menschen in Deutschland alleine – Tendenz steigend.⁵ Auch wenn es schön sein kann, nur für sich den besten Platz auf dem Sofa zu belegen, wünschen sich viele, wieder gemeinsam mit anderen am Tisch zu sitzen. Es ist nicht einfach herauszufinden, wo wir unsere eigene Komfortzone einrichten und wo wir anderen die Tür öffnen sollten. Eine Gratwanderung zwischen schlecht isolierten Rigipswänden und dem Wunsch, endlich mal die Vornamen der Nachbarn von unten zu kennen. Wie können wir Nähe aufbauen und gleichzeitig gesunde Grenzen ziehen? Das können wir von Clarissa lernen, die mit 17 anderen Menschen versucht hat, eine Antwort auf diese Frage zu finden. Packen wir also unsere Umzugskisten und fahren mit dem Sprinter zurück ins Jahr 2014.

LEBEN IN DER GROSS-WG: ZWISCHEN NÄHEAUFBAU, GRENZZIEHUNG UND PUTZPLAN

Zusammenleben. Das ist der Plan. Clarissa studiert im fünften Semester Medizin, umgeben von einem großen Freundeskreis. Kurz vor den Sommersemesterferien kommt ein Kommilitone auf die Idee: Lasst uns doch zusammenziehen! Die Gruppe ist schnell begeistert. Die Motivationen sind unterschiedlich: Einige wollen einfach mit ihren Freunden unter einem Dach leben, andere möchten herausfinden, wie ein gelungenes Gemeinschaftsleben funktionieren kann. Die erste Hürde ist pragmatisch: eine passende Wohnung finden. Nicht einfach, denn Wohnraum für so viele Menschen ist rar. Die Gruppe überlegt sogar, ein Haus zu kaufen, doch das Projekt droht zu scheitern. Schließlich ergreifen drei Mitglieder die Initiative und mieten eine Wohnung in einem Mietshaus. Durch einen glücklichen Zufall wird bald eine ganze Etage frei, und Clarissa und die anderen können einziehen. So beginnt die Gemeinschaft mit ihren ersten neun Mitgliedern. Statt nur ein 140-cm-Bett aufzustellen, packen die Studierenden richtig an. Sie renovieren beide Wohnungen von Grund auf, und die gemeinsame Arbeit stärkt den Zusammenhalt. Ab diesem Zeitpunkt ist das Projekt ein Selbstläufer. Immer, wenn im Haus eine Wohnung frei wird, mietet die Gemeinschaft diese an und integriert neue Mitglieder. Am Ende leben hier 18 Menschen und teilen Küchen, Vorräte, Badezimmer und vor allem den Wunsch herauszufinden, wie Gemeinschaftsleben gut funktionieren kann.

Braucht es Regeln? Oder doch lieber Anarchie? Am Anfang herrscht vor allem Idealismus. Die Gruppe möchte das Zusammenleben ausprobieren, ohne festen Regeln zu folgen. Essen wird gerecht aufgeteilt, und wer heimlich Lachgummis essen möchte, sollte das auf seinem Zimmer tun. Wenn etwas stört, kann man drüber sprechen, das ist das Motto. Doch schnell wird deutlich: Manche profitieren eher von dem Freiheitskonzept und lassen es sich mit dem prall gefüllten Kühlschrank gut gehen, während andere viel häufiger putzen und einkaufen. Das soll sich ändern. Die Gruppe beschließt, dass ein paar Regeln nicht schaden können und basteln einen Versorgungsplan. Die Struktur sieht vor, dass eine Person abends für alle kocht, was dazu führt, dass man selbst nur alle zwei Wochen am Herd stehen muss und trotzdem jeden Abend eine leckere Mahlzeit auf dem Tisch findet. Es entstehen Putzpläne auf Pappe, mit Zeigern, die man weiterdrehen kann. Auch das Konzept »Jeder kauft mal ein und es wird schon passen« wird bald verworfen, denn jeder der Mitbewohner hat das Gefühl, mehr auszugeben, als er selbst verbraucht. Die Lösung wird im Plenum besprochen. Alle sagen, wie viel sie für Essen ausgeben, und jeder soll nun den niedrigsten genannten Betrag in die Haushaltskasse einzahlen. Das Ergebnis bestätigt die Vermutungen: Der Gesamtbeitrag reicht locker aus, und alle fühlen sich fair behandelt und gesehen.

Zwischen Kochen, Badreinigung und Mietvertrag spielt etwas anderes aber eine viel wichtigere Rolle: die sozialen Beziehungen. Die Gemeinschaft probiert verschiedenste Gesprächsformate aus. Allen sind Transparenz und eine offene Kommunikation wichtig. Es gibt Gesprächsrunden, da sitzen alle im Kreis und eine Person darf in die Mitte treten und erzählen, wie es ihr geht. Forum heißt das. Fragen stellen, Resonanz finden. »Am Ende ging es schon manchmal in eine gruppentherapeutische Richtung, obwohl eigentlich niemand wirklich eine Ahnung davon hatte«, denkt Clarissa heute. Manchen ist das zu intensiv. Sie wünschen sich Distanz, vor allem emotionale, und fühlen sich überfordert von den Themen einzelner Gruppenmitglieder.

Die Menschen, die hier zusammenwohnen, wollen nicht einfach nur bei der Miete sparen. Wer hier lebt, will lernen, wie man als Individuum in einer Gruppe funktioniert. Das kann auch anstrengend sein. Clarissa sagt: »In Gemeinschaft leben bedeutet, eine Beziehung zu führen. Dann eben mit 17 Menschen. Es ist viel Arbeit, aber daraus entsteht auch viel Intimität.« Sie lernt, wie wichtig es ist, eigene Bedürfnisse mitzuteilen – und zwar regelmäßig, da sich Wünsche ändern können. Wenn das gut gelingt, dann kann Nähe entstehen. In der Gemeinschaft wird viel gekuschelt, gesprochen und Zeit miteinander verbracht. Stille Momente für sich? Die vermisst Clarissa damals nicht. Freundinnen im Zimmer der Mitbewohner übernachten lassen? Das ist kein Problem. Die Grenzen zwischen Eigentum und Privatsphäre verschwimmen immer mehr. Clarissa bezeichnet die permanente Rückmeldung der anderen als liebevolle Aufmerksamkeit. Wenn man sich aus Liebeskummer den dritten Schokoriegel schnappt, fragt jemand, wie es einem geht. Wenn der Mitbewohner Sex hat, freut man sich für ihn. »Andere bekommen mit, wie du bist, und akzeptieren dich mit all deinen Eigenheiten.« Ich finde, das klingt gemütlich. Denn wie oft macht man die Erfahrung, mit anderen zusammenleben zu dürfen, ohne sich zu verstellen?

Der Fokus liegt klar auf der Gemeinschaft. Beziehungen verlagern sich nach innen, Kontakte nach außen werden weniger. Clarissa kommt nach der Uni nach Hause, und fünf Menschen sitzen im Wohnzimmer. Spontan die Musik aufdrehen – und zack, hat man eine Party. Auch wenn Clarissa die Gemeinschaft nicht oft verlässt, ist jeder Tag geprägt von spontanen sozialen Erfahrungen. Das kann anstrengen, spart aber an anderer Stelle Energie. Einsamkeit, Langeweile – diese Gefühle sind in der Zeit, in der Clarissa in der Gemeinschaft lebt, kaum Thema.

Ich habe den Eindruck, dass Clarissa ein Typ Mensch ist, dem die räumliche Abgrenzung von anderen nicht so wichtig ist. Zwischenzeitlich teilt sie sich sogar mit einer Mitbewohnerin ihr Bett. Was bedeutet für Clarissa Privatsphäre? »Dass man Gefühle vielleicht auch mal für sich behält und nicht alles teilt.« Manchen Mitgliedern der Gemeinschaft wird dieses Lebenskonzept langsam zu viel.

Denn Intimität birgt auch Konfliktpotenziale: Das Bedürfnis nach Distanz wird nicht von allen Gruppenmitgliedern akzeptiert. Ein eigenes Hobby, abends lieber zum Handball? Das für sich durchzusetzen, fällt einigen nicht leicht. Zusätzlich wächst mit der Zeit der Anspruch an die Gemeinschaft. Manche wünschen sich, nur noch in der Gemeinschaft aktiv zu sein, und verlangen das auch von den anderen. Sie entwerfen Regeln und Konzepte, die nicht allen passen. Vier Jahre nach dem ersten Einzug spaltet ein Konflikt die Gruppe. Ein Teil der Ursprungsgruppe isoliert sich und kapert den unteren Teil des Hauses. Diejenigen, die es nicht so eng wollen, ziehen ins Dachgeschoss. Zu der Zeit ist Clarissa gerade im praktischen Jahr ihres Medizinstudiums und lernt für das Staatsexamen. Abends sitzt sie in intensiven Gesprächsrunden und leistet Gemeinschaftsarbeit. Manche Mitglieder üben immer mehr Macht aus und dominieren den Raum. Zuhören, auf Augenhöhe miteinander reden? Das wird zunehmend schwieriger. Clarissa wird immer müder davon. Festgefahren, zu viel, zu nah. Kann Gemeinschaft egalitär ablaufen? Clarissa schüttelt den Kopf. Es gibt immer Menschen, die Rollen einnehmen, das ist normal und in manchen Situationen sogar wichtig. Ebenso wichtig ist es aber, dass man darüber spricht und die Offenheit behält, auch mal zurückzurudern. Das Projekt scheitert an diesem Punkt. 2018 zieht Clarissa mit ihrem Partner aus, macht eine Reise – und zieht dann wieder zurück in den Teil des Hauses, in dem es etwas lockerer zugeht. »Ab einem gewissen Punkt hätten wir Supervision von außen gebraucht. Es ist unfassbar schwer, die Dynamiken in der eigenen Gruppe zu reflektieren«, sagt Clarissa. Wenn es zu eng wird, brauchen wir den Blick von außen. Fehlt das, dann kann das Leben in der Gemeinschaft schiefgehen.

Heute lebt kaum noch jemand der Gemeinschaftsgründer in dem Haus. Und Clarissa wohnt zum ersten Mal in ihrem Leben allein. Eine Wohnung nur für sich, den eigenen Raum gestalten, Leute einladen und mal alles herumliegen lassen. Was für andere Menschen Gewohnheit ist, stellt für Clarissa eine neue Erfahrung dar. Sich mal eben mit Freunden zu treffen, bedeutet seitdem einen höheren Aufwand. Das ist ungewohnt, aber auch spannend! Irgendwann mal, da könnte sie sich vorstellen, wieder in eine Gemeinschaft zu ziehen, denn an das Ideal dahinter glaubt Clarissa immer noch fest: »Was heute in der Gesellschaft fehlt, das ist der emotionale Austausch. Gerade dann, wenn wir mit anderen Menschen zusammenleben, kann dieser entstehen. Es reicht nicht, dass wir Putzpläne schreiben oder klare Regeln für die Miete benennen. Wir müssen uns auch mal trauen, uns ins Wohnzimmer zu setzen und da zu weinen. Dann fühlen wir uns miteinander verbunden.« Falls Clarissa sich noch einmal auf eine Gruppe einlassen würde, sollte es aber auch klare Grenzen geben. Eine Mitbewohnerin im eigenen Bett? Lieber nicht mehr.

WOHNKONZEPTE FÜRS ALL ETABLIEREN

Zusammenleben auf engstem Raum. Auch im Weltraum und ganz allgemein in extremen Umgebungen – also Orte, für die »Menschen von Natur aus nicht geeignet sind und die komplexe Prozesse der psychologischen und physiologischen Anpassung erfordern«[6] – kann das zu einer Herausforderung werden. In *Per Anhalter durch die Galaxis* lernen wir ebenfalls, dass Planeten-Sonderanfertigungen schließlich so was wie Luxusgegenstände sind. Das beengte Leben im All verdeutlicht: Grenzen setzen, aber auch Gemeinschaft gestalten, fördern zwischenmenschliche Beziehungen auch im All. In der Weltraum-WG gestaltet es sich als Herausforderung, beispielsweise Arbeit und Freizeit voneinander zu trennen, da beides auf dem gleichen beengten Territorium stattfindet. Kann man seiner Kommandantin auf der ISS sagen, dass sie das Labor nicht immer so chaotisch hinterlassen soll, und danach trotzdem noch eine Runde *The Crew* mit ihr spielen?

Wer im Weltall unterwegs ist, verfügt meist nur über wenige private Quadratmeter. Obwohl der Mensch ein soziales Lebewesen ist, freuen sich die meisten Astronautinnen über temporäre Rückzugsmöglichkeiten. Sheryl Bishop erinnert sich an eine Testmission, bei der sieben Frauen in einem Raum schlafen mussten. Die meisten Analog-Astronautinnen waren aufgeregt und liebten es, die halbe Nacht durchzureden. Nur eine Kollegin ging lieber um 21 Uhr ins Bett. Nicht zur gewohnten Zeit einschlafen zu dürfen, entwickelte sich für sie immer mehr zu einer Belastung. Eines Abends rief sie: »Für euch gibt es keinen Kaffee mehr! Geht endlich schlafen!« Die anderen reagierten erstaunt. Ihnen war nicht bewusst gewesen, wie schwierig die Situation für das müde Teammitglied war. Eine Lösung folgte: Die Kollegin verlegte ihren Schlafplatz in einen anderen Raum und konnte sich so abgrenzen. Aber was die Gruppe während der Mission fröhlich begleitete, war die Aussage »Keinen Kaffee mehr!« Ab diesem Zeitpunkt nutzte das Team diesen Satz immer dann, wenn jemanden etwas störte, um humorvoll seine Grenzen aufzuzeigen. »Alter, Kultur und Gewohnheiten prägen, wie wir leben – und uns ist oft nicht bewusst, dass das für andere störend ist«, fasst Sheryl Bishop zusammen. Unsere Freiheit endet da, wo die der anderen beginnt. Das bedeutet: Menschen müssen sich stark anpassen, wenn sie ihren Wohnraum teilen.

Welche Erfahrungswerte gewinnen wir aus Experimenten über die Auswirkungen von Habitaten auf Menschen? Zu Beginn der 1990er Jahre startete in Arizona der Versuch Biosphere 2. Ziel war es, ein sich selbst erhaltendes Ökosystem herzustellen, in dem Menschen leben und sich selbst ernähren konnten. In der Anlage auf 1,2 Hektar Gesamtfläche war es enger als im Space Shuttle, so sagte man. Rund 6000 Glasscheiben trennten die Crew von der Außenwelt. Im Inneren Pflanzen – ein eigener Dschungel –, Steine und ein Ackerfeld. Es war verboten, Gegenstände von außen in das Terrarium hineinzuschmuggeln. Menschen in Overalls vor Palmen. So startete das Experiment. Im ersten Durchlauf lebten acht Menschen für genau zwei Jahre und zwanzig Minuten in dem Glaskomplex.

Mit der Zeit teilten sie sich ihren Lebensraum aber auch mit Kakerlaken. Die Sauerstoffkonzentration wurde schlechter, und sie verloren um 10 bis 20 Prozent an Körpergewicht. Die Probanden ernährten sich primär vegetarisch. Andere Lebensmittel, wie Milch, Fleisch und Eier von Tieren, standen nur in kleinen Mengen zur Verfügung. Vor allem in den ersten sechs Monaten der Isolation sank die Zahl auf der Waage.[7] Als die Probanden das Habitat wieder verlassen durften, herrschte nicht nur in der riesigen Glaskonstruktion, sondern auch zwischen den Teammitgliedern teilweise dicke Luft und Lagerkoller.[8] Das Leben in der Biosphere gestaltete sich komplex. Crewmitglied Jane Poynter beschrieb es in ihrem TedTalk am Beispiel einer Pizza.[9, 10] Sinngemäß sagte sie: »In Biosphere 2 dauerte es vier Monate, mir eine Pizza zu machen, da ich zuerst die Ziege füttern musste, aus deren Milch ich später den Käse herstellen konnte. Hier, in der Biosphere 1 (auf der Erde), dauert das nur zwei Minuten. Ich muss einfach nur beim Pizzaservice anrufen und meine Bestellung aufgeben.« Die Unabhängigkeit von der Außenwelt, die das Biosphere-Projekt durch die eigene Produktion von Sauerstoff und Lebensmitteln erreichen wollte, wird heute als gescheitert erklärt. So erzählte Jane Poynter, dass die Crew letztlich Sauerstoff zuführen musste, um das System lebensfähig zu halten, da der Sauerstoffgehalt von den gesunden 21 Prozent auf knappe 14 Prozent gesunken war.[11] Eine Überblicksarbeit über die Ergebnisse aus Biosphere 2 beschreibt allerdings auch die Fähigkeiten, die die damalige Crew demonstrierte. Eine wichtige Rolle spielten Rituale. So bereitete die Crew »besonderes Essen für Festtage zu, darunter hausgemachte Fruchtweine, Würste, Käse, dekorative Kuchen und Torten. Jeder Geburtstag wurde ebenfalls zum Festtag umgewidmet, und für die Monate ohne Feiertage erfand die Crew zum Beispiel Feiern zur Erdnuss- oder Süßkartoffelernte, damit kein Monat ohne Feiertag verging.«[12] Rituale, Struktur und das bewusste Einbauen von schönen Momenten können also helfen, das Habitat in einen heimatähnlichen Ort zu verwandeln.

WELTRAUMARCHITEKTUR UND RAUMKONZEPTE
FÜR GELUNGENE HABITATE

Werfen wir mal einen fachlichen Blick auf die mit Postkarten beklebten Wände eines Raumschiffs und die architektonischen Skizzen zukünftiger Marsstädte. Welche Strategien werden im All eingesetzt, um auf wenig Raum möglichst viel Freiheit zu schaffen? Sandra Häuplik-Meusburger zählt zu den führenden Expertinnen auf diesem Gebiet. Die Architektin forscht zum Thema »Wohnen in extremen Umgebungen« und weiß, was es braucht, um ein Habitat gemütlich einzurichten. Gerade schreibt sie an einem Paper über Fenster. Oft spricht sie von Wohnlichkeit, die im Weltraum nötig ist. Je länger Menschen im All unterwegs sind, desto stärker muss ihre Umgebung mit bedacht werden. Gemeinsam mit ihrer Kollegin aus der Psychologie, Sheryl Bishop – die in diesem Buch bereits oft zu Wort gekommen ist –, hat sie einen Ratgeber über Weltraumhabitate für die wissenschaftliche Community geschrieben.[13] Klar ist: Raumschiffe und Raumstationen stehen nicht gerade für Komfort. Wer sich mal ein Bild einer Sojus-Kapsel angeschaut hat, in der ein einzelner Astronaut rund einen Kubikmeter Platz hat – das entspricht in etwa der Größe eines geräumigen Kühlschranks –, erhält einen Eindruck davon, unter welchen beengten Bedingungen die Reise zur ISS abläuft. Die Entfernung zum Mars beträgt noch mal ein Vielfaches, Transporte werden damit umso teurer. Wie bekommt man da einen Lattenrost in den Orbit? Sandras architektonische Kreativität wird vom Packvolumen der Rakete herausgefordert.

Weltraumarchitektinnen entwickeln ausgeklügelte Konzepte, um trotz allem mehr Raum zu haben. Dazu gehören faltbare Habitate, Drucke mit dem 3-D-Drucker und einige räumliche Tricks.

Gleichzeitig ist es extrem wichtig, dass das Habitat den Wohnbedürfnissen der Astronautinnen entspricht. Sandra erklärt: »Je sozial anspruchsvoller die Umgebung, desto eher fühlen wir uns eingesperrt und isoliert. Und je mehr wir uns abgetrennt fühlen, desto höhere Ansprüche entstehen an unseren Wohnraum.«[14] Klar, wenn es draußen nicht schön ist, sollte ich mich drinnen wohlfühlen. Wie muss das perfekte Marshabitat also aussehen? Es gibt ein paar Voraussetzungen, die die Weltraum-WG erfüllen muss. Das Gehäuse muss sicher sein – Strahlung abhalten und ermöglichen, dass man drinnen atmen kann. Und dann wollen Menschen dort Sport machen, Kochen, Sex haben und beim Pinkeln nicht belauscht werden. Sandra ist sich sicher: Es braucht einen Raum, in dem viele Aktivitäten denkbar sind. Der Platz ist begrenzt, finanzielle Ressourcen sind knapp – einen Wald oder eine Radrennbahn auf dem Mars? Eher schwierig. Komprimierter Raum muss gut genutzt werden. Der Wohnraum soll nicht nur schön aussehen, sondern auch funktional sein. Die privaten Bereiche von Habitaten werden leider noch immer meistens für Singles gebaut und beinhalten beispielsweise ein kleines 80 Zentimeter breites Bett. Menschen sind jedoch soziale Wesen, die auch auf Langzeitmissionen irgendwann mal kuscheln wollen oder vielleicht sogar zusammen einschlafen oder Sex haben möchten. Kluge und authentische Raumplanung sollte die Vielfalt an individuellen Bedürfnissen bedenken, findet Sandra. Mit ihrer Kollegin Sheryl Bishop hat sie deshalb für ihr Buch eine Studie durchgeführt, in der sie Menschen zu ihren Habitat-Erfahrungen befragten.[15] Die Umfrageteilnehmerinnen beschwerten sich über ungemütliche Betten, zu wenig Stauraum sowie weiße oder geräuschdurchlässige Wände. Geschichten zufolge wollten manche Astronauten keine Audioaufnahmen verschicken, weil jedes Wort durch die Wände zu hören war. Menschen spüren genau, wo ihre Privatsphäre endet.

Wer wie viel Platz braucht, hängt auch mit Gewohnheiten zusammen. So wie Clarissa, die das Zusammenleben mit anderen schon früh gewohnt war und auf Privatsphäre eher verzichten kann, gibt es auch Menschen, die ihre Tür häufiger hinter sich schließen möchten. Im Gespräch mit Sandra merke ich, dass sie sich kaum mit festen Quadratmeterzahlen aufhält. Viel Platz ist besser als wenig Platz, aber darum geht es nicht unbedingt. Privater Raum ist für sie ein Ort, an dem man die Kontrolle darüber hat, was passiert und wer davon erfährt. Hört man mich beim Duschen oder kann ich auch mal ungeniert singen? Es gibt Aktivitäten, bei denen sind wir lieber allein… Rückzugsräume können einen Puffer ermöglichen, der uns psychisch entlastet. Im All fehlt genau das, was das Stresslevel in der ohnehin schon komplexen Umgebung erhöhen könnte. Sandra schreibt über dieses Gefühl in ihrem Buch: »Du kannst nicht rausgehen, du kannst Konflikte nicht vermeiden, du kannst nicht flüchten.«[16] Sie unterscheidet dabei zwischen dem permanenten Leben an einem Ort und »Camping« – also einem vorübergehenden Aufenthalt.[17] Je länger wir uns an einem Ort aufhalten, desto eher muss dieser die Funktion einer gemütlichen und privaten Wohnung erfüllen.

Einen Raum so gestalten zu können, wie wir wollen – das ist für uns wichtig, um uns wohlzufühlen. Bilder aufhängen und sich ausbreiten. Frag dich gerne mal: Bietet mein Wohnraum die Möglichkeit, meine Bedürfnisse auszuleben? Doch wie können wir das pragmatisch umsetzen, wenn unsere Möglichkeiten limitiert sind? Wenn wir mit anderen zusammenleben, kann es helfen, mal aufzuschreiben, wer welche Wünsche hat – etwa Platz zum Spielen oder eine ruhige Leseecke. Zusammenleben bedeutet deshalb auch, immer wieder zu fragen, wer gerade welche Wünsche hat. Denn Bedürfnisse verändern sich mit der Zeit. Menschen in beengten Räumen werden beispielsweise nach und nach lethargischer. Es könnte wichtig sein, Gemeinschaftsräume so umzufunktionieren, dass sie dem Bedürfnis nach Rückzug entgegenkommen können. Warum also nicht mal das Wohnzimmer stundenweise einem Mitbewohner überlassen?

Oft orientieren wir uns bei der Raumaufteilung an gesellschaftlichen Normen. Schlafzimmer, Wohnzimmer, Küche. Doch vielleicht ergibt es Sinn, auch als Paar als WG zusammenzuleben? Es ist doch verwunderlich, dass Erwachsene, nachdem sie jahrelang ihr eigenes Zimmer hatten, plötzlich den Wunsch nach einem Rückzugsraum verlieren – und das nur, weil die Norm eine geteilte Schlafstätte vorschreibt. Wir dürfen uns – gemeinsam mit den Menschen, mit denen wir zusammenleben – die Frage stellen: Wie würde der Wohnraum aussehen, wenn wir mal ganz frei entscheiden dürften?

Wie Astronautinnen im All kommen auch wir immer wieder sprichwörtlich an unsere Grenzen. Sandra ist der Meinung, dass viele Wohnräume in unseren dichten Städten schlecht konzipiert sind, und verweist auf Balkone, die von den Nachbarn eingesehen werden können. Oder es gibt zu wenig Licht, zu dünne Wände. Wie können wir damit umgehen? In der Psychotherapie empfehle ich Menschen, die sich oft in konfliktbehafteten Situationen befinden, immer wieder mit sogenannten Time-outs zu arbeiten. Mal kurz rausgehen, frische Luft atmen, sich abreagieren – danach kann weiterdiskutiert werden. Ganz gleich, wie verbunden wir uns fühlen, ein gesundes Zusammenleben braucht auch mal eine gesunde Grenze und Rückzug.

Optimierte Habitatgestaltung im All muss allerdings auch immer diverse Umgebungsaspekte mitbedenken. Nehmen wir das Thema Schwerkraft. Im All ändert sich das Bedürfnis nach Bodenhaftung nicht, weshalb daran gearbeitet wird, in zukünftigen Habitaten künstliche Schwerkraft zu simulieren. Hinzu kommen Kometenschläge, Strahlung, Staubstürme auf dem Mars – die Umweltbedingungen im All erfordern Habitate, die an solche Bedingungen angepasst sind. Das kommt uns doch bekannt vor. Auch unsere Städte und Wohnräume werden zunehmend von klimatischen Herausforderungen geprägt sein. Wir müssen umdenken. Die vielen Stunden Planung und die immense Komplexität, die erforderlich sind, um das Leben von Menschen im All aufrechtzuerhalten, verdeutlicht unsere Abhängigkeit von unserer Umgebung. Gleichzeitig unterstreicht dies den Gedanken, dass wir mit unserem Planeten bereits über ein ultimatives Habitat verfügen, sofern wir es nicht durch unser eigenes Handeln zerstören.

Konstantin versucht, all diese Aspekte raumplanerisch umzusetzen. Kennengelernt haben wir uns während einer Analog-Mission, bei der wir gemeinsam eine psychologische Auswahl begleiten durften. Konstantin arbeitet ebenfalls als Psychologe und hat sich auf Habitate spezialisiert. »Make space feel like home« lautet der Slogan der SAGA Space Architects, für die er heute tätig ist. Er ist der Meinung, dass uns die Erfahrungen aus Habitaten dabei helfen können, besser mit gegenwärtigen Herausforderungen wie dem Klimawandel und der wachsenden Weltbevölkerung umzugehen. Die Visionäre des Start-ups möchten innovative architektonische Konzepte im Weltraum erproben und die erzielten Erfolge auch für die Erde nutzbar machen. Sie wollen wissen: Wie kann man auf den wenigen Quadratmetern natürliche Elemente integrieren? Denn Weltraumhabitate haben aktuell nur wenig Ähnlichkeit mit gemütlichen Entspannungsoasen, sondern sind vollgestopft mit Gegenständen, die durch die Gegend fliegen, erscheinen klinisch weiß – und überall lagern Kisten und Kram.

2020 bastelt Konstantin deshalb mit seinem Team an einem Habitat für zwei Menschen mit Wänden aus Kork. Ein richtiges Hipster-Habitat! Und vor allem umweltfreundlich. Oben kann man auf wenigen Metern schlafen, im unteren Bereich gibt es einen Arbeitsraum. Schnell kommt das Team an seine Grenzen, denn jeder Zentimeter wird verplant. In der ersten Testmission zieht dann ein Analog-Astronaut ein, der größer als zwei Meter ist. »Seine Füße hingen immer aus dem Bett heraus, und er konnte sich im oberen Teil des Habitats kaum ausstrecken. Da haben wir erst mal gemerkt, welche Rolle wenige Zentimeter spielen können«, erinnert sich Konstantin. Er und seine Kolleginnen möchten die privaten Räume von den Arbeitsbereichen abgrenzen, denn das Gehirn hat sonst Schwierigkeiten, Arbeiten und Schlafen voneinander zu unterscheiden. Im Bett noch die To-do-Liste abhaken? Nicht unbedingt erholsam. Genauso braucht Gemeinschaft ihren Platz. Dabei helfen flexible Möbel, die man auch mal zur Seite schieben kann, um mit der Virtual-Reality-Brille auf der Nase zu tanzen. Sicherlich nehmen Menschen, die sich auf das Abenteuer All einlassen, reduzierten Komfort in Kauf. Auf Langzeitmissionen können wir jedoch nicht ewig die Gemütlichkeitsansprüche von Menschen ignorieren. Wir erinnern uns: Camping oder Wohnen! Konstantin erzählt, dass Astronauten bei zu stark beengten Verhältnissen anfangen, einzelne Bereiche für sich zu beanspruchen und diese beispielsweise mit eigenen Bildern zu dekorieren, um ihr Territorium gegenüber anderen zu markieren.

Weiße Krankenhauswände sorgen bei Langzeitmissionen nicht für den Wohlfühlfaktor. Natürliche Elemente sollen Entspannung ermöglichen. Deshalb zieht ein Photobioreaktor ins Habitat ein, der für einen Farbwechsel und Pflanzenfreude sorgt. Grün! Die Analog-Astronautinnen könnten fortan Pflanzen züchten und das Habitat in eine grüne Lounge verwandeln. Der Astronaut Scott Kelly erzählte in einem Interview mit der *New York Times*: »Eines der Dinge, die mir am meisten fehlten, während ich im Weltraum lebte, war die Möglichkeit, nach draußen zu gehen und die Natur zu erleben. Nach Monaten in einem kleinen Raum sehnte ich mich tatsächlich nach der Natur – nach der Farbe Grün, dem Duft von frischer Erde und der Wärme der Sonne auf meinem Gesicht.«[18] Studien belegen, dass eine naturnahe Umgebung heilsam ist und sogar dazu führen kann, dass wir nach einer Krankheit schneller wieder gesund werden.[19, 20] Die Konzentrationsfähigkeit von Menschen verbessert sich, nachdem sie Zeit in der Natur verbracht haben – oder sogar, wenn sie nur Bilder von natürlichen Umgebungen sehen.[21] Wir werden ruhiger, erleben Freude und Neugierde und fühlen uns weniger gestresst.[22] Konstantins Habitatplanung beruht auf diesen wissenschaftlichen Erkenntnissen. Auch das Licht im Habitat soll sich am circadianen Rhythmus, dem natürlichen biologischen Tagesrhythmus orientieren. Das Konzept ist vergleichbar mit einem Tageslichtwecker. Konstantin und seine Kollegen basteln dafür extra eine Lampe, die im Juni 2023 sogar zum Testen auf die ISS geschickt wurde. Stolz berichtet er, dass sie bei den Astronauten ziemlich beliebt war!

Doch was können wir auf der Erde tun, wenn wir auf wenig Platz miteinander zurechtkommen müssen? Wenn man nur über wenige finanzielle Ressourcen verfügt, fehlt die Möglichkeit, mal eben Kork auszulegen und flexible Möbel zu besorgen. Konstantin hat einen Vorschlag: »Ich weiß, das ist eine langweilige Antwort – aber Kommunikation ist wichtig. Gerade bei Haushaltsangelegenheiten hilft es, wenn wir in unseren Gruppen das Vorgehen klar besprechen und jeder mal entscheiden darf, wie einzelne Aufgaben erledigt werden. Das ist manchmal besser, als Kompromisse zu fällen. Denn Kompromisse fühlen sich oft wie eine Abstufung unserer Bedürfnisse an.«

Vielleicht ist jetzt bei dir der Eindruck entstanden, dass effektive Raumplanung mit ständiger Abgrenzung einhergeht. Internationale Kooperationen im All verdeutlichen uns jedoch auch eine andere Perspektive: Wenn Grenzen hier und da mal aufgeweicht werden, kann uns ein gutes Miteinander gelingen. Der Umgang mit Grenzen umfasst auch immer eine Gratwanderung zwischen Ängsten, Zuneigung und der Möglichkeit, verletzt zu werden. Nicht nur territoriale, sondern auch ganz persönliche Bedürfnisse spielen hier eine Rolle. Das Leben in Habitaten zeigt uns, wie wichtig es ist, Putzpläne, Raumzuweisungen und auch Beziehungen zueinander mit größtmöglicher Flexibilität zu gestalten. Möbel, die man verrücken kann, und Wünsche, die im Lauf der Zeit neu entstehen. Wer im All unterwegs ist, wird lernen, Grenzen als etwas Bewegliches wahrzunehmen. Ich finde, allein die Tatsache, dass wir die räumlichen Grenzen unserer Erde ignorieren – mit dem Ziel, das All zu erkunden –, steht sinnbildlich dafür.

In Analog-Missionen erlebe ich häufig, dass das Aufweichen eigener Grenzen und Gewohnheiten Raum für neue Erfahrungen schafft. Auch die Astronautinnen aus Sandras Studie erwähnen den salutogenetischen, also gesundheitsfördernden Effekt, wenn man eng zusammengepfercht lebt.[23] Gemeinsames Kochen oder Filmabende, Hilfsbereitschaft und Verbundenheit. So ist es auch auf der Erde. Menschen, die mit anderen eine Trekkingtour durchlebt oder mit Freunden eine Nacht im Zehnerschlafraum einer Jugendherberge verbracht haben, berichten ebenfalls davon, dass solche Erfahrungen im wahrsten Sinne des Wortes zusammenschweißen.

Grenzen ziehen, nein sagen und Tür zuknallen liegen im Trend. Aber sagen wir eigentlich noch oft genug »Ja«? Das sollten wir alle einmal für uns prüfen. Denn was bringt es uns, wenn wir perfekt abgegrenzt, aber isoliert auf unserer eigenen Couch sitzen? Vielleicht braucht es keine starre Mauer, sondern eine flexible Ausstattung. So wie die Flexi-Möbel im Zukunftshabitat, die man je nach Bedürfnislage zur Seite schieben kann.

07 Kommunikation

»Ich brauche keinen Dolmetscher,
um das zu verstehen.«

—

Klare Ansagen und mitfühlende Memes über
10 000 Kilometer Luftlinie verschicken

Kommunikation. Ein Begriff, der massenhaft Bücherregale füllt,
uns manchmal langweilt, aber auch immer wieder verblüfft. Kommunikation ist ein allgegenwärtiges Schlagwort – wie Achtsamkeit,
Selbstverwirklichung, Empathie und Resilienz. Alle wissen, was
damit gemeint ist, aber die praktische Umsetzung erscheint trotzdem oft schwierig. Dabei stellt Kommunikation eine entscheidende
Grundlage des menschlichen Zusammenlebens dar. Nicht umsonst
ist dieser Begriff die Standardantwort so mancher Tinder-Dates auf
die Frage, warum die letzte Beziehung scheiterte. Das Stichwort
gewaltfreie Kommunikation nimmt uns gerne in den emotionalen Würgegriff, wenn wir beispielsweise mit Inbrunst eine Park-
lücke verteidigen wollen. Achtsames Miteinander statt Ausrasten.
Trotzdem liegt uns die Wut oft wie eine feurige Chilischote auf der
Zunge. Bereits die Antwort auf die die simple Frage »Wie geht es
dir?« überfordert viele Menschen. Miteinander in Kontakt sein
fällt uns doch nicht so leicht, wie wir es uns wünschen würden.
Dabei werden Kommunikationstrainings seit Jahren gefühlt an jeder Ecke angeboten. Allerdings könnte es sein, dass sich hier eher

die Menschen versammeln, die ohnehin ganz gerne reden, während diejenigen, die wirklich Unterstützung beim Erwerb sozialer Kompetenzen brauchen, sich schüchtern hinter ihrem Bildschirm verstecken und niemals den Mut aufbringen würden, sich für ein Redetraining anzumelden.

In meinem Alltag erlebe ich, dass Begriffe wie Achtsamkeit, Selbstfürsorge und eben auch Kommunikation oft zu Resignation führen. Weil wir wissen, wie wichtig diese Aspekte sind, und es uns gleichzeitig so schwerfällt, sie in unser Leben zu integrieren. Freundlich kommunizieren, mehr Obst essen und Positiv-Tagebuch schreiben. Prinzipiell ist dir das alles klar. Gut gemeinte Ideen und Strategien passen aber nicht in jeden Zehn-Stunden-Tag.

Die Wissenschaft beschäftigt sich schon lange mit dem Thema Kommunikation. Floskeln wie »Nachdenken, bevor man den Mund aufmacht« oder »Erst mal andere ausreden lassen« sind uns seit der Kindheit geläufig. Viele von uns kennen das Vier-Ohren-Modell von Friedemann Schulz von Thun, demzufolge sich mit jeder Nachricht an das Gegenüber immer vier Mitteilungsebenen vermitteln und das oft eher Langeweile in unseren Gehörgängen auslöst.[1, 2] Von Paul Watzlawick wissen wir seit Jahren, dass man nicht nicht kommunizieren kann.[3] Nur dass Watzlawick das 21. Jahrhundert anscheinend massiv unterschätzt hat. Denn das Gegenteil lehrt uns das Date, mit dem man zwar zwei Wochen in Schottland wandern war, das es aber nicht schafft, die Beziehung zu beenden, sondern einfach verschwindet und uns »ghosted«. Aber ja, auch das ist eine Message, die wenig Interpretationsspielraum lässt. Und mal ehrlich: Es macht keinen Spaß, vorformulierte Ich-Botschaften zu senden, wenn man gerade das Bedürfnis hat, gekonnt zu wüten.

Selbst in der astronautischen Raumfahrt ist Kommunikation eine Herausforderung. Spoiler: Auch hier läuft sie oft schief.

Im Hinblick auf Langzeitmissionen zum Mars werden zukünftige astronautische Teams kommunikationstechnisch eine besondere Schwierigkeit bewältigen müssen: Der Gesprächskanal muss über eine große Distanz aufrechterhalten werden. Je weiter wir uns von der Erde entfernen, desto länger dauert es, bis eine Antwort vom Raumschiff auf der Erde ankommt und andersherum. Wie bereits erwähnt, könnten dabei Verzögerungen von bis zu 20 Minuten entstehen. Dazu kommt, dass wir hauptsächlich per Chat kommunizieren werden, weil die Übertragung dieser Daten einfacher ist. Kein Video und unregelmäßige Antworten? Das erinnert uns doch an die terrestrische Neuzeitkommunikation! Vielleicht sollten wir moderne Kommunikationstipps also besser nicht in den dicken Büchern von Watzlawick und Schulz von Thun suchen – sondern auf dem Mars.

Starten wir mal in nicht ganz so weiter Ferne. Wie wird aktuell zwischen Erde und All kommuniziert? Wer das verstehen will, fährt am besten mit der S-Bahn nach Köln-Porz. Ein zwanzigminütiger Spaziergang führt von der Sicherheitspforte des Deutschen Zentrums für Luft- und Raumfahrt über das Gelände bis zum allerletzten Gebäude am linken Straßenrand: das Europäische Astronautenzentrum. Hier arbeitet Sara. Sara ist Eurocom, ausgeschrieben: European Communicator. Wenn Astronauten auf der ISS den Aufbau eines Experiments nicht verstehen oder Essenswünsche für die nächste Versorgungsrakete durchgeben wollen, landen sie bei ihr. Saras Aufgabe bildet die Schnittstelle zwischen den Astronautinnen im All, den Wissenschaftlerinnen und dem ärztlichen Versorgungsteam auf der Erde.

Der astronautische Alltag auf der ISS ist klar strukturiert. Wenn Sara in dem großen Kontrollraum vor mehreren Bildschirmen ihren

Platz einnimmt, ist es ihre Aufgabe, möglichst präzise zu kommunizieren. Wann wird der Außeneinsatz durchgeführt, wann die Station geputzt? Gibt es ein Problem im All, muss Sara zuständige Spezialistinnen kontaktieren, um den Astronauten eine Lösung durchzugeben. Wenn eine Astronautin mit einem Reagenzglas in der Hand auf weitere Anweisung wartet, muss es schnell gehen. Die Information, die vom Boden kommt, soll präzise und klar im All landen. Die Person, die Anweisungen oder Informationen empfängt, wiederholt sie, um sicherzustellen, dass die Botschaft richtig verstanden wurde, und der Sender bestätigt dies, um den Kommunikationsprozess abzuschließen. »Closed Loop Communication« nennt sich das und erinnert ein bisschen an Flüsterpost, wobei in diesem Fall am Ende das Richtige rauskommen soll.

Damit auf dem Weg von der Erde in den Orbit nichts schiefläuft, musste Sara ein langes Kommunikationstraining mit abschließender Prüfung absolvieren. Die erste Regel: kein Smalltalk mit den Astronauten. Klar, nachfragen, wie die Crew sich fühlt, und mal einen Witz machen, das ist erlaubt – aber der Fokus soll auf dem Sachlichen bleiben, damit keine wichtigen Infos verlorengehen. Sara und die rund 15 anderen Eurocoms nutzen darüber hinaus einen speziellen Wortschatz. Sie sagen nicht ja oder nein, sondern »bestätigt« oder »negativ«, um Missverständnissen durch ähnlich klingende Wörter vorzubeugen. Große Zahlen werden immer in einzelnen Ziffern ausgesprochen. Sara ist mittlerweile ein Profi, trotzdem passieren hin und wieder Fehler. Was dann? Viele andere Kolleginnen hören den Kommunikationskanal zwischen ihr und den Astronauten ab und korrigieren sie schnellstmöglich. Was hat Sara aus ihrer Arbeit über Kommunikation gelernt? »Ich habe vor allem mitgenommen, viele Rückfragen zu stellen. Wenn ich nicht sicher bin, ob ich etwas verstanden habe, vergewissere ich mich so lange, bis die Information sitzt.« Copy that! Du kannst dir diese astronautische Kommunikationsweise für deinen eigenen Alltag abschauen. Denn wie oft glauben wir, etwas verstanden zu haben, obwohl unser

Gegenüber etwas völlig anderes gemeint hat, oder nehmen an, eine Situation zu begreifen, ohne wirklich alle Informationen zu kennen? Wir interpretieren dann oder stellen waghalsige Hypothesen über unsere Mitmenschen auf – ohne sie ein einziges Mal zu überprüfen. Nachfragen hilft.

Wie wichtig funktionierende Kommunikation ist, wenn Teams in extremen Situationen zusammenarbeiten müssen, hat die Forschung längst belegt. Um herauszufinden, was schieflaufen kann, führten Wissenschaftlerinnen eine Studie in einem OP-Saal durch – eine etwas andere extreme Umgebung. Wer hier arbeitet, muss mit seinen Kollegen gut und schnell interagieren können. Die Forscher definierten 421 Kommunikationsereignisse und bezeichneten 129 als fehlerförderlich. Am häufigsten wurden Informationen zu einem ungünstigen Zeitpunkt übermittelt, waren falsch oder ungenau. Oder wichtige Menschen wurden von Entscheidungen ausgeschlossen. Das hatte Folgen: Etwa ein Drittel dieser Fehler förderte ineffiziente Abläufe und Konflikte und gefährdete dadurch die Patientinnen.[4] Aus der Luftfahrt gibt es ähnliche Berichte. Im Notfall ist es entscheidend, wie Pilotinnen und die Bodencrew miteinander sprechen.[5] Je mehr sinnvolle Informationen übermittelt werden, desto eher kann eine Notlandung abgewendet werden. Über 70 Prozent der ersten 28 000 Berichte im NASA Aviation Safety Reporting System – ein System, das es Piloten ermöglicht, Vorfälle vertraulich zu melden – wurden auf Kommunikationsprobleme zurückgeführt[6, 7]. Kein Wunder also, dass Menschen wie Sara spezielle Trainings erhalten, um ihre Kommunikationsfertigkeiten zu optimieren.

Sara teilt einen weiteren Trick mit uns: »Für die Kommunikation ins All ist es ebenfalls wichtig, dass wir nicht zu viele Informationen geben, das kann verwirrend sein. Ich prüfe zuerst, was ich sage, und versuche, meine Information so klar wie möglich zu vermitteln.« Zuerst nachdenken, bevor man spricht. Was wie die eben erwähnte Kindergartenregel klingt, garantiert auf der ISS, dass Astronautensport, medizinische Experimente und Wissenschaftskommunikation reibungslos ablaufen. Wirkt pragmatisch. Aber ist das auch – zugewandt? Ohne Smalltalk und ohne Emotionen. Sara erklärt es mir wie folgt: Die Astronautinnen im All wissen nicht immer, mit wem sie kommunizieren, manche Eurocoms kennen sie, andere sind für sie Unbekannte – das soll aber in der Zusammenarbeit keine Rolle spielen. »Der Großteil zwischenmenschlicher Kommunikation ist ohnehin nonverbal, und das könnten wir niemals über unsere Kanäle reproduzieren. Unser Fokus liegt auf einem reibungslosen Ablauf«, ergänzt Sara. Damit sich die Astronauten im All wohlfühlen, gibt es eine Liste, auf der die Kommunikationsvorlieben der Crewmitglieder vermerkt sind. Wer wünscht sich wenig oder viel Unterstützung und mit welchem Namen soll jemand angesprochen werden – das können Sara und ihr Team hier ablesen. Sara hat gelernt, sich an die jeweilige Crew anzupassen. Der Verzicht auf Smalltalk stellt für die Crews im All kein Problem dar, denn sie telefonieren oft mit ihren Familien und die Dauer der Missionen ist in der Regel kurz.

Sara ist sich sicher: Wenn Menschen eines Tages auf dem Mars landen, muss die Art und Weise, wie kommuniziert wird, angepasst werden. Denn dann wird eine sachliche Kommunikation nicht mehr ausreichen. Je länger die Astronauten im All sein werden und je weiter entfernt von der Erde sie sind, desto mehr werden sie ihre Heimat und soziale Beziehungen zu anderen Menschen vermissen. Die Kommunikation zur Erde muss dann persönlicher werden – um den Menschen im All das Gefühl von Heimat zu vermitteln. »Direkte Face-to-Face-Kommunikation ist die eine Sache, Kommunikation via Video ist aber noch mal schwerer, und wenn dann auch noch eine Zeitverschiebung hinzukommt und man sich nur noch asynchron Videobotschaften zusenden oder nur über Chat miteinander in Kontakt treten kann, wird es schwierig für die Crews, ihre persönlichen Beziehungen aufrechtzuerhalten.«

Der Kommunikationsforscher Dennis Frederiksen untersuchte die Chatprotokolle der Astronauten und Bodenteams und identifizierte die psychologisch unterstützenden Faktoren in der Kommunikation zwischen All und Erde: Er fand heraus, dass es »operative Freundlichkeit« braucht. Nachrichten sollen rücksichtsvoll und verständnisvoll formuliert werden und klarmachen, dass die Teams sich freuen zusammenzuarbeiten. Der Begriff »operative Schlagfertigkeit« beschreibt Nachrichten, bei denen neben Inhalt und Klarheit auch subtiler Witz oder Charme eine Rolle spielen.[8] Es braucht also beides – Klarheit, aber in freundlich.

Sara hat sich an klare und sachliche Kommunikation gewöhnt. Zu 100 Prozent sollten wir das aber nicht in unseren Alltag übertragen. »Wir würden alle ziemlich roboterhaft klingen, wenn wir untereinander so reden würden wie wir mit Astronauten.« Wenn dann doch mal eine persönlichere Nachricht aus dem All kommt, freut sie sich: »Das ist doch menschlich, dass wir auf emotionale Rückmeldungen reagieren und uns freuen.«

Kleine Rituale gibt es auch im All. Die Astronautinnen bekommen jeden Tag ein Protokoll. Unter den arbeitsrelevanten Informationen steht der Vermerk »Ende des operationalen Dokuments«. Wessen Augen noch ein Stück nach unten gleiten, der findet dort ein Meme oder einen Witz. Und vorletztes Jahr zu Weihnachten? Da gab es ein Erde-ISS-Bingo. Die Astronauten bauten während ihrer Arbeit Filmzitate in die normalen Gesprächsabläufe ein. Sara machte einen Astronauten darauf aufmerksam, dass gerade ein Materialteil durch die ISS flog. Er antwortete: »Nothing goes over my head.« Ein Zitat aus *Guardians of the Galaxy*. Auch das ist wichtig zwischen all der Klarheit, Struktur und Präzision: eine Prise Humor.

ABER HOUSTON – ICH HABE EIN PROBLEM!

Von Sara können wir lernen, was es braucht, damit eine Raumstation nicht aufgrund eines Zahlendrehers aus dem Orbit verschwindet. Zusätzlich ist es wichtig zu erfahren, wie es den Menschen in den Teams geht. Stichwort: Situationsbewusstsein. Gruppen, in denen dieses Bewusstsein fehlt, verzeichnen häufigere und schwerwiegendere Konflikte, wenden sich ab und machen Fehler. Für eine erfolgreiche Mission ist es entscheidend, dass sich das Team im All und die Crew am Boden in die Lage der jeweils anderen Gruppe hineinversetzen können.[9] Wie können wir das erreichen? Klare Regeln, Protokolle und vordefinierte Prozesse helfen, um den Spielraum für Missverständnisse zu reduzieren. Wenn der Plan steht, müssen alle mitmachen.

Tatsächlich ist es unfassbar schwierig, ein gutes Situationsbewusstsein zu entwickeln, vor allem wenn man die Situation des anderen noch nicht erlebt hat. Also selbst noch nie im All gewesen ist. Oder – andere schwierige Lebenserfahrungen nicht gemacht hat.

Auch in der Psychotherapie stehe ich immer wieder vor der Herausforderung, fremde Leben erfassen zu müssen. Wie fühlt sich der Mensch, der in die Therapiestunde kommt? Wie sieht sein Alltag aus, und was führt dazu, dass er sich schlecht fühlt? Irvin Yalom sagt dazu, dass die Klienten die Therapiestunden oft ganz anders erleben als wir Therapeutinnen.[10] Und wenn es hier schon Uneinigkeiten gibt – wie sieht das dann erst im All aus?

Fakt ist: Wir sprechen nicht nur, um Informationen zu vermitteln, sondern auch, um Beziehungen zu ermöglichen. Eine rein technische, präzise Kommunikationskultur reicht dafür wohl eher nicht aus. Schon der US-amerikanische Psychologe und Psychotherapeut Carl Rogers schrieb über gelungene Psychotherapieprozesse, dass es mehr braucht als eine reine Sender-Empfänger-Nachricht, um Beziehungen zu vermitteln.[11, 12] Empathie, Echtheit – im Fachjargon »Kongruenz« – und positive Wertschätzung führen laut Rogers dazu, dass Klienten Therapieprozesse positiver bewerten, ganz unabhängig davon, wie der objektive Therapieerfolg ist.[13] Rogers meint damit übrigens nicht, dass man andere Menschen und ihre Verhaltensweisen immer für gut befindet, sondern wir akzeptieren, dass unser Gegenüber auf seine Weise handelt und fühlt und seine

Gründe dafür hat. Gute Kommunikation bedarf neben Klarheit und Präzision also auch Mitgefühl und Verständnis. Zuhören ist das Stichwort, das uns erlaubt, anderen Menschen in ihrem Erleben zu begegnen. Im Alltag stelle ich oft fest, dass Menschen auf ihre Erzählungen häufig eine Gegenerzählung erhalten. Mit Zuhören, Spiegeln und Nachfragen hat das wenig zu tun. Vielleicht passiert uns das unbewusst. Viele Kommunikationstipps befördern außerdem dieses Verhalten, indem sie den Fokus auf das Senden von Botschaften legen.[14] Die von Thomas Gordon entwickelte und gut gemeinte »I-Message« wollte lediglich eine Methode vermitteln, wie Menschen über ihre eigenen Gefühle sprechen können, anstatt andere zu beschuldigen. In vielen Gesprächskontexten führte sie aber dazu, dass manche Menschen nur noch um sich selbst zirkulieren und das Gegenüber dabei – vorsichtig formuliert – vergessen. Warum also nicht bewusst mal den Spieß umdrehen: weniger Ich-Botschaften senden und dafür den Ich-Botschaften unserer Gesprächspartnerinnen lauschen. Die Fähigkeit des »aktiven Zuhörens« beschreibt genau das.[15] Wer aktiv zuhört, nimmt nicht nur wahr, was der andere inhaltlich erzählt, sondern auch mit welchen Gefühlen er es ausdrückt. Und anstatt mit eigenen Geschichten oder gut gemeinten Ratschlägen zu reagieren, gibt die Zuhörende wieder, was sie gerade gehört und gesehen hat, und stellt vielleicht noch eine Frage.

Den Gefühlen anderer Menschen Raum zu geben, ist also wichtig. Häufig erlebe ich, dass Menschen im Alltag versuchen, ihre Konflikte möglichst sachlich zu klären. Aber sogar Sara sagt uns, dass wir dann klingen wie Roboter. Doch Beziehungen sind keine sachlichen, sondern emotionale Angelegenheiten. Auch in Analog-Missionen stelle ich immer wieder fest, dass Themen wie Wertschätzung und gutes Zuhören eine größere Rolle spielen, als wir vorher vermutet hätten.

LOST IN COMMUNICATION

Anika ist Analog-Astronautin – und, das weißt du schon, unsere Kommandantin während der neuesten Mission in Armenien im März 2024. Gemeinsam mit fünf anderen Teammitgliedern im Feld und einer motivierten Mission Support Crew simulierte sie aber schon im Oktober 2021 in Israel einen Aufenthalt auf dem Mars. Wenn Anika im Habitat ein Experiment durchführt, beispielsweise einen autonomen Rover steuert oder ihre Bewegungsabläufe mit Sensoren trackt, dann ist sie auf die Zusammenarbeit mit dem Team »auf der Erde« angewiesen. Dafür nutzt Anika einen Laptop, auf dem sie mit ihren Kolleginnen vom ÖWF in Innsbruck chatten kann. Jede Mission simuliert auch den Aspekt der Zeitverzögerung. Erst nach 20 Minuten (10 Minuten pro Richtung) kann Anika eine Antwort auf eine gestellte Frage erwarten. Dazu kommt, dass sie nur ihre Teammitglieder im Habitat sehen kann – mit allen anderen kommuniziert sie schriftlich.

Ich spreche nach der Mission mit Anika. Für sie war es einer der spannendsten Faktoren der Mission zu beobachten, wie diese besondere Form der Kommunikation die Zusammenarbeit zwischen Menschen verändert. »Wichtige Aspekte sind verlorengegangen, wie zum Beispiel Humor. Wir hatten im Chat deswegen immer das Bedürfnis, Emojis hinzuzufügen, um nicht nur den Inhalt einer Nachricht, sondern auch unsere Stimmung zu vermitteln«, erinnert sich Anika. Das Team vom ÖWF in Innsbruck kann schließlich nur erahnen, wie es den Menschen im Feld geht, die mit brütender Hitze und Wind kämpfen, während es selbst freundliches Herbstwetter genießen darf. Das erschwert die Perspektivübernahme und führt zu Uneinigkeiten. Denn klar, jedes Team sieht die Mission aus seiner Sicht und trifft die Entscheidungen, die zur eigenen Perspektive am besten passen. Wie lange sollten Einsätze im Simulationsanzug dauern? Da sind sich medizinische Teams und die Analog-Astronauten nicht immer einig. Wie viel Arbeitsbelastung ist genau richtig? Auch das variiert pro Person und pro Tag. Konflikte lösen per Chat – Anika fehlt schnell der echte Kontakt zu den anderen Teams: »Eine Videobotschaft ist schon tausendmal besser geeignet, um Emotionen zu transportieren, als nur Textkommunikation.« Die einzige Lösung: Beide Teams schicken sich Mails, um mehr Informationen zu vermitteln, und auch mal einen Videogruß, um die persönliche Beziehung wieder aufzubauen.

Denn Videos ermöglichen eher, dass wir Emotionen von unserem Gegenüber mitbekommen. Wir sehen nonverbale Signale, lesen die Mimik und können uns so besser miteinander verbinden.[16] Die alte Mehrabian-Regel, die schon seit Jahrzehnten in den Standardwerken von Kommunikationspsychologen kursiert, besagt ebenfalls, dass Kommunikation größtenteils nonverbal abläuft.[17, 18] Die Theorie lautet, dass 55 Prozent der Informationen durch die Körpersprache, 38 Prozent durch Tonalität und Stimme und lediglich 7 Prozent durch den Inhalt vermittelt werden. Mittlerweile gibt es einige Ansätze, die diese genaue Berechnung in Frage stellen.[19, 20] Was wir uns dennoch merken können: Gesichtsausdruck, Stimme und unsere Körperhaltung sind wichtige Kommunikationskanäle, die wegfallen, wenn wir nur noch chatten. Neuere Studien zeigen beispielsweise, dass Menschen einen Avatar, der ein Gesicht hat, bevorzugen.[21, 22] Gerade heutzutage sind wir zunehmend auf chatbasierte Begegnungen angewiesen. 2021 arbeiteten knapp ein Viertel der Menschen pandemiebedingt im Homeoffice.[23] Und obwohl wir alle wieder ins Büro dürfen, bleiben viele Menschen lieber in ihren eigenen vier Wänden.

Auch Anika arbeitet in ihrem irdischen Alltag gerne vom heimischen Bürostuhl aus. Kein Smalltalk, in der Pause wirklich abschalten und Arbeitszeiten mit familiären Verpflichtungen koordinieren zu können, beschreiben die Vorteile des Esszimmer-Offices. Aber wie können wir trotzdem gut mit Kollegen in Kontakt bleiben, wenn wir nur über Teams oder Zoom interagieren? Anika findet es wichtig, schon im Vorfeld eine Beziehung aufzubauen. Wer sich gut kennt, kann eher interpretieren, wie eine Chatnachricht gemeint ist, oder traut sich, bei Unklarheiten nachzufragen. Die Kombination aus voneinander abhängig sein und sich nicht kennen ist schwierig. Für zukünftige Marsmissionen sind gemeinsame Trainings im Vorfeld essenziell. Für uns auf der Erde bedeutet das: Wir sollten versuchen, unsere Arbeitskolleginnen auch auf persönlicher Ebene kennenzulernen. Vielleicht also doch mal zum Live-Teamevent trotten und schauen, wer hinter den Bildschirmen steckt? Wenn das nicht geht, dann helfen Anika die kleinen gelben Gesichter aus dem Chatprogramm. Der Affe, der sich die Augen zuhält, oder das Emoji mit Heiligenschein. Wenn wir unsere Gefühle nicht durch unsere Gestik und Mimik transportieren können, dann nutzen wir eben digitale Gesichter. Nicht umsonst sind Emojis ein kommunikativer Siegeszug der Neuzeit. Und es gibt noch einen Trick, um Gefühle zu vermitteln. Ich nutze ihn selbst gerne in Mails: Manchmal schlage ich der Empfängerin vor, mit welcher Stimmung sie den Text lesen soll. Denn es macht einen Unterschied, ob wir eine Mail wütend oder neutral lesen. Also die digitale Schulz-von-Thun-Variante.

Wenn Anika an die Mission zurückdenkt, erinnert sie sich vor allem an lustige Rituale, die die Verbindung zwischen den Teams aufrechterhalten haben. Morgens ertönte in Innsbruck oft der sogenannte *Morning Song*, den das Team im Feld geschickt hatte. Ähnlich wie auf der ISS mit dem abendlichen Protokoll. Empathische und ehrliche Kommunikation mit anderen – das macht eine gelungene Mission aus. Anika denkt gerne an die vielen Gespräche mit ihren Teamkollegen zurück – wenn sie abends zusammensaßen und philosophierten. Es braucht also nicht nur sachliche Informationsvermittlung, sondern vor allem eine persönliche Beziehung, um eine gute Zusammenarbeit und ein gutes Miteinander zu garantieren. Idealerweise in der direkten Begegnung.

Aber was, wenn Menschen sich aufgrund von räumlicher Distanz nicht begegnen können und sich trotzdem nah sein wollen? Willi und Rhea haben genau das ausprobiert. Eine Liebesbeziehung über eine Entfernung von 10 000 Kilometern. Unfreiwillig und gleichzeitig erfolgreich. Ich möchte von ihnen lernen, wie man Intimität über Zeit- und Klimazonen hinweg aufbauen kann. Anruf über Zoom. Willi sitzt gerade in Österreich und genießt genauso wie ich seinen Frühstückskaffee. Rhea dagegen hat ihren Tag schon fast hinter sich gebracht und wartet darauf, dass auf den Philippinen die Sonne untergeht. Seit drei Jahren sind die beiden ein Paar. Wie lebt man eine Paarbeziehung, wenn rund 100 000 Fußballfelder zwischen einem liegen?

Rhea und Willi lernen sich im Sommer 2019 übers Internet kennen. Damit gehören sie zu den rund 24 Prozent der Menschen, die ihren Partner online gefunden haben. Die beiden chatten und werden sich immer sympathischer, es folgen Videocalls und Telefonate. Willi und Rhea sind sich sicher, dass sie sich auch mal in der Realität treffen wollen. Ein halbes Jahr nach dem ersten Chat bucht Willi also einen Flug auf die Philippinen. Im März 2020 packt er Sonnenbrille und Lichtschutzfaktor 50 in seine Tasche, um Rhea für ein paar Wochen zu besuchen. Ihr Ziel ist es herauszufinden, ob sie sich nicht nur hören und sehen, sondern auch riechen können. Doch dann ist erst einmal Isolation statt Zweisamkeit angesagt. Die Coronapandemie schließt alle Fluggates, Lockdown. Die Philippinen haben strenge Regeln. Die kommenden zwei Jahre darf man nicht ins Land einreisen. Rhea und Willi beschließen trotzdem, dass sie ein Liebespaar sind – und zwar ohne sich jemals physisch begegnet zu sein.

Rhea schlägt vor, ihren Beziehungsstatus jeden Monat zu feiern. »Monthsary« nennt sie das und wird jeden Monat von beiden mit liebevollen Ritualen gefüllt. Rhea bekommt morgens einen Blumenstrauß, den Willi bestellt hat. Er backt einen Bananenkuchen, während sie von der anderen Seite der Erde kommentiert, dass es mehr Zucker braucht. Während die Menschen auf der ganzen Welt sich zunehmend voneinander isolieren, wachsen Willi und Rhea immer näher zusammen. Rhea sagt: »Ich hatte das Gefühl, dass die Situation um Corona uns sogar zusammengeschweißt hat. Wir haben viel Zeit miteinander verbracht und uns verbunden gefühlt.« Beide rechnen anfangs damit, dass sie vielleicht drei oder vier Monate warten müssen. Doch irgendwann dämmert es ihnen, dass sich die globale Lage nicht so schnell ändern wird. Wie geht man mit dieser Ungewissheit um? Willi sagt: »Irgendwann haben wir uns darauf eingestellt, dass es passieren wird, wenn es passieren soll.« Willi und Rhea üben sich in Geduld. Mit einer Wartezeit von zwei Jahren rechnen sie jedoch nicht. Wenn Willi darauf zurückblickt, sieht er dennoch einen großen Vorteil: »Sich früher zu treffen, hätte eine ganz andere Qualität gehabt. Als wir uns das erste Mal begegnet sind, kannten wir uns schon so gut.« Denn was Rhea und Willi schaffen, gelingt Paaren, die in derselben Wohnung wohnen, oft nicht. Willi und Rhea bauen einen gemeinsamen Alltag auf. Morgens direkt die erste Nachricht, gemeinsam essen und sogar staubsaugen, während der Videocall läuft. Vor allem aber sprechen sie viel. Miteinander Zeit verbringen und wissen, dass die andere Person da ist, wenn auch nicht am selben Ort. Das ist ihr Geheimrezept. Trotzdem bleibt es aufregend. Denn es ist eine Sache, ob man sich mit jemandem gut versteht, aber eine völlig andere, ob man dieser Person auch körperlich nahe kommen will.

März 2022. Die Welt verabschiedet sich langsam von den Schutzmaßnahmen, und Reisen ist wieder uneingeschränkt möglich. Das Erste, was Willi macht, ist, einen Flug auf die Philippinen zu buchen. Dann ist es so weit. Wie fühlt es sich an, jemandem zu begegnen, den man nur in 2-D kennt? Rhea hat grundsätzlich eine positive Haltung: wird schon gut werden. Willi ist etwas ängstlicher. Auch wenn er sich auf das Treffen freut, hört er immer wieder eine Stimme im

Kopf, die fragt: »Was passiert, wenn es nicht funktioniert?« Dann landet das Flugzeug auf den Philippinen, und die beiden begegnen sich das erste Mal »in echt«. Und sie stellen fest: Es ist gar nicht so viel anders als im Video! Zusammen einschlafen, gemeinsam essen – das sind Rhea und Willi ja schon miteinander gewohnt.

Während ich mit Rhea und Willi spreche, habe ich den Eindruck, dass die beiden einfach liebevoll zueinander sind – so richtig herzlich. Ja, es gibt kulturelle Unterschiede, andere Gewohnheiten, Zeitverschiebung. Aber da ist etwas, was mehr wiegt (keine Sorge, hier wird es nicht kitschig): Respekt und Wertschätzung. Was ist darüber hinaus nötig, um eine Fernbeziehung aufrechtzuerhalten? Die beiden sind sich einig: Vertrauen und eine gute Kommunikation. Rhea hat es geholfen, dass sie Willi nicht nach Updates fragen musste. Er hat sich von selbst gemeldet. Wer Informationen preisgibt, steigert seine Vertrauenswürdigkeit, das sagt auch die Wissenschaft.[24] Dennoch gibt es Aspekte, die die beiden nicht verändern können. Da ist diese Zeitverschiebung von sechs bis sieben Stunden. Wichtige Ereignisse im Leben der anderen Person werden also mitunter einfach verschlafen. Und klar – körperliche Nähe lässt sich nicht ersetzen. Im Laufe der Beziehung zieht deshalb ein großer Teddybär bei Rhea ein. Ein Übergangsobjekt. So nennen Psychologen Gegenstände, die an eine andere Person erinnern können.[25]

Was bedeutet das Wort »Nähe« für zwei Menschen, die quer über den Erdball miteinander das Zusammenleben erprobt haben? Aufwachen und es spüren, wenn die andere Person sich schlecht fühlt, zum Beispiel. Wie kann es uns gelingen, so ein Gefühl zu etablieren? Man muss Zeit miteinander verbringen, sich begegnen und gemeinsame Erlebnisse teilen. Beständigkeit ist entscheidend für gute Kommunikation. Keine drei Minuten Zeit haben, um jemandem zu schreiben? Das kann doch nicht sein, sagt Willi. Und vielleicht erklärt genau diese Einstellung, warum es manchen Menschen sehr wohl gelingen kann, eine Liebesbeziehung auf anderen Kontinenten oder im All zu führen. Was ich von Willi und Rhea lerne: Beziehung braucht den Willen, sich umeinander zu bemühen. Denn was die beiden auszeichnet, sind keine Regalwände voller Kommunikationsratgeber, sondern Zeit und echtes Interesse an der anderen Person.

In Ratgebern zum Thema Kommunikation stehen oft viele Regeln. Die vielleicht wichtigste ist, Mitmenschen authentisch, klar und ehrlich zu begegnen. Manchmal reicht ein Nicken. Ganz oft eine ehrliche Nachfrage. Und im Chat ein Emoji oder ein Link zu einem lustigen Video. Wenn wir es ernst mit unserem Gegenüber meinen, dann kommt das auch auf dem Mars an. Bedingt durch die Globalisierung und Migration – und die Erforschung des Weltalls – werden wir uns zunehmend der Frage stellen müssen, wie wir gute Kommunikation auch über Distanz herstellen können. Und vielleicht braucht es manchmal Distanz, um den Wert von Nähe und Kommunikation wirklich zu begreifen.

Copy that?

08 Kultur

»Traue niemals einem Romulaner,
der Geschenke bringt.«

—

Rezepte für international verträglichen Borschtsch und
Übersetzungshilfen für geographische Grenzen

Israel im Oktober 2021. Es ist windig und heiß. 40 Grad brüten über den wenigen kleinen Büschen, die in der Steinkulisse fast schon deplatziert wirken. Über eine Länge von 40 Kilometern schlängelt sich der Ramon-Krater durch die Steinlandschaft der Wüste Negev. Basalt, Kalk- und Sandstein färben den Boden rostrot. Ablagerungen von Kalkschalen, die von Organismen wie Muscheln und Korallen stammen, erzählen, wie sich schon seit Jahrtausenden Schichten, Dünen und Krater auf diesem Terrain bilden. Hier lässt sich erahnen, wie auf diesem Boden schon Dinosaurier aus dem Zeitalter des Mesozoikums unterwegs waren.

INTERPLANETARER KULTUR-CLASH
IN DER WÜSTE NEGEV

Wer seinen Blick durch die Landschaft schweifen lässt, findet anstelle eines Brachiosaurus ein graues, aufklappbares 52 Quadratmeter großes Wohnhabitat. Ein Crewquartier für sechs Menschen.

Eine Dusche, eine Küche, Schlafcontainer mit Notausgang. Bei genauerem Hinsehen wird deutlich, dass diese Wüstenlandschaft dem Mars verblüffend ähnlich sieht. Inmitten von Steinen und Kratern, die uns an die Vergangenheit erinnern, simulieren wir heutzutage die Zukunft. Ein Aufenthalt auf dem Planeten Mars. Leben in einer lebensfeindlichen Umgebung, die nur aus Steinen, eisigen Temperaturen und einer giftigen Atmosphäre besteht. Das testen wir hier. Sechs Analog-Astronautinnen, die das Habitat nur im Raumanzug verlassen dürfen. Um sie herum arbeitet ein internationales Team, bestehend aus Mitgliedern des Österreichischen Weltraum Forums, aber auch der staatlichen Raumfahrtagentur Israel Space Agency und der Forschungsgruppe D-Mars, die in der Wüste gelegentlich Missionen simulieren. Fun Fact: Der dominante Ramon-Krater ist Namensgeber für die Astronautinnen, die hier als Ramonauten bezeichnet werden. Im Oktober 2021 fahren also Quads und Rover durch die sonst so unbelebte Wüstenregion. Sandstein trifft auf Simulationsanzug. Das ist aber nicht das einzige ungewöhnliche Zusammentreffen, zu dem es hier kommt.

Analog-Missionen sind auch immer kulturübergreifende Begegnungen. Israelische Raumfahrtbegeisterte treffen auf das multinationale Team des ÖWFs. Beide Gruppen müssen über einen Monat lang eng miteinander kooperieren. Auch wenn der anfängliche Enthusiasmus Taktgeber ist und das übergeordnete Interesse an einer gelungenen Mission dominiert, wird eins schnell deutlich: So einfach ist die Zusammenarbeit mit Menschen, die in ihren Worten, aber auch in ihren Gesten eine andere Sprache sprechen, nicht immer. Claudia Kobald, du kennst sie schon, ist damals als Astronautinnen-Support mit im Feld. »Alles im Griff haben«, das ist ihr Job. Sie sorgt für einen reibungslosen Ablauf der Mission, also unter anderem dafür, dass Werkzeuge an der richtigen Stelle sind, Experimente durchgeführt werden können und im Habitat medizinische Versorgung bereitsteht. Wo geklärt werden muss, wer die Overalls für den nächsten Tag wäscht, wer den Essenscontainer vor das Habitat stellt und die Wettervorhersage prüft, erleben die Teams zunehmend ein Aufeinanderprallen der Kulturen. Claudia, die mit allen Beteiligten eng zusammenarbeitet, erlebt hier oft, wie schwierig das sein kann. Sie erinnert sich: »In meinem Team des ÖWFs haben wir eher die Haltung: Wenn wir jemanden sehen, der gerade viel Arbeit hat, dann fragen wir initiativ nach, ob wir helfen können oder die Person Unterstützung braucht.« In Israel lernt Claudia allerdings eine andere Herangehensweise kennen: Wer Hilfe braucht, fragt selbst danach und erhält dann auch die nötige Unterstützung. Zwei Wege, die zum selben Ziel führen. Zu Konflikten kann es dann führen, wenn nicht klar ist, auf welche Weise Menschen aus verschiedenen Kontexten miteinander kommunizieren.

Die ersten Wochen in der Wüste sind für alle Beteiligten daher erst mal anstrengend. Claudia und ihr Team arbeiten rund um die Uhr und fühlen sich zunehmend erschöpft. Das israelische Team setzt andere Prioritäten – und reagiert, wie es scheint, nur auf Aufforderung. Ein Bruch in der Kommunikation. Das israelische Team begreift nicht, was Claudias Gruppe erwartet. Letztere schweigt aus Höflichkeit. Nach ein paar Tagen sitzt Claudia mit einem israelischen Kollegen zusammen im Auto. Zu zweit fahren sie vom Habitat in die nächstgelegene Stadt, als der Kollege das Wort ergreift:

»Du, Claudia, kann ich dich mal was fragen?«

»Klar!«

»Sag mal, warum macht ihr um jede Aufgabe eigentlich immer so einen Eiertanz? Warum sagt ihr uns nicht direkt, was ihr braucht? Dann helfen wir euch doch gerne, aber wir wissen einfach oft nicht, was ihr wollt, und das macht es schwer für uns!«

Claudia beschreibt das als einen der Schlüsselmomente der letzten Analog-Mission. Natürlich. Sie hatte immer wieder die unausgesprochene Erwartungshaltung an das israelische Team, dass sie sich in die andere Gruppe hineinversetzen soll. Quasi Gedankenlesen. Dabei hatte sie nicht beachtet, dass Kommunikation in anderen Kulturen mitunter ganz anders abläuft. Claudia ist ihrem israelischen

Kollegen in diesem Moment unendlich dankbar und berichtet in der nächsten Teamrunde von dem Gespräch.

Lesson learned: Was manchen Menschen zwischen Alpenvorland und Nordseepromenade unhöflich erscheint, funktioniert in der Wüste Negev wunderbar. Kein großes Bitte oder Danke, sondern klare Aussagen. »Wir würden so einen Umgang als Kommandieren erleben, aber dort sprechen die Menschen eben direkter miteinander. Sobald ich das verstanden hatte, war es total easy, mit den anderen zusammenzuarbeiten«, erinnert sich Claudia. Ab diesem Zeitpunkt gibt es klare Wünsche und Aufträge. Wir brauchen jemanden, der die Overalls wäscht. Jemand muss das Auto runterfahren. Jemand muss die Werkzeugkiste holen. Mach du das bitte. Das funktioniert. Claudia hat aus der Erfahrung vor allem mitgenommen, dass es wichtig ist, mit Menschen aus anderen Kulturen zuerst auf der Metaebene klar über die Zusammenarbeit und nötige Gesprächskultur zu kommunizieren. Gemeinsam übersetzen, wie man Wünsche, Bedürfnisse und Erwartungen am besten rüberbringt. Noch lange ist Claudia ihrem israelischen Kollegen für seinen Mut dankbar, die Irritation zwischen den Gruppen anzusprechen. »Wenn er nichts gesagt hätte – ich will nicht wissen, welchen Einfluss das auf die gesamte Mission gehabt hätte. Also klar, vielleicht wäre die Diskussion an anderer Stelle entstanden, aber so konnten wir uns früh damit befassen, wie wir am besten zusammenarbeiten.« Reden hilft immer. Wenn Menschen aus verschiedenen Kulturkreisen aufeinandertreffen, braucht es oft mehr als eine rein sprachliche Übersetzung. Um herauszufinden, wie wir ticken, müssen wir Fragen stellen.

ERKLÄRUNGSMODELLE FÜR GEFÜHLTE GRENZEN

Kultur. Mit diesem Wort verbinden wir intellektuelle Theaterbesuche, Migrationspolitik oder Tanzrituale. Im besten Fall schafft die Auseinandersetzung mit dem Begriff Verbindung, und im schlimmsten Fall führt sie dazu, dass wir unbedacht Grenzen ziehen. Oder wie McCoy aus *Star Trek* es sagt: »Traue niemals einem Romulaner, der Geschenke bringt.« Vorurteile prägen uns an vielen Stellen. Dabei betrifft uns interkulturelles Miteinander regelmäßig im Alltag. Wir haben Nachbarinnen, die aus anderen Gegenden der Erde kommen. Flucht, Migration und Globalisierung begegnen uns im Supermarkt, im Kindergarten und im Shared Office. Die Zusammenkunft von Bräuchen, landesspezifischen Kommunikationsgesten und facettenreichen Essgewohnheiten in der gemeinsamen Mittagspause erfordert, dass wir uns mit der Frage nach Interkulturalität beschäftigen.

Um Ideen zu sammeln, wie wir uns begegnen können, brauchen wir ein detailliertes Verständnis davon, was sich hinter dem Begriff verbirgt. Also schauen wir uns das mal genauer an. Die Kulturpsychologie definiert Kultur als ein Orientierungssystem, das für eine bestimmte Gruppe, Organisation oder Nation typisch ist.[1] Damit können einzelne Länder, aber auch größere geographische Regionen wie beispielsweise der Balkan gemeint sein. Der Kulturbegriff bezieht sich aber nicht nur auf Ländergrenzen. Auch ein Unternehmen kann eine eigene »Kultur« aufweisen und wenn wir uns Berufsgruppen oder Interessenverbände anschauen, treffen wir dort gleichermaßen auf eine eigene Kultur.

Diese Art der Zuordnungen beeinflussen, wie wir denken, bewerten, urteilen und handeln. Wir fühlen uns als Teil einer klar definierten Gruppe mit spezifischen Eigenschaften. Wir teilen gemeinsame Verhaltensweisen, geben uns beispielsweise zur Begrüßung die Hand oder tragen bestimmte Kleidung. Oder wir haben uns darauf geeinigt, Weihnachten zu feiern. Solche Prägungen können Verhaltensweisen beeinflussen oder Glaubenssätze vorformulieren. Wenn wir dann Menschen begegnen, die anders sozialisiert wurden, kann das zu einem spannenden Austausch und einer schönen Lernerfahrung, aber auch zu Konflikten führen. Wir müssen uns also damit auseinandersetzen, wie wir trotz Unterschieden gut miteinander umgehen können. Bleiben wir dazu erst mal auf der Erde – denn internationale Zusammenarbeit quer über den Globus, das erleben wir hier häufig.

DAS INTERNATIONALE OFFICE – WIE ZUSAMMENARBEIT QUER ÜBER DEN GLOBUS GELINGT

Ein Besuch am Rande von Nijmegen. Tessa hat unser Interview zwischen zwei Meetings gepackt. Heute ist ihr Arbeitstag glücklicherweise nicht so stressig. Die Key-Account-Managerin ist ein Profi in internationaler Zusammenarbeit. Sie selbst spricht Niederländisch, Deutsch und Englisch und ist es seit ihrer Kindheit, die sie auf der Grenzlinie zwischen Deutschland und den Niederlanden verbrachte, gewohnt, sich auf verschiedene Denk- und Lebensformen einzulassen. Heute arbeitet sie in einem Unternehmen, das internationale Kunden betreut. 2500 Geschäftspartnerinnen aus über 40 Ländern klopfen an ihre digitale Tür. Aus Indien, Kanada oder Singapur wählen sich Menschen ein, Meetings quer durch alle Zeitzonen. Sprache oder Smalltalk-Themen wechseln? Kein Ding!

Welche Sprache spricht man, wenn so viele Menschen aus verschiedenen Kulturen mit am Tisch sitzen? Tessa überlegt: »Meistens schon Englisch. Es ist wichtig, dass wir eine Sprache finden, die jeder der Beteiligten spricht und versteht. Das hat mit Höflichkeit zu tun. Man möchte schließlich, dass sich die Menschen miteinander verständigen können und niemand ausgeschlossen wird.« Ein großer Teil ihrer Arbeit besteht darin, Geschäftsbeziehungen aufrechtzuerhalten, und im Zuge dessen manchmal auch, Konflikte zu lösen. Wenn zwei Menschen mit unterschiedlichem Temperament aufeinandertreffen, ist Fingerspitzengefühl gefragt. Tessa empfiehlt pragmatisch: erst einmal zusammen Mittagspause in der Kantine machen! »Wenn man sich auch mal privat begegnet und weiß, was die andere Person so umtreibt, fällt es leichter, sich auf sie einzustellen. Und wenn man Menschen über eine längere Zeit erlebt, dann kann man leichter erfassen, wie sie ticken. Dafür braucht es gemeinsame Zeit.« Trotz ihrer Motivation, Menschen aus anderen Kulturen feinfühlig zu begegnen, stolpert sie täglich über kulturelle Gewohnheiten und Eigenheiten. Wo wir uns in Deutschland lange hinter einem höflich-distanzierten Sie verstecken, begrüßt die Chefin in den Niederlanden direkt mit einem Du. Tessa beobachtet, dass auch das die Beziehung zwischen Menschen prägen kann. Wer das Du nicht gewohnt ist, reagiert mit Distanz. Und wer die Sie-Regel nicht kennt, tritt natürlich schneller in ein Fettnäpfchen. Wie kann man das meistern? Tessa empfiehlt, solche Gewohnheiten einfach direkt anzusprechen. Eine zwischenmenschliche Bedienungsanleitung kann da helfen, wo ansonsten Irritationen entstehen. Aus ihrer Erfahrung weiß Tessa, dass es Vorteile mit sich bringt, Vielfalt zu leben. »Wenn wir neue Kunden haben, können wir aus einem Pool von vielen Mitarbeiterinnen die passende Person aussuchen. Gleiche Werte vertragen sich oft gut. Und wir haben hier ja viel Auswahl!« Eine bunte Gruppe kann also viele Vorteile bieten. Vielfalt lädt uns ein, das eigene Abendessen aus einer anderen Perspektive zu betrachten und dabei über den sprichwörtlichen Tellerrand zu schauen.

Wo Tessas Team abends den Laptop ausschalten darf, müssen Astronautinnen im All auch nach Feierabend noch miteinander zurechtkommen. Zusammen essen, Sport machen und im Notfall die Raumstation retten – dafür sollte man sich im Klaren sein, wie man gut miteinander umgeht.

BORSCHTSCH VERSUS BŒUF BOURGUIGNON

Das Thema Kultur spielt im All schon seit Jahrzehnten eine große Rolle. Die Raumfahrt war früher der Spielball der Rivalität zwischen den USA und Russland. Verschiedene Kulturen begegneten sich in der Schwerelosigkeit. Die Antriebskraft, ins All zu reisen, resultierte damals nicht nur aus der Entdeckerfreude der damaligen Astronautinnen, sondern auch aus dem Wettbewerb zwischen Raumfahrtnationen. Wer in ein nationales Shuttle einstieg, erhielt erst einmal eine Art Gaststatus.[2] Im Klartext hieß das, dass man sich als Astronaut in einer Sojus brav benehmen musste und nicht die gleichen Rechte hatte wie russische Kosmonauten. Aus dieser Zeit gibt es einige humoristisch anmutende Anekdoten. Vladimír Remek, ein tschechoslowakischer Kosmonaut, berichtete nach seiner Rückkehr aus dem All von sowjetischen Kollegen, die ihm immer auf die Hand gehauen hatten, wenn er beispielsweise etwas wie einen Controller anfassen wollte.[3] Jean-Loup Chrétien, ein Offizier der französischen Luftwaffe und der erste französische Astronaut, erlebte während seines Crewtrainings mit zwei Kosmonauten Ähnliches. Finger weg hieß es auch für ihn. Er reagierte, indem er kurzerhand ein Kissen zu einer Trainingseinheit mitbrachte und erst mal eine Runde schlief, anstatt zu trainieren. Beim Flug ins All war Chrétien als einziger Franzose bei seinen russischen Kollegen aufgrund seiner Fachkompetenz und seines freundlichen Charakters grundsätzlich beliebt. Aber trotzdem: Kaum war er wieder weg, drückte einer der Kosmonauten prompt seine Erleichterung darüber aus, wieder schwarzes Brot und Borschtsch essen zu können, nachdem zuvor eine Auswahl an konservierten französischen Köstlichkeiten wie Taubenkompott mit Datteln und getrockneten Rosinen, Ente mit Artischocken und Bœuf bourguignon auf dem Abendbrottisch gelandet war.[4, 5] Knäckebrot und Kontrollmonitore als Mittel zum Kulturkampf. Das spiegelt die Realität einiger Raumfahrtmissionen aus dem letzten Jahrhundert wider. Heute ist das anders. Astronautinnen und Kosmonauten versammeln sich am Frühstückstisch. Die ISS startete kurz vor der Jahrtausendwende ins All und wurde weltweit auch als internationales Friedensprojekt wahrgenommen.

Burritos oder Borschtsch – welche Auswirkungen hat das auf die Zusammenarbeit? Das untersuchte man schon Anfang der 2000er

Jahre mit Hilfe von Fragebögen. US-Astronauten und russische Kosmonauten wurden gefragt, wie zufrieden sie mit ihrer zwischenmenschlichen Umgebung, also den anderen Crewmitgliedern, waren. Die Ergebnisse der Fragebögen legten nahe, dass die amerikanische Besatzung deutlich mehr Unzufriedenheit verspürte als die russischen Teammitglieder.[6] Die Amerikaner arbeiteten in einer ausländischen Umgebung, in der die russischen Kollegen die operative Kontrolle hatten. Möglicherweise gab es eine unklare Definition der Arbeitsrollen. Sprachbarrieren und kulturelle Unterschiede führten wohl auch dazu, dass die Amerikaner sich nicht auf Augenhöhe mit der restlichen Crew fühlten. Eine typische Mir-Besatzung bestand damals aus einem amerikanischen Astronauten und zwei russischen Kosmonauten. Der US-Astronaut wurde also zum einzigen Vertreter seiner Kultur an Bord einer Raumstation, die größtenteils von Menschen mit einem anderen kulturellen Hintergrund betrieben wurde. Solche Erfahrungen können dazu führen, dass man sich innerhalb der Gruppe außen vor fühlt und möglicherweise tatsächlich weniger Unterstützung erfährt.[7]

Die Geschichte der astronautischen Raumfahrt zeigt, dass der Faktor Kultur wichtig für den Erfolg einer Mission ist, internationale Zusammenarbeit auf der Erde selbst wie auch außerhalb des Orbits allerdings eine knifflige Angelegenheit darstellt.[8]

Welche konkreten Auswirkungen zeigen sich, wenn Menschen mit verschiedenen kulturellen Hintergründen zusammenarbeiten? Die Erfahrung aus dem Weltall zeigt, dass Menschen, die die Missionssprache nicht so fließend sprechen wie ihre Crewmitglieder, eher Solidarität mit denen zeigen, die aus dem gleichen sprachlichen Hintergrund stammen.[9] Ein anderer, möglicherweise auch kulturell geprägter Unterschied zeigt sich darin, wie wir unsere Gefühle ausdrücken.[10] So zeigt sich Müdigkeit als Reaktion auf zu viel Arbeit eher bei russischen Kosmonauten, wohingegen amerikanische Astronautinnen auf Stress eher mit gedrückter Stimmung oder Ängstlichkeit reagieren.[11]

Leben im All bedeutet auch Zusammenleben auf engstem Raum. Menschen aus verschiedenen Kulturen zeigen unterschiedliche Bedürfnisse hinsichtlich Nähe oder Distanz, was in einem beengten Habitat zu Reibungen führen kann.[12] Mit der fortschreitenden globalen Erweiterung der astronautischen Raumfahrt, beispielsweise um Menschen aus dem asiatischen Raum, müssen weitere Werte und Gewohnheiten mit bedacht werden.[13] Kulturpsychologinnen unterscheiden dabei oft zwischen individualistischen und kollektivistischen Kulturen.[14] Menschen im westeuropäischen Raum ordnet man eher einer individualistischen Kultur zu. Hier spielen Werte wie individuelle Freiheit und Selbstverwirklichung eigener Ziele eine größere Rolle als die Bedürfnisse der sozialen Gruppe. In kollektivistischen Kulturen, zu denen man asiatische, aber auch einige afrikanische oder lateinamerikanische Länder zählt, orientiert man sich eher am Gemeinwohl, der Zusammengehörigkeit und der Harmonie in der Gruppe.[15] Andere Studien untersuchen, wie sich das Gefühlserleben oder die Teamzusammenarbeit in verschiedenen Kulturen voneinander unterscheidet. Eine Studie fand heraus, dass Menschen in kollektivistischen Kulturen, in denen die Gruppe und soziale Verbindungen betont werden, tendenziell stärker von ihrer sozialen Bewertung beeinflusst sind. Das bedeutet, dass sie sich mehr darauf konzentrieren, wie sie in der Gruppe wahrgenommen werden, und dass Veränderungen in dieser sozialen Einschätzung für sie wichtiger sind. Im Gegensatz dazu legen Menschen in individualistischen Kulturen mehr Wert auf persönliche Ziele und unabhängige Erfahrungen, die weniger stark von der Meinung anderer beeinflusst werden. In kollektivistischen Kulturen werden Gefühle außerdem eher als Spiegel der Realität betrachtet, als dass sie rein individuelle Empfindungen widerspiegeln. Zudem sind sie eng mit den Beziehungen in der Gruppe verbunden und nicht ausschließlich auf eine einzelne Person beschränkt.[16] Diese Kategorisierung ist natürlich vereinfachend, und individuelle Unterschiede und Variationen existieren in jeder Kultur. Wir wissen außerdem, dass viele

Kulturen durch Migrationseffekte verändert werden – und sich Werte im Laufe der Zeitgeschichte auch umgestalten. Solche Kategorisierungen basieren auf pauschalisierenden Einteilungen, die zwar ein Indikator für Verhaltensweisen sein können, aber niemals den einzelnen Menschen aus dem Blick verlieren sollten. Selbst die Wissenschaft muss zugeben: Menschen sind zu individuell, um sie in strenge Raster zu packen. Solche Erkenntnisse können jedoch Türöffner sein, um miteinander ins Gespräch zu kommen. Wissenschaft ist zwar wichtig, doch, was wirklich zählt, ist die Praxis.

Was beobachten wir im Hinblick auf interkulturelle Differenzen in unseren Simulationen auf der Erde? In unseren Teams tummeln sich Menschen mit verschiedenen kulturellen Prägungen. Italien, Indien, Österreich oder Chile – das Interesse an der astronautischen Raumfahrt kennt erst mal keine globalen Grenzen. Viele Raumfahrtbegeisterte haben neben ihrer eigenen kulturellen Sozialisation zusätzlich Erfahrungen in anderen Ländern gesammelt. Das verändert. Wer zwar in Portugal geboren wurde, zum Studieren aber drei Jahre in England war, dann vier Jahre in der Türkei gelebt hat und nun aus China anruft, verkörpert zu Recht die Frage: Wie viel Portugal steckt da noch drin? Oft berichten Menschen, dass es ihnen schwerfällt, sich einem bestimmten Kulturkreis zuzuordnen, und sie sich eher als Teil eines größeren Kollektivs erleben. Diese Haltung finde ich wichtig: Sie kann identitätsstiftend sein und ermöglichen, dass wir den Faktor Kultur noch mal überdenken. Migration, Flucht und Globalisierung zeigen uns, dass Menschen sich oft nicht einfach einer einzelnen kulturellen Gruppe zuordnen lassen, sondern gleichzeitig viele kulturelle Prägungen verkörpern können. Dennoch kann es hilfreich sein, sich in einem Team zu fragen, welche Rolle die kulturellen Hintergründe der einzelnen Mitglieder spielen. Eben weil es individuell ist. Und es schadet vielleicht nicht, ein paar Worte in den Sprachen der anderen zu lernen oder im Vorfeld einer Mission die Länder der Mitfliegenden zu bereisen.[17]

Aber was genau ist wirklich wichtig, um mit Menschen aus verschiedenen Kulturen gut auszukommen? Welche Lebenshaltung kann man vielleicht sogar entwickeln? Um das zu erfahren, besuche ich Menschen, die ein Experiment gewagt haben. Spontan und ohne große wissenschaftliche Vorbereitung. Es ist eine Geschichte, die zeigt, dass menschliches Einfühlungsvermögen oft sehr viel hilfreicher ist als unzählige Studien.

WO DIE REALITÄT
JEDE SIMULATIONSSTUDIE ÜBERTRIFFT

Bärbel begrüßt mich mit einem fröhlichen Winken. Karim und Mohammad sind schon da. Karim rührt in einer Kaffeetasse, selbstgemachter Apfelsaft wird quer über den Tisch gereicht. Wenn man die Solingerin Bärbel gemeinsam mit den rund 30 Jahre jüngeren syrischen Männern Karim und Mohammad an diesem Tisch sitzen sieht, erscheint die Kombination auf den ersten Blick ungewöhnlich. Was diese drei Menschen zusammengeführt hat, toppt jedes Simulationsexperiment und hat sie zu wahren Experten für das Zusammenleben verschiedener Kulturen gemacht. Wie das gut gelingen kann, verraten sie mir heute.

Ein Blick zurück in das Jahr 2015. Mohammad ist damals knapp achtzehn Jahre alt, Karim ein Jahr jünger. Sie leben im syrischen Damaskus, als der Krieg beginnt. Junge Männer müssen der Armee beitreten, aber die Eltern von Karim und Mohammad wollen das nicht – sie wünschen sich eine bessere Perspektive für ihre Söhne. Und so verlässt Mohammad gemeinsam mit einem entfernten Cousin und einem noch jüngeren Bruder im Sommer 2015 Damaskus. Mit einem Bus fahren sie in den Libanon, ab da folgt eine beschwerliche Flucht in einem Strom aus unzählbar vielen syrischen Flüchtlingen. In den provisorischen Flüchtlingslagern herrscht eine angespannte Stimmung. Kaum jemand spricht. Zukunftsängste gemischt mit der Sorge um diejenigen, die zu Hause geblieben sind.

Von der Türkei aus wollen sie per Boot nach Griechenland übersetzen. Menschen werden reihenweise in Boote geschleust, schwimmen kann meist kaum jemand. Auch Mohammad und seine Begleiter wagen es, den gefährlichen Weg über das Meer anzutreten. Als das Boot ablegt, stellt jemand fest, dass das kleine Schlauchboot zu schwer beladen ist und wirft kurzerhand Mohammads Koffer ins Meer. Mohammad besitzt nur noch die Kleidung, die er am Körper trägt, und die ist komplett durchnässt. Während es ihm und seiner Gruppe gelingt, nach Griechenland überzusetzen, sehen sie, wie andere Menschen im offenen Meer ertrinken. Das, was ihn noch motiviert, ist die Perspektive auf ein neues, friedlicheres Leben. Sechs Wochen später kommt er in Deutschland an. Massenschlafplatz, aber es gibt Kleidung, Essen und zumindest die Aussicht auf eine Zukunft. Mohammad wird der Stadt Solingen zugeordnet.

Hier wohnt Bärbel seit vielen Jahren in einer kleinen Hofschaft. Als die Flüchtlingskrise auch ihre Stadt erreicht, beschließt sie zu helfen. Über das Pfarrheim eröffnet sie mit Nachbarinnen ein Café für die Geflüchteten. Kaffee, Kuchen und nette Leute sollen den Menschen helfen, sich besser in Deutschland zu integrieren. Als sie eines Tages den Käsekuchen über die Theke schiebt, lernt sie Mohammad kennen und die beiden kommen miteinander ins Gespräch. Und prompt folgt eine erste Einladung zum syrischen Essen. »Da gab es dann solche Innereien vom Huhn – ich musste echt tapfer sein«, erinnert Bärbel sich fröhlich. Ganz langsam, zwischen ungewohnten Kochexperimenten, brüchigen Deutschvokabeln und Integrationsbürokratie entsteht eine Beziehung, die an eine Freundschaft erinnern könnte. Auf diese Weise können kulturelle Begegnungen gestaltet werden – erst mal durch den Magen.

Ein paar Monate später, es ist Winter, macht Karim sich in Syrien auf den Weg nach Deutschland zu seinem Bruder. In Solingen verfolgen Mohammad und Bärbel die Flucht des damals siebzehnjährigen Karim so gut es geht. »Ich kannte ihn ja nicht«, erinnert sich Bärbel. »Aber man fiebert mit, als sei es das eigene Kind.« Gemeinsam rufen sie beim Jugendamt an, denn der junge Syrer ist damals noch minderjährig, und es muss geklärt werden, wo er leben soll. Bärbel fasst kurzerhand einen Entschluss: Karim soll bei ihr wohnen. Als ich sie frage, wie lange sie für die Entscheidung gebraucht hat, zuckt sie kurz mit den Schultern: fünf Minuten. »Ich hatte ja schon drei Töchter, dann kamen eben noch zwei Söhne dazu.« Die erwachsenen Töchter wohnen damals schon lange nicht mehr in dem schönen Fachwerkhaus, es gibt also genug Platz. Kurz vor Weihnachten zieht Karim in das Zimmer im ersten Stock ein und erlebt ein paar Tage später prompt sein erstes Weihnachtsfest mit Vanillekipferln, Geschenken und dem traditionellen Liedersingen unterm Weihnachtsbaum. »Da gingen dann Zettel herum, und alle mussten mitsingen. Ich war völlig überfordert«, erinnert sich Karim. Zu dem Zeitpunkt spricht Mohammad kaum Deutsch und auch kein Englisch. Und Karim? Der hatte sich auf der Flucht einen Zettel geschnappt und alle Wörter aufgeschrieben, die er so hörte. Bärbel erinnert sich: »Er hatte diese Liste mit 743 Begriffen. Ich sollte die dann übersetzen. Mohammad war noch besser, der wollte, dass ich Arabisch lerne. Aber ich bin doch nicht nach Syrien gekommen, sondern du hierher, habe ich zu ihm gesagt.«

Alle lachen. Wenn Bärbel erzählt, klingt es tatsächlich so, als würde sie über engste Familienmitglieder sprechen. Und gleichzeitig über gute Freunde. Es ist kein aufgesetztes Hilfsverhalten, sondern authentisches, bodenständiges Mitgefühl. Nicht reden, sondern machen. Eine WG, die zufällig entstanden ist. Keine monatelange Vorbereitung, kein sanftes Kennenlernen, sondern Kulturfusion im Fachwerkhaus.

Karim lernt schnell Deutsch und auch Mohammad absolviert im Integrationskurs ein Level nach dem anderen. Bärbel übersetzt, wo sie kann. Ansonsten versuchen sie, einen gemeinsamen Alltag aufzubauen. Gar nicht so leicht, denn zwischen Behördengängen und Deutschvokabeln lauern Langeweile und Ungewissheit. Und natürlich die Schwierigkeit, sich in einer völlig neuen Kultur zurechtzufinden. »Ich war gerade mal einen Tag da, und wir sind direkt in die Kirche gegangen. Das war ein Schock, ich dachte, ich verliere meine Religion«, erzählt Karim. »Wir waren im Pfarrheim«, korrigiert Bärbel lachend. »Und wir haben euch nicht missioniert, sondern die Anmeldeformulare mit euch ausgefüllt. Also kein Drama, ja!« Integration, das lerne ich heute hier, hat viel damit zu tun, einfach mitzumachen. Auszuprobieren, auch mal etwas über sich ergehen zu lassen, das Positive in der anderen Kultur zu entdecken. Karim fällt es dennoch schwer, sich einzuleben. Er fühlt sich schuldig, keinen Beitrag zur gemeinsamen Wohnsituation leisten zu können und auf Bärbels Kosten zu leben. Also isst er weniger, als er eigentlich möchte, und versucht, sich vorsichtig anzupassen. Bärbels entspannte Haltung macht das einfacher: »Ich habe so ein Grundvertrauen in Menschen. So bin ich aufgewachsen. Bei uns war immer jeder Mensch willkommen. Das habe ich mitgenommen.« Sie drückt Karim ihren Haustürschlüssel in die Hand und geht zur Arbeit.

Während Bärbel den Alltag voller Pflichten und Integration bewältigt, begegnen die Jungs zu Beginn vor allem der Langeweile. Karim und Mohammad dürfen nicht arbeiten, verbringen ihre Tage zwischen Bärbels Haus und dem Hotel, in dem Mohammad untergebracht ist. Dann erfolgt die Zulassung für den offiziellen Deutschkurs. Beide sind fleißig, wollen sich so schnell wie möglich integrieren und selbständig werden. Zusätzlich hilft der Unterricht, den Tag nicht planlos zu verbringen, sondern die eigene Zeit mit einer Aufgabe zu füllen. Dazu kommt, dass die beiden das Alleinsein nicht gewohnt sind. In Syrien sind sie mit sechs weiteren Geschwistern auf engstem Raum aufgewachsen. Ich möchte wissen: Welche Herausforderungen gab es noch? Karim denkt nach. Pünktlichkeit. Das war auch so ein Ding. In Deutschland eine wichtige Tugend, in Syrien regelt man das meistens kreativer. Doch beide geben sich Mühe, sich in der ihrer neuen Umgebung gut einzugliedern. So beginnt Karim, Bärbel am Wochenende mit syrischem Frühstück zu wecken. »Nur wenn du gekocht hast, das war teilweise doch etwas grenzwertig«, erinnert sie sich und erzählt grinsend, dass sie zwischenzeitlich schon um den Zustand ihrer Küche fürchtete. Die drei machen gemeinsame Ausflüge. Fahrrad fahren – Neuland für die syrischen Männer. Sie mieten mit Bärbels Kindern ein Ferienhaus in Holland und verbringen die Abende mit Gesellschaftsspielen. Mit der Zeit öffnen sich die Türen in Deutschland, und beide bekommen die Chance, sich auch beruflich zu integrieren. Mohammad beginnt eine Ausbildung zum Elektriker, Karim bewirbt sich für ein duales Informatikstudium, packt seine Sachen und zieht aus dem Fachwerkhaus in eine kleine Wohnung nahe seiner Studienstadt Bottrop. Auch wenn sie nicht mehr zusammenwohnen, treffen sich Bärbel, Karim und Mohammad regelmäßig. Wie heute zum Beispiel – zum Grillen.

Alle sind motiviert, zu einem guten Miteinander beizutragen. Mir scheint es, dass jeder versucht, seinen Beitrag dazu zu leisten. Wie kann interkulturelles Zusammenleben also gelingen? Es braucht die Bereitschaft, anderen zu helfen. Mitgefühl und Verständnis. Außerdem Humor an den richtigen Stellen. Und es braucht wahrscheinlich Menschen wie Bärbel, die von Natur aus vorurteilsfrei und pragmatisch Pläne umsetzen. Anderthalb Jahre haben Bärbel und Karim zusammengelebt. Streit gab es nie. Es macht Spaß, mit den dreien am Tisch zu sitzen, es wird viel gelacht, man nimmt sich nicht zu ernst, drückt sich auch mal einen Spruch und respektiert sich dennoch. Es ist eine schöne Geschichte, die ich heute hier erleben darf. Trotzdem hat sie einen bitteren Beigeschmack. Dass die drei hier zusammensitzen, ist das Ergebnis von Flucht und Krieg. Wenn Mohammad darüber spricht, dann benennt er auch das Schuldgefühl, dass ihn manchmal einholt. Ihm geht es heute gut. Ist das gerecht denjenigen gegenüber, die vor ihm im Wasser ertrunken sind? Er wird still, wenn er sich daran erinnert. Doch das Leben geht weiter. Karim hat geheiratet und beendet gerade seinen Master. Bald wird er Vater. Und Mohammad? Der arbeitet in Solingen bei der Stadt und lebt mittlerweile in einer eigenen Wohnung.

Integration und interkulturelles Zusammenleben bedeuten zwei gesellschaftliche Aufgaben, die niemals abgeschlossen sein werden. Oft gibt es Momente, die irritieren. Wie findet man zum Beispiel Freunde in einer Kultur, in der die Menschen verschlossener sind? Wie geht man mit Heimweh um? Und welche Geschichte erzählt man später den eigenen Kindern? Wohin mit den Bildern und Gefühlen, die einen nachts herausfordern können? Karim und Mohammad sind Beispiele für Menschen, die extreme Erfahrungen gemacht haben. Was sie von Astronautinnen unterscheidet, ist, dass ihre Erlebnisse nicht freiwillig waren. Astronautinnen melden sich aus freien Stücken für ihre Missionen. Wem es zu bunt wird, der kann das Training abbrechen. Aber eine Flucht? Krieg? Da kann man nicht mal eben die Stopptaste drücken. Manchmal wünsche ich den Astronauten im All ein gutes Gespräch mit Menschen, die ähnliche Erfahrungen wie Karim und Mohammad gemacht haben. Etliche Themen, die uns im All in kondensierter Form begegnen, finden wir auch auf der Erde wieder. Und wo ESA, NASA und private Raumfahrtagenturen oftmals noch über Lösungswege grübeln, haben Menschen wie Bärbel, Karim und Mohammad sie schon längst gefunden.

Auch wenn wir oft in der Ferne nach Menschen suchen, die uns von Abenteuern und Herausforderungen berichten: Viele Geschichten und Erfahrungen sind uns oft näher, als wir glauben.

09 Macht und Führung

»Möge die Macht mit dir sein!«

—

Gute Führung zwischen Fehlerfreudigkeit
und Followership

Andrews Air Force Base. Der Militärflugplatz befindet sich etwa
15 Kilometer südöstlich von Washington, D. C., in der Nähe von
Camp Springs, Maryland, und bietet strategische Standortvorteile
für hochkarätige Weltenbummlerinnen. Sieben Minuten dauert der
Helikopterflug vom Weißen Haus bis zur Base. Der Stützpunkt ist
die persönliche Start- und Landebahn für die wichtigsten Mitglieder der US-Regierung. Der Präsident, der Vizepräsident und andere
hochrangige Regierungsbeamte starten von hier aus zu Ausflügen in
die gesamte Welt. Sobald sich der Präsident anmeldet, sind strikte
Protokolle und Sicherheitsmaßnahmen unerlässlich, um einen ri-
sikofreien Transport zu gewährleisten. Strenge Zugangskontrollen
und die Überprüfung jeder Bewegung innerhalb der Base gehören
deshalb zum Standard. Jegliche spontane Aktivität auf der Base,
während des Aufenthalts des Präsidenten, wird möglichst kontrolliert oder sogar vermieden. Das ist gar nicht so einfach. Denn wenn
viele Menschen auf der Base in Bewegung sind, kann es schwieriger
sein einzuschätzen, wer gewissenhaft seiner Arbeit nachgeht oder
wer möglicherweise verdächtige Absichten hegt. Keine Aufgabe für
schwache Nerven! Doch wer ist der Mensch, der den Überblick be-

hält und eingreift, sobald eine Abweichung vom Protokoll ersichtlich ist? Wenn jemand beispielsweise plötzlich mit einem Lieferwagen über das Rollfeld fährt. Oder die Brötchentüte des Präsidenten leicht geöffnet an Bord abgegeben wird. Einmal aus dem Fenster gestarrt oder einem Tagtraum nachgehangen: Eine solche Unaufmerksamkeit könnte zu schwerwiegenden Konsequenzen führen. Menschen, die an diesen Prozessen beteiligt sind, müssen deshalb in der Lage sein, akkurat zu beobachten, schnell zu reagieren, und dürfen sich dabei keine Fehler erlauben. Jenni Hesterman ist eine von ihnen. Intuitiv und schnell die richtige Entscheidung treffen und die Führung übernehmen – das war Jennis Aufgabe. Heute ist sie im Ruhestand ihrer militärischen Karriere und kann auf jahrelange Expertise als Führungskraft mit sehr hoher Verantwortung zurückblicken. Sie war diejenige, die Hunderte Sicherheitsleute so anleitete, dass der Präsident der USA sicher in die Welt hinausfliegen konnte. Fehler konnte sie sich nicht erlauben. No pressure! Trotzdem brauchte ihre Führungskompetenz auch Offenheit und nicht nur Entscheidungsstärke. May the force be with you, Jenni! Aber dazu später mehr.

MACHT? EIN BEGRIFF, DER AMBIVALENZEN AUSLÖST

Macht. Dieses Wort provoziert bei vielen Menschen zunächst Ablehnung. Wir assoziieren es mit verrückt gewordenen Diktatoren, Korruption, ruhmsüchtigen Monarchinnen, dem blonden Jungen aus der 5b, der damals den Schulhof unter Kontrolle hatte, und manipulativen Werbealgorithmen auf Instagram.

Macht, darüber sind wir uns einig, wird oft mit negativen Aspekten in Verbindung gebracht. Die amerikanische Soziologin Rosabeth Moss Kanter schrieb dazu: »Es fällt nicht so schwer, über Geld zu sprechen – und noch viel weniger über Sex, aber umso mehr, sich über Macht auszutauschen.«[1]

Medienberichte unterstreichen dieses Paradigma und schüren Ängste vor der sogenannten »Dunklen Triade«. Sie beschreibt Menschen, die einen fiesen Mix aus den Persönlichkeitsmerkmalen Narzissmus, Machiavellismus und Psychopathie aufweisen.[2, 3] So ist es nicht überraschend, dass viele Menschen diese dunklen Persönlichkeiten in den Chefetagen und an den Spitzen der Konzerne vermuten, wo sie düster dominieren.

Eine gängige Machtdefinition unterstreicht diese negative Haltung. Laut Max Weber beschreibt Macht die »Chance, innerhalb einer sozialen Beziehung den eigenen Willen auch gegen Widerstreben durchzusetzen, gleichviel worauf diese Chance beruht«.[4, 5] Wer Macht hat, trifft laut Weber die Entscheidung – auch wenn es dem Willen anderer Menschen widerspricht. Wie unsympathisch! Kaum jemand möchte zu denjenigen gehören, über die Macht ausgeübt wird. Zu den Mächtigen wollen viele von uns aber ebenso wenig zählen.

Das hat Nachteile. Wenn wir Macht komplett ablehnen, drücken wir uns womöglich vor Verantwortung und wichtigen Entscheidungen, die für andere Menschen wichtig sein könnten. Denn wir tragen Verantwortung! Als Eltern, in unseren Berufen, als Mitglieder dieser Gesellschaft, als Teil der Umgebung, in der wir leben. Macht einfach zu verneinen, löst nicht das eigentliche Problem im Umgang damit. Erinnern wir uns an Filmhelden, die positive Macht verkörpern. Gandalf oder Minerva McGonagall – solche Figuren strahlen oft Stärke und Vertrauen aus. Sinnvolle Führungsqualitäten sind wichtig! Im Alltag gibt es viele Bereiche, wo wir verantwortungsbewusst mit Macht umgehen müssen, sei es bei der Arbeit oder bei der Kindererziehung.

Stellen wir uns die Frage mal anders: Ist Macht tatsächlich nur negativ oder kann sie auch positiv besetzt sein? Dafür hilft es zu verstehen, was Macht genau bedeutet. Schauen wir uns das mal genauer an!

John French und Bertram Raven entwickelten in den späten

1950er Jahren ein Modell, um verschiedene Formen von Macht in sozialen Situationen zu beschreiben.[6] Demnach verfügt eine Vorgesetzte aufgrund ihrer Funktion über legitime Macht. Der Kollege, der die Kontrolle über die Kaffeemaschine hat, besitzt sogenannte Belohnungsmacht. Ein Cappuccino könnte als Anreiz dienen und die Bereitschaft zur Zusammenarbeit steigern. Zwangsmächte regieren mittels Strafen, ein Influencer dagegen verfügt über Referenzmacht. Sein Name führt dazu, dass andere ihn achten. Und zuletzt ist auch Wissen eine Form von Macht. Wer schlauer ist oder die Lösung kennt, kann andere Menschen von sich abhängig machen. Im Laufe der Jahrzehnte wurde das Modell verfeinert. Neue Machtschubladen kamen hinzu, zum Beispiel informelle Macht.[7] Die hat derjenige, der im Büro den neuesten Flurfunk kennt oder entscheidet, wohin der nächste Betriebsausflug geht. Diese sozialen Führerinnen nutzen ihr Charisma, um Entscheidungen zu treffen. Diese Form von Macht ist oft subtiler und schwerer zu erkennen als eine klar zugewiesene Führungsposition.

Auch im All spielt informelle Macht eine wichtige Rolle. Insbesondere bei Langzeitmissionen, die lange andauern und nur Kontakt zu wenigen Menschen ermöglichen, können soziale Faktoren wie Sexualität zu einem Instrument werden, das Macht verleiht. Wer flirtfreudig durchs All schwebt, könnte demnach die soziale Führung übernehmen. Sexualität und Macht sind auch auf der Erde oft eng miteinander verbunden. Wer sich seine Sexualpartner frei auswählen kann oder übergriffiges Verhalten zeigt, um andere zu unterdrücken, demonstriert Macht. Die Kehrseite von Sexualität zur Herstellung von Dominanz wird heute oft deutlich. Die noch junge #MeToo-Bewegung hat in der Auseinandersetzung damit eine große Rolle gespielt.

Berichte aus Missionssimulationen sprechen immer wieder von übergriffigen Verhaltensweisen oder sexuellen Anbahnungen in Teams[8], wie es auch der Fall von Liz Monahon aus dem Kapitel zu »Gruppen« verdeutlicht[9].

Wir lernen: Macht begegnet uns in vielen Situationen und verschiedenen Facetten. Gängige Machtdefinitionen beschreiben vor allem, wie Menschen Beziehungen miteinander führen und wer dabei die Entscheidungen trifft. Wir kennen das aus unserem Alltag. Hier begegnen uns kleine Machtdemonstrationen an vielen Stellen: Das Ordnungsamt verteilt Strafzettel, die Chefin streicht den Urlaub. Macht hat nach diesen üblichen Vorstellungen immer etwas mit Bestimmen und Kontrolle zu tun – und mit Führung.

GUTE FÜHRUNG?
EINE LEBENSLANGE LERNAUFGABE

Wie kann gute Führung heutzutage aussehen, ohne dass es dafür den Einsatz von Dominanz und Kontrolle braucht? Dafür schauen wir noch mal zum Rollfeld der Andrews Air Force Base zu Jenni Hesterman. Ihre Biographie zeigt, wie sich Menschen zu guten Führungspersönlichkeiten entwickeln können und welche Eigenschaften es dafür braucht. Spoiler: sich gewaltvoll durchzusetzen, gehört eher nicht dazu!

Aber von vorne: Jenni beginnt 1986 ihr Studium und startet dann ihre Karriere beim Militär. Wer hier aufsteigen will, muss verschiedene Dienstränge durchlaufen, bis die Person Oberst wird. Um diesen Rang zu erreichen, muss sie Führungskompetenzen beweisen. Es reicht nicht, drei bis vier Menschen Arbeitsaufträge zu erteilen – sie muss einen ganzen Stützpunkt leiten können. In Jennis Militäreinheit gibt es Leadership-Programme, in denen überprüft wird, ob jemand einer Führungsrolle gewachsen ist. Jenni glaubt, dass man nicht als Führungsexpertin geboren wird, sondern diese Rolle über lange Zeit erlernen muss: »Zu dem Zeitpunkt, als ich in der Andrews Air Force Base stationiert wurde, hatte ich schon tausend Entscheidungsprozesse hinter mich gebracht.« Jenni lernt viel darüber, wie andere ihr folgen können und wie sie ihre Kompetenzen sinnvoll einsetzen kann. 2004 erhält Jenni den Dienstgrad des Obersts. Zwei Jahre später wird sie stellvertretende Kommandantin des 316. Flügels. Wenn der Präsident nach seinem ersten Kaffee über die Landebahn schlurfte, war sie schon lange wach. Dann begleitete sie ihn zur Air Force One. Wenn er abends zurückkam, brachte sie ihn wieder zum Hubschrauber: »Es war immer so. Wenn der Präsident fliegen wollte, dann wurde ich angerufen und gefragt, ob die Base sicher ist. Um ehrlich zu sein – ich konnte mir immer Gründe vorstellen, warum das gerade nicht der Fall sein könnte.« Jennis mieses Bauchgefühl war oft nicht unbegründet. Die Base ist umgeben von Wäldern, die Gefahr beherbergen könnten.

Die Base selbst durchqueren tagtäglich rund 10 000 Menschen. Wer kann schon garantieren, dass dort niemand seine persönliche Wut in Taten umwandeln möchte? Jennis Alltag besteht deshalb darin, viele Protokolle durchzugehen. »Auch im Flugzeug wird alles getestet – das Wasser, die Zahnpasta an Bord oder ob etwas im Brötchen versteckt wurde«, erzählt Jenni. Wenn sie sich sicher war, dann gab sie dem Weißen Haus das Go: Der Präsident kann kommen. Trotzdem fragte sich Jenni immer bis zum letzten Augenblick, ob wirklich alles gut gesichert war.[10] Erst wenn der Präsident in seinem Flugzeug saß und sie es nicht mehr am Horizont erkennen konnte, atmete sie beruhigt auf. Wieder einen Morgen ohne Zwischenfälle geschafft. Für Jenni sind Menschen der kritischste Faktor im gesamten Ablauf auf der Base. Oft lag sie nachts im Bett und malte sich neue mögliche Katastrophen aus. Sie selbst bezeichnet sich als Mensch, der lieber im Vorfeld alles genau plant. »In den eineinhalb Jahren, in denen ich diesen Job gemacht habe, bin ich sicher um 20 Jahre gealtert«, erzählt sie mir lachend. Jenni hat einen guten Führungsstil entwickelt. Doch was genau heißt das?

FÜHRUNGSSTILE: BESTIMMEN, BELOHNEN ODER DOCH LIEBER FOLGEN?

Es gibt zahlreiche Arten, wie Menschen führen. Der Psychologe Daniel Goleman definierte sechs Führungsstile.[11] Ihm zufolge gibt es autoritäre Führungspersönlichkeiten, die ihren Teammitgliedern klare Anweisungen geben. Das ermöglicht zwar in Notfällen schnelle Entscheidungen, schüchtert Mitarbeiterinnen aber eher ein und bremst die Kreativität. Autoritative Personen geben ein Ziel vor, lassen jedoch Freiraum für Ideen. Affiliativen Chefinnen geht es vor allem um die Harmonie im Team. In solchen demokratischen Führungsetagen dürfen alle mit abstimmen. Sogenannte Pacesetters geben ein hohes Leistungsmaß vor – das kann manche inspirieren, ihnen nachzueifern, andere entmutigt das eher. Zuletzt spricht Goleman von den »Coaches«: Ihnen ist wichtig, dass Mitarbeiter sich selbst entwickeln – erst danach geht es um das Ergebnis der Arbeit. Goleman vertritt die Ansicht, dass es am besten ist, wenn man von allem ein bisschen hat. Wenn man also eine Ansage machen kann, aber auch darauf achtet, dass die Mitarbeiter sich entwickeln oder Gestaltungsspielraum haben. Heutzutage spricht man hier von transaktionaler und transformationaler Führung.[12] Der Unterschied zwischen beiden Begriffen ist schnell erklärt. Der transaktionale Führungsstil motiviert Menschen in der Folgerolle durch Belohnung oder Strafe dazu, ihre Leistungen zu erbringen. Mit der Zeit wurde jedoch klar, dass Führungspersönlichkeiten, die wirklich erfolgreich sind, anders handeln – nämlich transformational. Sie spornen ihre Mitarbeiter an, indem sie selbst Vorbilder sind, Sinn in der Arbeit schaffen und das individuelle Wachstum fördern. Die Ziele des Unternehmens werden so zu den eigenen.[13] Dass Freude an der Arbeit Menschen dazu bringt, sich eher anzustrengen, ist nicht neu. Schon vor rund hundert Jahren untersuchten Forscher wie Kurt Lewin verschiedene Führungsstile und wie diese auf Menschen wirken.[14, 15] Das Ergebnis war deutlich: Menschen bevorzugen es, mitzureden und ihre individuellen Ziele im Rahmen ihrer Arbeit verfolgen zu dürfen.

Die Atmosphäre ist für Mitarbeiterinnen entscheidend und beeinflusst, wie offen sie mit ihren Vorgesetzten kommunizieren und welche Informationen sie teilen. Das ist wichtig zu wissen! Denn um gut führen zu können, brauchen Chefinnen nicht nur persönliche gute Eigenschaften, sondern auch den Überblick und alle Informationen, die mit einer Aufgabe verknüpft sind. Oft sind es andere Menschen – wie Mitarbeiterinnen, Copiloten oder Astronautinnen, die über dieses Wissen verfügen. Wichtig ist, dass sie sich trauen, Auskunft zu geben – auch wenn das bedeutet, sich eigenen Fehlern zu stellen. Eine gute Führungspersönlichkeit sollte genau das vermitteln. »Es ist wichtig, dass alle, die mit mir zusammenarbeiten, den Mut haben, mir Rückmeldungen und Informationen weiterzugeben, auch die schlechten Nachrichten. Das Schlimmste, was mir passieren kann, ist, dass ich aufgrund von Informationsmangel keine guten Entscheidungen treffen kann. Mir war es immer wichtig, eine offene und vertrauensvolle Arbeitskultur zu etablieren«, sagt Jenni. Gute Führung braucht also Entscheidungsmut, aber auch die Offenheit, unabhängig von Machtstrukturen vertrauensvoll und ehrlich miteinander kommunizieren zu können. Jenni wünscht sich, dass Mitarbeiterinnen mit ihr sprechen, wenn sie eine schlechte Entscheidung trifft. Denn gerade in den oberen Führungsetagen erhalten Menschen tendenziell weniger Feedback, obwohl sie gerade dort davon profitieren würden.[16] Das Stichwort, das hier greift, ist »psychologische Sicherheit«: Es besagt, dass Menschen innerhalb ihrer Teams ein Risiko eingehen oder auch mal kritische Rückmeldungen geben können, ohne negative Konsequenzen befürchten zu müssen.[17] Wir kennen das alle aus unserem Arbeitsalltag. Oft würde man Fehler aus Scham lieber verschweigen, anstatt sie offen zu benennen und damit die Situation zu verbessern. Wir befürchten, von unserer Chefin abgelehnt oder sogar bestraft zu werden, wenn wir sagen, dass ein Projekt gescheitert ist.

Ein weiterer Grund, warum wir mögliche Fehler nicht ansprechen, ist, dass wir Führungspersonen oft automatisch bestimmte Fähigkeiten oder Kompetenzen zusprechen. Das führt dazu, dass wir ein möglicherweise falsches Handeln gar nicht erst in Frage stellen. In der Forschung spricht man hier von den sogenannten Autoritätsgradienten.[18, 19] Der Begriff besagt, dass Chefinnen aufgrund ihrer Position mehr Respekt, Aufmerksamkeit oder Einfluss erhalten, während Menschen in unteren Positionen dazu neigen, sich zurückhaltender zu äußern oder Konflikte zu meiden. Mitarbeiter haben dann nicht den Mut, dem Piloten, der Kommandantin oder der Oberärztin zu sagen, dass doch etwas schiefläuft und die Chefin möglicherweise sogar den Fehler verursacht haben könnte.[20] In der Luftfahrt oder im OP-Saal kann das dazu führen, dass die eigene Sicherheit oder die der anderen Menschen gefährdet wird.[21] Für eine gute Teamzusammenarbeit ist es entscheidend, Fehler offen anzusprechen, um gemeinsam das Endergebnis zu verbessern.

Was ist nötig, um eine vertrauensvolle Atmosphäre zu etablieren? Jenni zufolge sollte es offene Gesprächsrunden geben, in denen Mitarbeiterinnen aktiv nach ihrer Einschätzung gefragt werden. Gerade in extremen Situationen ist uneingeschränktes Vertrauen essenziell. Soldatinnen beispielsweise evaluieren vor einem Einsatz ihr Vertrauen in ihre Leitung.[22] Wenn Soldatinnen das Gefühl haben, dass ihre Führungskraft kompetent ist, gehen sie eher Risiken ein und sind im Schnitt leistungsfähiger. Wenn die Führungskraft aber falsche oder ungenügende Informationen gibt, nimmt die Leistungsfähigkeit der Gruppe ab.

FÜHRUNG IN EXTREMEN UMGEBUNGEN –
ZWISCHEN SCHNELLEN ENTSCHEIDUNGEN
UND AUTONOMIE

Gerade in extremen Umgebungen kann das gefährlich werden. Deshalb spielt auch im All Führung und der Umgang mit Macht im Team eine wichtige Rolle.

Welchen Führungsstil finden wir bei Individuen, die gemeinsam in einem Team in einer extremen Umgebung arbeiten? Wissenschaftler untersuchten die Zusammenarbeit von Teams aus der Luftfahrt, U-Boot-Crews und Gruppen in Polarstationen. Sie wollten aus den Berichten und Fragebögen den Idealtypus einer Führungspersönlichkeit entwerfen, die auch in einer extremen Umgebung handlungsfähig bleibt.[23] Im All ist eine klare Führungslinie wichtig. Eine Kommandantin hat zwar die Autorität inne – aber verfügt sie auch über genügend Einfluss auf ihr Team? Die perfekte Astronautin, die auf einer Marsmission die Führung übernimmt, arbeitet der Studie zufolge hart, um Missionsziele zu erreichen. Sie ist optimistisch und genießt den Respekt der Crew. Normalerweise erlaubt sie, dass im Raumschiff Demokratie herrscht, aber in kritischen Situationen übernimmt sie die Führung. Sie ist sensibel und schätzt ihre Crewmitglieder für ihre Expertise und persönlichen Qualitäten. Zuletzt sorgt sie für Harmonie im Habitat. Klar ist: keine Mission ohne gute Führung. Im Orbit ist man sich der Vorteile direktiver Führungsrollen bewusst. Im Notfall braucht es klare Vorgaben, wer wann das Kommando übernimmt. In einer Welt, in der alle versuchen, möglichst demokratisch und offen zu sein, stellt das fast schon einen Affront dar.

Macht ist oft eine Gratwanderung zwischen guter Führung und Kontrolle. Wir wünschen uns manchmal, an die Hand genommen und begleitet zu werden, aber gleichzeitig fühlen wir uns schnell kontrolliert, beobachtet und übergangen – oder lernen gar nicht mehr, selbst die Verantwortung zu tragen. Denn auch das erleben

Chefinnen: Mitarbeiter, die Verantwortung scheuen und am Ende mit dem Finger auf die Führungsriege zeigen. Die Balance zwischen Führung, Verantwortung und Verantwortungsabgabe zu finden, ist äußerst schwierig. Manchmal braucht es eine schnelle Entscheidung – was durchaus dazu führen kann, dass ein warmherziges Miteinander für einen kurzen Augenblick in den Hintergrund rückt. Auch das muss gute Führung leisten können.

Was das bedeutet, erfuhr Jenni am 11. September 2001. Auch wenn sie noch nicht an der Spitze der Verantwortungsliga stand, musste sie schon viele Entscheidungen auf der Seymour Johnson Air Force Base in North Carolina treffen: »Ich musste binnen Minuten entscheiden, wie wir vorgehen würden. Ob wir die Base abriegeln oder nicht. Ich habe mich dann dazu entschlossen, die Tore dicht zu machen, auch wenn es persönlich eine schwierige Entscheidung war. Denn unsere Tochter war zu dem Zeitpunkt drei Jahre alt und im Kindergarten. Das bedeutete auch, dass ich nicht zu ihr konnte und anderen Menschen ihre Sicherheit anvertrauen musste.« Jede Entscheidung, die Jenni damals traf, hatte eine große Auswirkung. Die Telefonleitungen brachen zusammen, Kommunikationskanäle waren blockiert. Alle wussten, dass die Geschehnisse des Tages möglicherweise einen Krieg auslösen würden. Klar ist: Jede Entscheidung birgt ein Risiko, und jedes Risiko bedarf einer Entscheidung.[24]

Eine Führungskraft muss also ziemlich viel Mut mitbringen. Wie lernt man das? Wenn man Jenni fragt – durch viel Erfahrung: »Ich glaube, es ist wichtig, bereit dafür zu sein, diese Verantwortung zu tragen. Wenn ich eine Führungsrolle übernehme, weiß ich, dass ich startklar bin.« Führung braucht gelebte Expertise. Es gibt Ärztinnen, die aus dem Bauch heraus entscheiden, doch noch mal diesen einen bestimmten Blutwert zu untersuchen, oder Lehrer, die spüren, dass ein Schulkind ein Problem hat. Menschen wie Jenni entwickeln im Laufe ihrer jahrelangen Tätigkeit eine gute Intuition. Aber wie? Jenni glaubt, dass wir das nicht aus Büchern oder YouTube-Videos lernen, sondern aus der Begegnung mit Menschen. Auch der eigene Alltag kann helfen: »Meine Tochter ist jetzt Mitte zwanzig. Ich habe durch meine Rolle als Mutter so viel über Führung gelernt. Wir bestehen aus unseren Erfahrungen. Ideen, Lebenslektionen, Krisen, die man durchlebt hat, und Misserfolgen«, erzählt Jenni. Das Militär bereitet Menschen, die in Führungspositionen arbeiten sollen, dahingehend vor: »Unser Training war so ausgestaltet, dass wir bei manchen Aufgaben scheitern mussten. Es gab Tests, die niemand bestehen konnte. Wir sollten lernen, was wir unternehmen, wenn unsere Standardstrategien und Pläne mal nicht funktionieren«, erinnert sich Jenni. Aus Krisen lernen wir mehr, als wenn uns von vornherein alles gelingt. Für diejenigen, die auf dem Chefinnensessel Platz nehmen wollen, lohnt sich also der Blick auf die Bereiche, in denen es schwierig werden könnte. Gute Chefs haben die Erfahrung des Folgens selbst schon mal gemacht und selbst am Fließband geschwitzt und das Klo geputzt oder sind vor einer langweiligen Excel-Tabelle eingeschlafen. Wer solche Hürden meistert, lernt gute Selbstführung.[25] Das bedeutet konkret: Gute Führungspersönlichkeiten können sich vor allem erst mal selbst in ihrem Fühlen, Handeln und Denken steuern.

FÜHRUNG HEISST FOLGEN – UND BRAUCHT GUTE VORBILDER

Führung braucht Übung – am besten in verschiedenen Umgebungen. Auch Jenni hat nicht nur auf der Andrews Air Force Base, sondern auch in mehreren Analog-Missionen die Rolle der Kommandantin übernommen. Die Mars Desert Research Station in Utah. Dort verbrachte sie mit einer kleinen Crew mehrere Monate in einem Habitat. Jenni kannte die einzelnen Teammitglieder zwar nicht gut, hatte aber schnell ein Gefühl dafür, wer was brauchte und wer wie kommunizierte. Um das zu lernen, ist eine ganz bestimmte

Fähigkeit nötig: »Ich habe versucht, immer eine gute Zuhörerin zu sein.« Führen heißt folgen. Auch außerhalb von beengten Marshabitaten ist das eine wichtige Fähigkeit. Wer die Führung übernehmen möchte, der sollte vor allem ein Gespür dafür entwickeln, was um ihn herum geschieht. »Jeder braucht ein gutes Situationsbewusstsein«, sagt auch der Weltraumpsychologe Al Holland[26]. Wenn wir es dann noch schaffen, unsere Mitmenschen in das Gespräch miteinzubeziehen, sind wir startklar. Im Rahmen von Analog-Missionen liebt Jenni es, ihre jahrelange Erfahrung an jüngere Kolleginnen weiterzugeben, ohne dabei die Führungsrolle zu übernehmen. Jenni erinnert sich: »In der Community der Analog-Forschung arbeite ich immer wieder mit Menschen zusammen, die weniger Führungserfahrungen mitbringen, als ich sie habe. Anstatt mich darüber aufzuregen, dass sie über gewisse Kompetenzen noch nicht verfügen, denke ich mir: Das ist eine wunderbare Möglichkeit, mein Wissen weiterzugeben.« Fakt ist: Wir brauchen Menschen, die uns begleiten und vielleicht auf einem Stück unseres Wegs die Leitung übernehmen. Vorbilder.

Während einer Testmission kann trotzdem vieles schiefgehen. Auch das hat Jenni oftmals erlebt. Während einer Analog-Mission löst sich ein Teammitglied immer mehr aus der Gruppe. Die Analog-Astronautin ist gestresst. Sie wirft Dinge durch die Gegend und reagiert unfreundlich, wenn andere sie trösten wollen. Sie spricht mit niemandem, die Stimmung im Habitat ist schlecht. Wie navigiert eine gute Kommandantin aus dieser Situation heraus? Jenni weiß: Auch wenn es klare Missionsabläufe und rigide Strukturen gibt, brauchen Menschen manchmal angepasste Lösungen – gerade dann, wenn persönliche Krisen sie belasten. Der Fachbegriff hierfür lautet »situative Führung«.[27] Der Ansatz wurde von den US-amerikanischen Unternehmern Paul Hersey und Ken Blanchard entwickelt und basiert auf dem Gedanken, dass es nicht den einen richtigen Führungsstil gibt. Je nachdem, wie kompetent und motiviert ein Teammitglied ist, wird entweder mehr angeleitet oder mehr delegiert. Die Fähigkeit zuzuhören hilft Jenni in der Situation mit ihrer Analog-Astronautin. Gleichzeitig ist es ihr wichtig, diejenige in ihrer Krise nicht aufzugeben. Wo vielen der Geduldsfaden reißen würde, sieht Jenni Potenziale: »Ich habe gesehen, dass sie sich Mühe gibt, und das wollte ich fördern.« Gute Führung muss beides beherrschen: eine klare Linie aufzeigen, gleichzeitig aber auch Mitgefühl ermöglichen.

Zusätzlich brauchen Menschen auch in solchen Situationen ein deutliches Feedback, was in Ordnung ist und was nicht. Wie funktioniert das? Gutes Feedback, so sagt die Firmengründerin und Autorin Kim Scott, basiert auf dem Konzept der radikalen Aufrichtigkeit. Zwei Punkte sind dabei wichtig: Zum einen ist es empfehlenswert, ehrliche und offene Rückmeldungen zu geben, zum anderen sollten diese aber auch wohlwollend sein. Wir sollten es also gut mit unserem Gegenüber meinen.[28] Menschen wie Jenni schaffen genau das: klare, aber trotzdem herzliche und warme Rückmeldungen zu geben.

WIE WIR AUF ANLEITERINNEN UND CHEFS REAGIEREN

Wer die Leitungsrolle übernimmt, muss bedenken: Entscheidungen, die im Team getroffen werden, wirken sich auf Menschen aus. Das gilt im All genauso wie im Büro.

Wenn wir an Astronautinnen denken, verbinden wir mit diesem Beruf vielleicht zunächst Autonomie. Es widerspricht unserer Vorstellung, dass Astronautinnen von anderen Menschen fremdbestimmt sein könnten. Zahlreiche popkulturelle Referenzen haben zu diesem Bild beigetragen – wie beispielsweise der Marsianer, der im stoischen Alleingang Kartoffelernte auf dem Mars betreibt. Und in der Realität? Da bedeutet das Astronautendasein vor allem eines: Kommandos ausführen. Flugpläne, Missionsexperimente und die Flugbahn der Rakete werden vom Mission Control Center vorgegeben. Wer wann im Pool trainiert, wie viele Unterhosen zur Raumstation geschickt werden – all das planen andere. Selbstbestimmung im All ist eher weniger der Fall. Das hat viele Vorteile. Eine Studie untersuchte in einem immersiven Raumstationsimulator, wie Teams in einem medizinischen Notfall reagierten – mit Unterstützung von einem Bodenteam oder auf sich allein gestellt.[29] Die Crews mit Unterstützung schnitten in der technischen Umsetzung und der Genauigkeit besser ab als die Gruppen, die allein arbeiten mussten. Die Teams, die Unterstützung hatten, zeigten außerdem eine geringere kognitive Belastung. Bei der Zusammenarbeit im All ist geteiltes Leid also halbes Leid. Aber auch auf der Erde können wir von geteilter Führung profitieren.[30] Aufgaben und Verantwortlichkeiten werden nicht nur auf die To-do-Liste einer einzelnen Person geschrieben, sondern auf mehrere Menschen verteilt. Gerade in einer Zeit, in der viele Angst vor der Verantwortung haben, könnte das helfen, großen Herausforderungen gemeinsam zu begegnen.[31]

Fremdbestimmung kann aber auch für Frustration sorgen. Die Anekdote von Skylab 4 1973 erzählt, dass zu viel Kontrolle und zu viele Befehle vom Team auf der Erde vielleicht sogar einen kleinen Streik der Astronauten provozieren könnten. Was ist damals passiert? Die Mission SL-4 startet im November 1983. Eher unüblich: Das Kommando hält der noch unerfahrene Astronaut Gerald Carr. Es ist seine erste Mission ins All. Doch das ist nicht die einzige Herausforderung, der die Astronauten begegnen. Als das Trio nach der achtstündigen Reise Skylab erreicht, dominiert erst mal Reiseübelkeit. Die Astronauten haben Anpassungsschwierigkeiten, gleichzeitig lastet viel Druck auf ihnen. Denn die Vorläufermannschaft von Skylab 3 lieferte beeindruckende Ergebnisse ab. Die NASA stellt an die neue Mannschaft dieselben hohen Erwartungen, verschriftlicht in einem viel zu dichten Arbeitsplan. Als die Astronauten nicht liefern, gibt es Ärger. Berichten zufolge reagieren die Astronauten mit einem »Streik« und brechen die Kommunikation zur Erde ab. Das ist ein bisschen überzeichnet.

Heute weiß man, dass die überforderte Skylab-Crew durchaus frustriert reagierte, aber nicht die Kommunikation beendete.[32] Beobachten können wir dennoch: Menschen schätzen Entscheidungsfreiheit, Mitbestimmung und Autonomie. Auch die Astronautin Sandra Magnus beschrieb im Gespräch mit mir, dass eine ihrer intensivsten Erfahrungen im All die permanente Beobachtung war. Das Bodenpersonal der NASA nutzte auch während ihrer Mission Kameras, um die Tätigkeiten der Astronautinnen zu erfassen. Das ist sinnvoll, wenn zum Beispiel ein unbefestigter Gegenstand durch die ISS fliegt – stellt gleichzeitig aber auch einen Eingriff in die astronautische Privatsphäre dar. Meine Erfahrung aus der Begleitung von Bettruhestudien zeigt Ähnliches. Hier wurde die Kopfposition der Probandinnen mit Kameras überprüft. Doch die Studienteilnehmer waren pfiffig. Schnell wussten sie, auf welche Seite sie sich drehen mussten, um nicht komplett sichtbar zu sein. Menschen reagieren deutlich auf das Gefühl, beobachtet zu werden. Wir fühlen uns entmachtet und kontrolliert – und verhalten uns dementsprechend eher sozial erwünscht oder versuchen, uns zu verstecken. Das zeigt auch eine Studie aus der Kaffeeküche einer Universität. Forscher hängten Bilder von menschlichen Augen an die Kühlschranktür. Wer nun einen Kaffee in der Küche holen ging, fühlte sich beobachtet. In der folgenden Studienphase hing ein Foto von Blumen am Kühlschrank. Und siehe da: 267 Prozent mehr Geld landete in der Kaffeekasse, wenn Augen sie »beobachteten«. Vermeintliche Führung wirkte sich auf die Zahlmoral der Studierenden aus.[33] Solche Methoden, egal ob in der Kaffeeküche der Universität oder auf der ISS, können dazu führen, dass Menschen gehorchen, aber auch, dass sie sich – wenn möglich – zurückziehen.

WENN KONTROLLE LIMITIERT IST – AUTONOMIE WÄHREND ASTRONAUTISCHER LANGZEITMISSIONEN

Mit der Perspektive auf Langzeitmissionen wird Fremdbestimmung im All immer weniger möglich sein. Die Kommunikation über Distanz wird dazu führen, dass nicht mehr jeder Arbeitsschritt mit dem Team auf der Erde ausdiskutiert werden kann.[34] Das »Control« in Mission Control wird dann eine andere Bedeutung erhalten.

Doch ist Ablösung von der Erde schlimm? Weltraumpsychologinnen befürchten nicht unbedingt negative Konsequenzen, wenn Teams zunehmend auf sich selbst gestellt sein werden. Der Psychiater Nick Kanas untersuchte, wie sich eine höhere Crewautonomie auf den Erfolg einer Mission auswirkte. Trotz der Unabhängigkeit von der Erde konnten sich die Teams gut strukturieren. Manche Astronauten beschrieben sogar, sich kreativer zu fühlen und besser gelaunt zu sein.[35] Andere Studien belegen darüber hinaus, dass die autonomen Teams leistungsfähiger waren.[36] Eine mögliche Erklärung für diesen Effekt ist, dass die Teams mit der Zeit zu natürlichen Experten ihrer Umgebung werden. Was können die Kolleginnen auf der Erde da schon besser wissen? Al Holland benennt, dass es wichtig ist, dass Menschen in Extremumgebungen ein Bewusstsein für ihre Rolle als Führende oder Folgende entwickeln, aber auch, davon abweichen können, wenn eine andere Qualität benötigt wird[37]. Auf der Erde können wir daraus lernen: Auch wenn wir die Führung übernehmen, sollten wir niemals vergessen, dass andere Menschen die Expertinnen auf ihrem Gebiet sind. Führung ausüben bedeutet also auch, uns selbst immer wieder zu kontrollieren und zu fragen: Wo sind meine Grenzen? Kann es sogar sinnvoll sein, wenn ich anderen ihren Freiraum gebe?

Macht und Führung – zwei Begriffe, mit denen Menschen Härte und Strenge assoziieren. Wenn wir uns militärische Strukturen vorstellen, haben wahrscheinlich die meisten von uns rigides Machogehabe und Gefühlsarmut vor Augen. Doch zunehmend beobachten wir einen Paradigmenwechsel: weg von hartem Durchgreifen hin zu sanftem Anleiten.[38] Ich habe ein klares Bild davon entwickelt, wie Jenni auf der Andrews Air Force Base 500 Mitarbeiterinnen anleitet und wie sie innerhalb von Sekundenbruchteilen entscheidet, ob ein Lieferwagen vom Rollfeld geholt werden sollte: mit Führungsqualitäten wie Weichheit, guter Kommunikation, Aufrichtigkeit, Eingeständnis von Fehlern und Mut, auch mal zu scheitern. Wer Macht hat, kann diese nutzen, um andere zu ermutigen, zu bestärken und ihre Potenziale zu fördern. Ich glaube, dass mit dem Beginn astronautischer Langzeitmissionen immer mehr ein Loslassen alter militärischer Strukturen notwendig wird. Je weiter wir ins All reisen, desto mehr müssen wir uns mit dem Verlust von Kontrollmöglichkeiten auseinandersetzen. Wir sollten uns nicht nur darauf konzentrieren, was wir nicht mehr steuern können – sondern darauf, dass es andere Menschen und Systeme gibt, die Probleme mit ihren Kompetenzen ebenfalls lösen können. Sich mit der eigenen Ohnmacht auseinanderzusetzen, kann eine selbstermächtigende Erfahrung sein. Wir können nicht alles kontrollieren. Das ist aber nicht schlimm. Gleichzeitig müssen wir keine Angst haben, wenn wir auch mal am Steuer landen. Wir können Macht positiv besetzen, wenn wir sie gut nutzen, indem wir unsere Fähigkeiten teilen oder andere in ihrem Wachstum bestärken. Wichtig ist, dass wir uns, je höher wir aufsteigen, immer stärker selbst hinterfragen. Herrschen wir schon oder hören wir den Menschen um uns herum noch zu?

Und Jenni? Wovon träumt man noch, wenn man regelmäßig mit dem Präsidenten der USA übers Rollfeld gelaufen ist? »Ich habe den Südpol besucht und würde gerne eine Forschungsstation leiten. Ich habe mich auch schon oft beworben, aber irgendwie wollen die mich nicht.« Sie lacht. Selbst wenn man 500 Menschen auf der Andrews Air Force Base anleitet und Analog-Missionen meistert: Im Leben kann man dann doch nicht immer die Führung behalten.

10 Neugierde

*»Was ist die Antwort auf die endgültige Frage nach
dem Leben, dem Universum und dem ganzen Rest?«*

—

Entdecken, Experimentieren mit Bastelanleitung
für eine Marsmission im Garten

Hast du dich jemals gefragt, warum Albert Einstein auf dem wohl
bekanntesten Foto von ihm seine Zunge herausstreckt? Ich schätze
mal: nein. Aber – möchtest du es wissen? Wenn ja, dann braucht es
nun ein wenig Geduld. Auch ein populärwissenschaftliches Sach-
buch lebt von dem ein oder anderen Cliffhanger.

Die Frage nach dem Grund für Einsteins Zungenakrobatik kann,
je nachdem, wie sehr dich die Antwort interessiert, ein ganz bestimmtes Gefühl in dir auslösen. Spürst du ein kleines Kribbeln?
Das Bedürfnis, die nächsten Sätze zu überfliegen, um direkt die Antwort zu erfahren? Vielleicht empfindest du eine gewisse Aufregung
oder einen Hauch von Ungeduld, weil ich ein paar Seiten Text zwischen diese Frage und die Antwort geschoben habe? Du verspürst
womöglich einen starken Wissensdurst, der gestillt werden möchte,
oder? Wenn du diese Empfindungen hast: äußerst spannend! Dann
ist dir gerade das Gefühl der Neugierde begegnet. Allein die Tatsache, dass du dieses Buch in die Hand genommen und schon bis
hierhin gelesen hast, könnte ein Zeichen dafür sein, dass du ein neugieriger Mensch bist.

Diese Eigenschaft verbindet dich mit Menschen wie Marie Curie, die die Radioaktivität entdeckte, oder Isaac Newton, der einen Apfel von einem Baum herabfallen sah und daraus die Theorie der Schwerkraft ableitete. Du trittst außerdem in die Fußstapfen von Thomas Alva Edison. Genau, das ist der mit der Glühbirne. Über seine Entdeckung schrieb er im Nachhinein: »Ich bin nicht gescheitert – ich habe 10 000 Wege entdeckt, die nicht funktioniert haben.« Edison experimentierte mit Stoffen wie Baumwolle, Holz oder Seidenfasern und scheiterte an anbrennenden Holzstöcken oder zerrissenen Fasern. Es blieb dunkel. Schlussendlich kam Edison auf die Idee, Bambusfasern zu nutzen, die er verkohlte, um sie leitfähig zu machen. 1879 hatte er dann die Erleuchtung, die zur Erfindung der Glühbirne führte. (Ich weiß, literarisch etwas flach, aber ich musste …) Die erste Glühbirne brannte damals rund 40 Stunden, kein Vergleich zu heutigen LEDs, aber ein Meilenstein für die damalige Zeit. Um diese Erfindung ranken sich natürlich einige Mythen: Der Uhrmacher Heinrich Göbel soll schon 25 Jahre vorher die erste Glühbirne entwickelt haben, und auch der Physiker Joseph Swan vermeldete einen früheren Erfolg. Das wollen wir hier aus Platzgründen nicht vertiefen. Wer neugierig ist, darf gerne selbst recherchieren.

WAS WIR BRAUCHEN, UM MAMMUTSPUREN ZU ERSCHNÜFFELN ODER NEUE PLANETEN ZU ENTDECKEN

Aber was ist Neugierde eigentlich? Neugierde motiviert uns, Neues auszuprobieren und herauszufinden, und kann uns antreiben, nicht aufzugeben – auch wenn einer Idee droht, der Ofen auszugehen. Nicht nur Edison, sondern auch Einstein begründete seine Entwicklung der Relativitätstheorie durch seine Freude am Entdecken: »Ich habe keine besondere Begabung, sondern bin nur leidenschaftlich neugierig.« Vielleicht wollen wir wissen, wieso Gummibärchen im

Wasser aufquellen oder wie man Rucola am besten anpflanzt, damit er überlebt. Wenn wir den Drang verspüren, diese oder andere Fragen zu beantworten, ist das die Grundvoraussetzung dafür, uns konkret mit Fragen zu beschäftigen und Erklärungen zu suchen. Oder um es mit Galileo Galilei zu sagen: »Die Neugierde steht immer an erster Stelle eines Problems, das gelöst werden will.« Diese Eigenschaft besaßen schon die Steinzeitmenschen. Mammuts jagen, Nüsse knacken – dafür brauchte es neugierige Zeitgenossen mit Ideen, die allen das Leben erleichterten. Neandertaler entwickelten den Faustkeil, einen Stein mit abgeschliffener Spitze. Dieses Steinwerkzeug ist ein schönes Beispiel dafür, welche Ideen entstehen, wenn wir Lösungen für konkrete Probleme suchen. Der Faustkeil ist kein Sinnbild für Arbeit, sondern für Neugierde.

Neugierde. Es gibt viele Versuche, diesen Begriff präzise zu definieren.[1] Neugierde kann als ein Zustand beschrieben werden, in dem man erkennt, dass man etwas nicht weiß. Man denkt aber, dass man es herausfinden kann, und hat dann ein natürliches Verlangen, dem nachzugehen.[2] Menschen, die offen für neue Erfahrungen sind, sind besonders neugierig, aber auch eher intelligent und kreativ.[3] Die Wissenschaft unterscheidet zwischen epistemischer Neugierde, die das Bedürfnis ausdrückt, etwas Neues zu lernen, und der perzeptuellen Neugierde, die dann auftritt, wenn wir beispielsweise in andere Länder reisen oder an einer Blume riechen.[4] Außerdem gibt es noch die interpersonelle Neugierde, die das Interesse an anderen Personen beschreibt[5] und schon die ein oder andere Person motiviert haben könnte, Psychotherapeutin zu werden.

Neugierde ist eine großartige Eigenschaft, die mitunter dazu führt, dass wir im positiven Sinne Grenzen überschreiten. Nicht umsonst heißt der Rover, der 2011 Richtung Mars gestartet ist, genau so: Curiosity. Die NASA wählte den Namen, der übersetzt Neugierde bedeutet, aus 9000 Vorschlägen eines Schülerinnenwettbewerbs aus. Namensgeberin war die Sechstklässlerin Clara Ma, die in ihrem Gewinnerinnenaufsatz frei übersetzt Folgendes dazu schrieb: »Neugierde ist eine unvergängliche Flamme, die in jedem Geist brennt. Sie bringt mich morgens aus dem Bett und lässt mich darüber nachdenken, welche Überraschungen das Leben an diesem Tag für mich bereithalten wird. Neugierde ist eine sehr starke Kraft. Ohne sie wären wir nicht das, was wir heute sind. Neugierde ist die Leidenschaft, die uns durch unseren Alltag trägt. Wir sind zu Entdeckern und Wissenschaftlerinnen geworden, weil wir Fragen stellen und uns wundern.«[6] Die NASA stimmte dem Namensvorschlag des Mädchens zu. Schließlich sollte Curiosity genau das tun: neue Erkenntnisse über den Roten Planeten sammeln. Welcher Name hätte besser gepasst?

Neugierde motiviert kleine Kinder zum eigenständigen Laufen und lässt sie später in der Schulzeit vor langweiligen Lehrplänen kapitulieren. Wenn es gut läuft, gelingt es uns, unsere Neugierde durch eigene Interessen, Förderung durch andere Menschen, Bücher oder durch das Bedürfnis nach Rebellion auch im Erwachsenenalter aufrechtzuerhalten. Doch ich begegne genauso immer wieder Menschen, die von sich sagen: »Eigentlich interessiert mich nichts. Und Lernen? Das finde ich doof.« Ich frage mich, was geschehen muss, damit ein Mensch dem Pfad der Neugierde folgt oder aber die Abzweigung Richtung Gleichgültigkeit wählt. Wie kann es sein, dass wir es schaffen, einen neugierigen Rover auf dem Mars zu platzieren, uns aber kaum mehr dafür begeistern lassen, was in der eigenen Stadt passiert?

GEMEINSAM ENTDECKEN WIR MEHR

Den ersten Anhaltspunkt finde ich – völlig unwissenschaftlich – in meiner eigenen Biographie. Sechste Klasse. Ich sitze im Physikraum und klappe die Kontakte meiner 4,5-Volt-Flachbatterie auf. Frau W. ist eine junge Physik-Referendarin und der Meinung, dass Lernen

Freude bereiten soll und man das am ehesten erreicht, wenn sich Schülerinnen ihr Wissen selbst erarbeiten. Also kleben wir kleine Experimentleuchten und Drähte auf Pappe und verlegen Schalter, damit der Unterschied zwischen Und- und Oder-Schaltungen greifbar wird. Ich freue mich, als die kleine Lampe aufleuchtet, triumphiere und wage mich an eine Kreuzschaltung. In der sechsten Klasse macht mir Physik Spaß, und das spiegelt sich auch im Zeugnis wider: Physik ist meine beste Note. Kein Jahr später verlässt Frau W. die Schule und Herr G. nimmt ihren Platz ein. Er murmelt leise vor sich hin, erklärt Mädchen für doof und schreibt völlig zusammenhangslos Formeln an die Tafel. Meine Motivation wandert mitsamt meiner Neugierde in die letzte Reihe des Physikraums und legt resigniert den Kopf auf den Tisch. Ich kassiere am Ende des Schuljahres eine Mitleidsvier und wähle den Physikunterricht so schnell es geht ab. Alles scheiße.

Der Rückblick in meine eigene Geschichte zeigt mir, dass es wichtig ist, wie unserer Neugierde im Laufe unseres Lebens begegnet wird. Der Autor Rob Hopkins schreibt in seinem Buch *Stell dir vor* dazu: »Die kindliche Fantasie befindet sich offenbar bis zum Schulbeginn in einem ziemlich gesunden Zustand.«[7] Doch sobald wir eine Schultüte in der Hand haben, wird es gefährlich für unser natürliches Interesse. Die Professorin Susan Engel teilt in einem wissenschaftlichen Artikel die Beobachtung aus einer Schulklasse.[8] Die Schülerinnen sollten das Prinzip von Rädern erforschen. Arbeitsblätter und praktische Materialien sollten verdeutlichen, wie die alten Ägypter mit Hilfe von Rädern Steine für den Bau einer Pyramide transportierten. Eine Gruppe ignorierte jedoch das Arbeitsblatt und war fasziniert von den Materialien. Die Kinder versuchten, verschiedene Möglichkeiten für den Transport zu finden, und bastelten eine Art Förderband. Bis ihre Lehrerin sie unterbrach und rief: »»O. k., Kinder. Das reicht. Ich werde euch in der Pause Zeit zum Experimentieren geben. Jetzt ist Zeit für Wissenschaft.« Laut Susan Engel wirkte diese Schulstunde zwar kreativ, tatsächlich war aber genau das Gegenteil der Fall: In dem Moment, als sich die Neugierde der Schüler entfalten wollte, bremste die Lehrerin sie aus.

Susan Engel beschreibt in ihrem Artikel Neugierde simpel als den Drang, mehr zu wissen. Kleine Kinder versuchen, ihre Umgebung greifbar und interpretierbar zu machen, indem sie Informationen sammeln.[9] Und das geht nun mal am besten, indem man prüft, ob Suppe im Teller bleibt, wenn man ihn kippt, oder ob das Glas zerbricht, wenn man es wirft. Ein vierjähriges Kind stellt pro Tag rund 200 bis 300 Fragen.[10] Die meisten davon beginnen mit dem Wort: Warum? Um es mit Einstein zu sagen (keine Sorge, das mit der Zunge habe ich nicht vergessen, kommt aber später): »Neugier ist ein verletzliches Pflänzchen, das nicht nur Anregung, sondern vor allem Freiheit braucht.« Klar, es gibt Menschen, die neugieriger sind als andere.[11] Aber über ein gewisses Maß an Wissensdurst verfügen wir alle.

Öffnen wir mal Google. Direkt unter dem Google-Logo prangt das Gleichnis von den Zwergen auf den Schultern von Riesen: »Standing on the shoulders of giants«. Es beschreibt gut, was wir brauchen, um uns zu entwickeln: erfahrene Begleiterinnen, die uns ermöglichen, weit zu schauen. Menschen und Umgebungen, die uns fördern, wenn wir etwas Neues entwickeln möchten. Neugierde entsteht, wenn man uns einfach machen lässt. Sogar in unserem Gehirn hinterlässt sie ihre Spuren: Neugierige Menschen zeigen eine erhöhte Aktivität in den Caudatus-Regionen – im Belohnungssystem unseres Gehirns.[12] Und noch etwas passiert hier: In diesem System treffen außerdem der Wissenserwerb und das Erleben positiver Gefühle aufeinander. Wer neugierig ist, lernt also besser.[13] Halten wir fest: Neugierde ist eine ziemlich sinnvolle Eigenschaft. Wir können mit dem Textmarker unterstreichen, dass Neugierde das Wohlbefinden steigert und möglicherweise Kreativität fördert.[14, 15] Wer neugierig ist, verbessert im Alter sogar seine Merkfähigkeit.[16] Oder wie es der verstorbene Schauspieler Burt Lancaster sagte: »Solange man neugierig ist, kann einem das Alter nichts anhaben.«

Doch nicht alle Menschen sind Neugierde-Fans. Neugierde hat mitunter einen schlechten Ruf. Viele verbinden damit Menschen, die ihre Gesichter an Küchenfenstern platt drücken, um ihre Nachbarn zu beobachten, oder Jugendliche, die täglich 500 TikTok-Videos schauen. Ich frage mich, ob dieses Verhalten wirklich etwas mit authentischer Neugierde zu tun hat. Vielleicht haben diejenigen, die scrollen oder lauschen, nie oder selten eine kreative Begleiterin an ihrer Seite gehabt, die ihnen beigebracht hat, wie sie ihre Neugierde sinnvoll nutzen können.

Neugierde profitiert von zwischenmenschlichen Beziehungen. Wenn Menschen zu mir in die Psychotherapie kommen, spielt Neugierde im Prozess eine ungeheuer wichtige Rolle. Nur wo Neugierde entsteht, kann Veränderung passieren. Wir erkunden oft gemeinsam die Frage: »Möchtest du es mal anders ausprobieren?« Das kann beispielsweise bedeuten, verborgene Gefühle wie Wut auszugraben oder sich in den angstbesetzten Fahrstuhl zu wagen. Menschen müssen neugierig sein – und auch ein bisschen mutig –, wenn sie sich Gefühlen oder Problemen stellen wollen. Die Zusammenarbeit in der Psychotherapie kann Klientinnen diesen ruhigen Raum ermöglichen. Das braucht es. Denn wenn wir in einem Zustand von Angst oder Ohnmacht gefangen sind, schaffen wir es nicht, unserer Neugierde freien Lauf zu lassen. Es ist ein bisschen wie bei einem kleinen Kind, das sich ängstlich an seine Bezugsperson wendet und aufhört, neugierig seine Umgebung zu erkunden.

Antonio Damasio beschreibt uns als emotionale Entität – und hält fest, dass neugierige Menschen jene sind, die stark fühlen können.[17] Um neugierig zu sein, braucht es einen Zugang zu Gefühlen, wie Freude oder Überraschung, die unsere Entdeckerlust anspornen. Das könnte eine Erklärung dafür sein, warum Menschen, die bedingt durch eine psychische Erkrankung weniger fühlen, sich weniger neugierig verhalten.[18] Die Entfaltung deiner Neugierde erfordert daher auch den Zugang zum bunten Spektrum all deiner anderen Gefühle. Neugierde! Das ist das, was wir mit Pippi Langstrumpf verbinden, während uns kollabierende Schulsysteme, demotivierende Lehrer und das ganz normale Erwachsenenleben die Lust am Entdecken zu nehmen scheinen. Wer nun den Kopf in den Sand stecken und das Kapitel Neugierde ad acta legen möchte, dem empfehle ich, doch noch mal seine Neugierde anzukurbeln und ein paar Buchseiten weiterzureisen. Denn vielleicht finden wir einen Weg raus aus der tristen Dauerschleife von korrekten Antworten und hinein in einen bunteren Strudel aus Farben, Gefühlen und neuen Abenteuern. Wie das gelingen kann, zeigt uns Jas.

DER MARS IM GARTEN AUF 16 QUADRATMETERN

Das Einzige, was den kleinen britischen Garten vom Mars unterscheidet, ist das laute Dröhnen des Rasenmähers, der gerade über das Nachbargrundstück rollt. Und die Vögel und Eichhörnchen. Obwohl Jas gerade einmal ein paar Meter von ihrem Haus trennen, fühlt sie sich, als wäre sie Tausende Kilometer von der Erde entfernt. Morgens krabbelt die Analog-Astronautin in ihren Raumanzug und marschiert über die feuchte Morgenwiese in ihr Wohnhaus. Bevor ein neuer Missionstag mit biometrischen Messungen und psychologischen Tests starten kann, müssen nämlich erst mal die natürlichen Bedürfnisse befriedigt werden. Und ins Habitat pinkeln – das will Jas dann doch nicht.

Wer einen Prototyp für Neugierde sucht, der wird in Jas' Garten fündig. Während die Nachbarinnen mehr und mehr in ihren Couches versinken, stolpert die vierzigjährige Physikerin eines Tages beim Googeln über den Begriff »Analog-Forschung«. Begeisterung! Eine Marsreise auf der Erde – das will Jas auch erleben. Was es dafür braucht? Ein richtiges Marshabitat! Am besten im eigenen Garten. Sie schnappt sich eine alte Nähmaschine und fertigt aus einer Plastikplane dreieckige Schutzfenster an. Die müssen auf jeden Fall wasserdicht sein, schließlich wohnt Jas in England und dort gibt es definitiv mehr Wasser als auf dem echten Mars. Hinzu kommen 30 kurze und 35 lange Stäbe, die man wie bei einem Festivalzelt ineinanderstecken kann.[19] Auch Jas' Mutter wird rekrutiert und verstärkt die Nähte des Habitats, damit Jas im Habitat garantiert nicht nass wird. Einen Monat später steht die 16 Quadratmeter große geodätische Kuppel in ihrem Garten. Ein echtes Pop-up-Habitat, so nennt Jas es selbst. Mitte Oktober startet ihre Mission, und das Wetter verwandelt die irdische Marslandschaft erst mal in ein Schwimmbad. Was ist mit dem Vogelgezwitscher am Morgen sowie dem Verkehrslärm von der Straße nebenan? Na ja, die muss man auch mal ausblenden können, wenn das Set-up im eigenen Garten steht.

Jas' Mission folgt strengen Regeln. Bei der Kommunikation nach draußen gibt es eine zwanzigminütige Zeitverschiebung. Nur so darf sie mit ihrer Umgebung in Kontakt treten. Einzige Ausnahme: Videokonferenzen, die sie mit Schulen macht, um Kindern von ihrem Projekt zu erzählen. Denn Jas möchte mit ihrem »Edutainment-Habitat« auch anderen Menschen die Freude am neugierigen Forschen vermitteln. Die nächste Regel lautet: Sie darf das Habitat nur mit Schutzkleidung verlassen. Ein alter Motorradhelm und ein Overall müssen als Raumanzug ausreichen. Das Ziel: sieben Tage lang im Habitat zu essen, zu schlafen und zu arbeiten. 30 Minuten pro Tag Sport mit Kettlebells. Keine Dusche. Eine tägliche Wasserration von zwei Litern. Nur Fertigessen, kein frisches Obst. Die Zeitverschiebung löst ein entspanntes Gefühl bei Jas aus. Endlich schaut sie nicht ständig auf ihr Handy. Was ihr fehlt? Ein gemütliches Sofa und Wärme – denn Mitte Oktober ist es ziemlich kalt in England. Im Gepäck: Wasserflaschen, die für ihre Mission ausreichen sollen, und ein Wasserkocher. Abends erwarten sie gefriergetrocknetes Chicken Tikka Masala, das sie mit heißem Wasser zubereitet, und ein Video auf dem Laptop. Langeweile? Keine Sekunde.

Wir verabreden uns zu einem Videocall, um nach Jas' Mission zu fragen. Wie hat sie sich gefühlt? Das Habitat war eng, Jas bekam Rückenschmerzen. »Wenn es ungemütlich wird, dann fühlt man sich richtig präsent. Schmerzen oder Kälte kann man nicht ignorieren. Und gleichzeitig wurde ich auch viel stärker mit meiner eigenen Verletzlichkeit konfrontiert, obwohl ich nur in meinem eigenen Garten war.« Würde ein Mensch wie Jas sich selbst als neugierig bezeichnen? Jas lächelt über das ganze Gesicht: »Ja! Neugierig, das bin ich!« Jas beschreibt sich als dieses Kind, das immer zu viele Fragen stellte. Sie recherchierte in Lexika und suchte nach Antworten für ihre vielen Fragen. Manchmal wurde sie selbst zur Forscherin. Dann nahm sie den Videorekorder ihrer Eltern auseinander und versuchte, ihn wieder zusammenzubasteln. Kleber, Tape, egal. Je älter Jas wird, desto mehr löst das digitale Zeitalter das analoge Lernen ab. Mit der Digitalisierung um die Jahrtausendwende öffnete sich für Jas auch die Tür zu unbegrenztem Wissen. Mit einer »42«, der von einem Supercomputer errechneten Antwort auf die »endgültige Frage nach dem Leben, dem Universum und dem ganzen Rest« wie in Douglas Adams' *Per Anhalter durch die Galaxis*, hätte sie sich nie zufriedengegeben. Sie beschreibt sich als das Mädchen, das immer gerne lernte und sich bei der Auswahl der Schulfächer nie entscheiden konnte, weil es am liebsten alles verstehen wollte.

Neugierde – für Jas bedeutet das »Lernen durch Abenteuer und Erfahrung«. So wie alte Seefahrer – die haben ihre Abenteuerlust ja auch nicht mit Multiple-Choice-Tests gestillt. »Wenn ich etwas lese, dann verstehe ich das intellektuell. Aber wenn ich etwas erlebe, dann kann ich es fühlen, mit meinem ganzen Körper – das macht für mich Erleben und Lernen aus«, sagt Jas. Ein Habitat bauen, mit den eigenen Händen, das macht glücklich! Selbst gestalten, statt einfach nur eine stille Teilnehmerin zu sein.

Warum hören manche Menschen auf, neugierig zu sein? Jas überlegt: »Ich habe einen dreijährigen Neffen. Für ihn ist jeder Tag ein neues Abenteuer, eine bunte Entdeckungsreise. Aber das setzt auch voraus, dass man sich ohne Vorwissen in eine neue Situation begibt und dass man Dinge tut, obwohl man sich vielleicht davor fürchtet. Für Erwachsene ist es schwieriger, im Alltag Neues zu entdecken.

Und viele Menschen mögen Gewohnheiten und Routine. Sicherheit.« Aber Jas ist sich sicher: Die Welt ist groß genug, um immer etwas Neues zu entdecken und sich von Neugierde anstecken zu lassen. Doch dafür müssen wir unsere Komfortzonen verlassen – und dann kann es auch mal ungemütlich werden. Ähnlich wie in Jas' Habitat ohne Sofa, Klo und frisches Essen.

Was braucht es, damit Menschen ihre Neugierde wiederentdecken? Jas schüttelt frustriert den Kopf. »Als Erstes – andere Schulen.« Sie holt aus: »Orte, an denen man auf die Frage ›Warum?‹ nicht gleich die Antwort ›Weil es eben so ist.‹ erhält. Außerdem sollte Arbeit anders gestaltet werden. Es sollte nicht darum gehen, wie viel Zeit man im Büro verbracht hat, sondern welches Ergebnis dabei entstanden ist.« Wenn ich Jas zuhöre, verstehe ich, dass es dabei viel um Freiheit geht. Und auch um Selbstwirksamkeit, die daraus entstehen kann, wenn sie selbst nach den Antworten für ihre eigenen Forschungsfragen sucht, auch wenn es dafür ein ganzes Gartenhabitat benötigt. Neugierde hängt stark mit Lust und Hingabe zusammen und um diese zu fühlen, braucht es Freiräume.

Vorletzte Frage: Warum das Marshabitat, warum der Weltraum? Jas streckt sich auf ihrem Stuhl nach oben: »Ohhh! Weil es in der astronautischen Raumfahrt absolut keine finale Antwort gibt. Es geht darum, Dinge zum ersten Mal zu entdecken. Wieder die Dreijährige zu sein, die die Welt bestaunt. Raumfahrt bedeutet für mich Phantasie.« Dann die allerletzte, neugierige, Frage: Was haben die Nachbarn zu dem Habitat im Garten gesagt? Jas lacht. »Sie wollten wissen, ob ich ein Iglu gebaut habe. Eine Nachbarin hat heimlich ein Foto gemacht, es in einer lokalen Gruppe geteilt und gefragt, ob jemand weiß, was dieses Objekt bedeuten soll.«

Auch das ist Neugierde.

Jas ist es gelungen, sich ihre Neugierde zu bewahren. Doch wie erobert man Neugierde wieder zurück, wenn sie längst verloren scheint? Anruf in Villingen-Schwenningen. Der Ort, der sich nur mit Mühe fehlerfrei buchstabieren lässt, lädt diejenigen zum Lernen ein, deren Neugierde samt Pausenbrot am Boden des Schulranzens klebt. Manuel und Katja arbeiten beide als Lehrkräfte an einer Schule. 2020 kontaktiert das Schulamt die beiden mit einer besonderen Aufgabe: Sie sollen ein Schulprojekt für Jugendliche auf die Beine stellen, die die Schule lange nicht mehr betreten haben. »Schulabsentismus« ist Teil der Lernbiographie vieler Jugendlicher, die sich manchmal monatelang weigern, eine Tafel anzuschauen oder ein Mathebuch zu öffnen. Als Manuel von der Projektidee hört, wird er hellhörig. Er erinnert sich an seine eigenen Erfahrungen mit dem Schulsystem – ein guter Schüler war er selbst nicht. Umso größer wird seine Motivation, das System zu verbessern und gerade diejenigen zu unterstützen, die oft in der letzten Reihe abtauchen oder zwischen Schulsport und Deutschstunde heimlich untergehen.

Doch wie kommt es, dass jungen Menschen Neugierde und Motivation irgendwann abhandenkommt? Das Klischee von prügelnden Jugendlichen, die in Innenstädten gegen Parkbänke treten – das trifft schon mal gar nicht zu. »Eher Typ Kapuze«, erklärt Manuel. Die meisten, die ihren Weg zu *Chance²* finden, sind schüchtern. Schulverweigerung zieht sich durch alle Bildungsschichten. Soziale, finanzielle oder auch krankheitsbezogene Gründe können dazu führen, dass Jugendliche die Schule verweigern. Konflikte im Elternhaus, Gewalt, emotionale Vernachlässigung, überforderte oder erkrankte Erziehungsberechtigte – wenn das Leben selbst die zentrale Herausforderung ist, rückt die Mathehausaufgabe oder Gedichtinterpretation weit in den Hintergrund. Klar ist: Die Kinder haben nicht einfach keine Lust. Manuel erklärt das so: »Jeder will partizipieren, aber bestimmte Schülerinnen können nicht. Weil sie zu sind. Die sind einfach voll vom Leben.« Das Gefühl, dem man bei *Chance²* am ehesten begegnet, ist tiefe Scham. Scham, sich zu zeigen, auszuprobieren, vielleicht sogar zu existieren, wenn die Welt über dem eigenen Kopf zusammenzubrechen droht. Herkömmliche Schulsysteme reagieren darauf oft mit noch mehr Druck: Klausur schaffen oder sitzenbleiben.

2021 startet das Projekt *Chance²* als Gegenentwurf zu einem unterdrückenden Schulsystem und begrüßt die ersten acht Jugendlichen, die im Rahmen des Projekts ihren Zugang zu Lernfreude und Neugierde wiederentdecken sollen. Katja und Manuel stürzen sich in die Herausforderung. Sie definieren die Werte, die sie den Jugendlichen vermitteln wollen. Entscheidungsfreiheit, aber auch Verantwortungsübernahme, um nur einige zu nennen. Als sie das Projekt starten, liegen viele Stunden Lektüre, Diskussion und Auseinandersetzung mit ihrer Idee hinter ihnen. Diese Gründlichkeit soll den stabilen Boden bilden, um in der Ausgestaltung Freiheit zu erlauben. Die Gruppen sind jeweils für ein halbes Jahr geplant. Jeder Morgen beginnt mit einer Begrüßungsrunde. Dann entscheiden die Schülerinnen und das Team nach gemeinsamer Reflexion, wie sie den Tag gestalten wollen: Museumsbesuch in der Stadt, Zeichnen oder Bouldern. Jeder Jugendliche hat einen eigenen Schreibtisch. Im Projektraum gibt es eine Wand, die bekritzelt werden darf. Gedanken und Gefühle, die ihren Platz auf dieser Wand finden, werden nicht überstrichen, denn es geht darum, sichtbar zu werden und sich zu zeigen. Mittags kochen dann alle gemeinsam. Von Kochduell bis zu Nudeln mit Soße: Die Schülerinnen bestimmen, was auf welche Weise auf den Teller kommt. Wer nicht mag, muss nicht die Schürze umlegen – alles ist erlaubt. Der eigenen Neugierde folgen und sie dann spontan in konkrete Handlungen verwandeln, darum geht es hier. Wenn wir an unseren eigenen durchgeplanten Alltag denken, klingt das sicherlich abstrakt. Vielen von uns fehlt die Möglichkeit, morgens nach dem Lustprinzip auszuwählen, wie wir unseren Tag gestalten wollen. Aber vielleicht können wir uns doch mal die folgenden Fragen für eine kleine Portion Neugierde light stellen: Worauf freue ich mich heute? Worauf habe ich heute Lust und wie kann ich es – zumindest kurz – in meinen Alltag einbauen? Was wird heute passieren, das für mich neu ist?

Neugierde, das wissen wir schon, braucht Beziehung. Deshalb laden Manuel und Katja oft andere Menschen ein, die Gruppen zu besuchen, mit dem Ziel, Erfahrungen aus ihrem Leben mit den Schülerinnen zu teilen. Für den Ablauf gibt es – wie immer bei *Chance²* – Optionen, die in Zusammenarbeit mit den Jugendlichen ausgestaltet werden. Manche Besucherinnen setzen sich an den Spieltisch und unterhalten sich lose mit den Schülern, andere zeigen Fotos, eine alte Dame brachte einmal ihren Hund mit. Oft unterschätzen wir die Potenziale, die Menschen schon besitzen. Es gibt Menschen, die intuitiv ganz viel richtig machen. Und wir müssen Orte schaffen, an denen diese Menschen anderen begegnen dürfen. Mal Zeit zusammen verbringen, aus dem normalen Leben erzählen, gemeinsam spielen, Popcorn essen, träumen.

Keine Projektlaufzeit gleicht der anderen. »Nach der ersten Runde dachten wir, dass wir wissen, wie wir hier arbeiten müssen. Dann kam die nächste Gruppe, die wieder völlig anders war. Nach Runde drei haben wir aufgehört, uns einen Plan zu machen«, erinnert sich Katja.

Was benötigen wir, um Schülern, die keine Lust aufs Lernen haben, offen zu begegnen und sie einzuladen, wieder neugierig zu werden? Katja und Manuel sind sich sicher: Es braucht eine klare Haltung gegenüber denjenigen, die vom System oft ignoriert werden. »Die Jugendlichen dürfen herkommen, wie sie sind. Sobald sie sehen, dass die Sicherheit, die wir ihnen vermitteln, echt ist, trauen sie sich, neue Erfahrungen zu machen«, erzählt Katja. Manuel ergänzt: »Wir wollen über Schule sprechen, aber auch über Freizeit und über das Leben. Wir wollen Ideen aus dem Leben vermitteln.« Mein Eindruck ist: Neugierde und die Motivation, sich dem Alltag und vielleicht auch den damit verbundenen Zukunftsängsten wieder zu widmen, kann nur dann entstehen, wenn Menschen frei sein und selbst entscheiden können. Und auch mal einen Rückzieher machen dürfen. Entdecken und neugierig sein ohne negative Konsequenzen.

Im Projekt *Chance²* können die Jugendlichen üben, wieder im Leben und in der Schule anzukommen. Manuel und Katja sprechen die Einladung aus, dabei zu sein, ermöglichen aber, das Tempo selbst zu bestimmen. Die Jugendlichen lernen, Entscheidungen für sich zu treffen, aber auch diese mit der Gruppe zu reflektieren und zu besprechen. »Wer nicht will, wird mit sich selbst konfrontiert und darf entschieden und bewusst in Freiheit nein sagen«, erklärt Manuel. Schritt für Schritt dürfen sich die jungen Menschen beruhigen. Keine Noten, keine Macht, keine Strafen.

Klappt das? Es gibt Erfolgsgeschichten, aber auch Jugendliche, die ihren Weg bei *Chance²* nicht gefunden haben. »Es braucht nicht die Bereitschaft, gerne lernen zu wollen. Aber es braucht den Entschluss hierherzukommen«, sagt Manuel. Und das mit der Neugierde? Manuel und Katja sind sich sicher: Dafür braucht es einen sicheren Raum und Selbstwirksamkeit. Und in manchen Fällen unkonventionelle Strategien, um Menschen dort herauszulocken, wo sie sich verstecken – gelegentlich unter der Kapuze. Eine letzte Frage an Katja und Manuel: Wie würden die beiden einem Alien das Wort Neugierde erklären? Die Antwort kommt prompt: »Siehst du, wie ich dich anschaue? Nimmst du das wahr? Ich bin neugierig auf dich, und ich möchte mehr über dich wissen.«

Neugierde. Ich habe gelernt, dass dieses Gefühl Systemgrenzen sprengen kann, Strukturen in Frage stellt und Begegnungen erfordert. Und Mut, wenn etwas auch mal nicht funktioniert. Aber wie Einstein schon sagte: »Ein Mensch, der keine Fehler gemacht hat, hat nie etwas Neues ausprobiert.«

Apropos Einstein! Jetzt aber. Zu dem Zeitpunkt, als das berühmte Foto mit der ausgestreckten Zunge entsteht, ist der Physiker zweiundsiebzig Jahre alt und weltberühmt. Er ist gerade auf dem Weg zu seiner Geburtstagsparty. Einstein ist befremdet von dem Medienrummel um seine Person und genervt von den Paparazzi, die ein perfektes Geburtstagsfoto von ihm schießen wollen. Jemand fordert ihn auf, doch mal für ein Bild zu lächeln. Und was macht Einstein? Genau. Er streckt seine Zunge heraus. Der Fotograf Arthur Sasse drückt ab, und das Bild ist im Kasten.

11 Distanz

»E. T. nach Hause telefonieren.«

—

Mit Igelbällen Kontakt aufbauen und sinnvolles
Gefühlsmanagement beim völligen Verlust der Erde

Nebel umhüllt Maja. Sie fühlt, wie ihr Körper immer weicher wird.
Knochen aus Watte. Sie schaut nach vorne. Um sie herum Menschen, Gespräche, Geräusche, die mit jeder Sekunde dumpfer werden. Majas Ohren transkribieren keinen Sound mehr. Blechbüch-
senatmosphäre. Die Verbindung zu ihrer Umgebung bricht ab. Sie
kann nicht benennen, wo die Grenze zwischen ihrer Haut und ihrer
Umwelt liegt. Vorsichtig versucht Maja, sich nach draußen zu tas-
ten. Schwer liegen ihre Hände auf ihren Oberschenkeln. Sie kann
ihren Kopf kaum heben. In ihrem Inneren entsteht eine eigene Welt
und die ist dunkel und trüb. Traurigkeit fließt durch Majas Arte-
rien. Einsamkeit deckt sie zu. Niemand weiß, wie es sich für Maja
anfühlt, wenn sie in sich selbst verschwindet. Plötzlich ein lautes
Klatschen.
Maja!
Maja. Damit ist sie gemeint.
Noch einmal.
MAJA!
Sie spürt, wie etwas Warmes ihre Haut berührt. Eine andere Temperatur, irgendwie lebendig. Finger, die ihre Hand festhalten. Sie

greift zurück, packt zu. Die Stimme wird lauter. Maja. Los, komm. Versuch mal zu trampeln. Durch die Watte hindurch hört Maja und beginnt, sich zu bewegen. Sie spürt, wie langsam etwas in ihr aufbricht. Hey, Maja! Bist du wieder da?

Wie fühlt es sich an, weit weg zu sein? In meinen Therapiesitzungen begegne ich regelmäßig Menschen, die wissen, wie sich Entkopplung anfühlt, während sie sich – von außen betrachtet – keinen Zentimeter von ihrem Platz entfernt haben. In der Fachsprache nutzen Psychologinnen oft sperrige Begriffe wie Dissoziation, Derealisation, Depersonalisation oder auch Numbing, um diesen evolutionär geprägten Zustand zu definieren, der dann eintritt, wenn sich Menschen von ihren Gefühlen, Gedanken oder Körperempfindungen, aber auch von anderen Menschen und ihrer Umgebung entkoppelt fühlen. Dahinter verbirgt sich eine Art uralter Schutzmechanismus, der dann aktiv wird, wenn Menschen unter sehr starkem Stress stehen, dem sie nicht entkommen können. Ein Zusammenspiel unseres sympathischen Nervensystems, das für Aktivierung und Angriff steht, und unseres parasympathischen Nervensystems, das für Ruhefunktionen im Körper verantwortlich ist, führt dazu, dass Gehirn und Körper versuchen, sich durch das Abspalten von Gefühlen, Gedanken und Körperempfindungen vor der Überforderung belastender Ereignisse zu schützen. Klientinnen, wie Maja, beschreiben, dass sie sich dann wie »in Watte gepackt und in Nebel gehüllt« fühlen oder »die Welt wie durch eine Glasscheibe betrachten« Abkoppeln als Rettungsanker. Unser Körper kann auf solche Mechanismen zurückgreifen.

Doch auch ohne diese extremste, oft belastende Form der Entfremdung zu spüren, kennst du wahrscheinlich auch das Gefühl, mal »nicht ganz da« zu sein. Tagträumen, Wegdriften, Vergessen. Du fühlst dich von anderen Menschen, deinen Lebensaufgaben oder der Zukunft abgeschnitten.

Warum erzähle ich dir das? Menschen beschäftigen sich gerne

mit Nähe, aber seltener mit Distanz. Dabei beschreibt Distanz einen mächtigen Selbstregulationsmechanismus, den unser Körper als Möglichkeit zur Flucht eingebaut hat. Unser Nervensystem ist in der Lage, bei Krisen, überfordernden Gefühlen, Gewalt oder in Schockmomenten Alarm zu schlagen. Ich glaube, dass es wichtig ist, sich bei der Frage nach Nähe auch mit dem Erleben von Entfernung zu befassen.

Dieses Kapitel möchte dich einladen zu erforschen, welchen Wert Distanz in deinem Leben spielt. Denn manchmal braucht es eine tiefe Auseinandersetzung mit der Ferne, um uns im Anschluss wieder mit unserer Umgebung verbinden zu können.

ERDE? BIST DU DA?

Um zu verstehen, wie wir auf der Erde mit Distanz und Entfremdung umgehen können, hilft der Blick ins Weltall. Denn wie fühlt man sich, wenn die Erde plötzlich visuell nicht mehr erfassbar ist? Das ist eine Erfahrung, die in der astronautischen Raumfahrt zwar bereits gemacht wurde, doch bislang nur über kurze Zeiträume. Versuchen wir uns also vorsichtig einer Frage anzunähern, deren definitive Antwort wohl erst dann möglich sein wird, wenn die ersten mutigen Astronautinnen den Mars betreten.

Wie nah sind wir dem Gefühl der absoluten Entfremdung bislang schon gekommen? Eine vielzitierte Geschichte zum Thema Distanz ist die des Astronauten Michael Collins, der 1969 Teil der Apollo-11-Crew war. Während seine Co-Astronauten Neil Armstrong und Buzz Aldrin mit der Landefähre auf der Mondoberfläche aufsetzten, war es Collins' Aufgabe, im Kommandomodul um den Mond herumzukreisen, um die anderen Astronauten im Anschluss wieder abzuholen. Auf der erdabgewandten Seite, sprichwörtlich »hinterm Mond«, gab es wiederholt eine Spanne von rund 50 Minuten, in denen Collins keinen Funkkontakt zur Erde oder zu den anderen

Astronauten hatte. Stille. Allein reiste er in seiner Kapsel um den Mond und wartete darauf, die Verbindung zu seiner Crew wieder aufzunehmen. Viele popkulturelle Medien greifen diese Geschichte wiederholt auf und zitieren Collins als den Menschen, der wirklich weiß, wie es sich anfühlt, die Erde aus dem Sichtfeld zu verlieren.[1] In seinem Buch beschreibt er das Umkreisen des Mondes, frei übersetzt, so: »Ich bin jetzt allein, wirklich allein, und absolut isoliert von jeglichem bekannten Leben. Ich bin es. Wenn eine Zählung durchgeführt würde, wären es drei Milliarden plus zwei auf der anderen Seite des Mondes, und plus eins, Gott wer weiß was, auf dieser Seite des Mondes.«[2] Er erzählt aber auch, dass er vor allem von Gefühlen wie Freude und Aufregung erfüllt war. Von Einsamkeit zunächst keine Spur.

Schauen wir weiter. Den Rekord für den »isoliertesten Menschen der Geschichte« hält Al Worden, der sich bei der Apollo-15-Mission noch ein paar Kilometer weiter von der Erde entfernte als Collins.[3] Auch wenn Collins' und Wordens Erfahrungen sicherlich abenteuerlich und für die Geschichte der Raumfahrt einmalig sind, sind sie nicht vergleichbar mit den geplanten Langzeitmissionen von Marsastronautinnen. Wo sich Collins und Worden keinen ganzen Tag aus dem Sichtfeld der Erde entfernt haben, müssen Marsastronauten mehrere Monate bis Jahre mit einer viel größeren Distanz zurechtkommen. Collins kreiste rund 400 000 Kilometer von der Erde entfernt. Die Distanz zwischen Erde und Mars variiert zwar stark, liegt aber im zwei- bis dreistelligen Millionenbereich. Mit solchen Dimensionen haben wir es zu tun, wenn wir zukünftige Marsmissionen anvisieren. Wie E. T. mal eben nach Hause telefonieren? Schwierig!

Während wir auf der Erde Einsamkeit in einem Isolationsexperiment simulieren oder Gruppendynamiken in einem Habitat untersuchen können, ist es nicht möglich, so zu tun, als wäre die Erde nicht mehr da. Trotzdem haben Wissenschaftler schon einen Begriff für den Gefühlskomplex entwickelt, den sie bei Astronauten vermuten. Das »Earth-Out-of-View«-Phänomen beschreibt die Mischung aus Gefühlen, die zukünftige Marsastronautinnen erleben könnten.[4] Forscherinnen nehmen an, dass Menschen sich einsam fühlen und Heimweh entwickeln werden, wenn die Erde nicht mehr erkennbar ist.[5] Filme oder Fotos des Heimatplaneten werden wohl nicht die frische Luft, Schwerkraft oder den Blick aufs Meer ersetzen können. Aktuell gibt es nur Hypothesen, wie Menschen darauf reagieren werden. Was also tun, wenn wir keine Ahnung haben? Fragen wir mal ChatGPT: »ChatGPT, wie fühlen sich Astronauten, wenn sie das erste Mal auf dem Mars stehen und die Erde nicht mehr sehen können?« Die KI vermutet Folgendes: »Die Gefühle von Astronauten, wenn sie zum ersten Mal zum Mars reisen und die Erde nicht mehr sehen können, zeigen sich auf vielfältige Art und Weise. Zu den möglichen Empfindungen gehören Ehrfurcht und Staunen. Astronautinnen könnten aber auch Isolation und Entfremdung durch das Fehlen des vertrauen Anblicks der Erde fühlen. Und zuletzt? Der Mars wird wahrscheinlich zu einem neuen Bezugspunkt für die Crews werden, die hier längere Zeit leben wollen.« Damit deckt sich die Vermutung der KI mit gängigen Vorstellungen der Wissenschaft. Neben Einsamkeit und Heimweh vermuten Psychologen, dass die Erfahrung, so weit entfernt zu sein, einen Zustand der Losgelöstheit hervorrufen wird. Marsastronauten fühlen sich folglich entkoppelt. Das kann zu intensiven Stressreaktionen führen. Wir erinnern uns – Parasympathikus und Sympathikus reagieren und schlagen Alarm! Konkret können solche Reaktionsmuster möglicherweise in starken Ängsten, Depressionen, aber auch psychotischen Reaktionen und Wahnvorstellungen oder sogar Suizidabsichten münden.[6] Das beschreibt zwar den Worst Case – aber für Psychologinnen ist es wichtig, sich das vorzustellen, um im Vorfeld hilfreiche Gegenmaßnahmen zu entwickeln. Natürlich verfügen Wissenschaftlerinnen schon über einen funkelnden Sternenhaufen an kreativen Ideen, wie man dem emotionalen Weltuntergang auf dem Mars begegnen könnte: beispielsweise mit einem großen Teleskop, um die Erde zu beobachten. Oder mit psychiatrischen Screenings, also Fragebögen zum Gefühlszustand oder Schlafverhalten, die abbilden sollen, wie psychisch stabil ein Astronaut gerade ist.[7] Ein weiterer Vorschlag: Kunstprojekte, die den Heimatplaneten näherbringen sollen[8], oder der Einsatz von Virtual-Reality-Brillen, die das visuelle Eintauchen in eine erdähnliche Umgebung ermöglichen.[9]

Die Erde nicht mehr sehen können ist das eine. Aber: Astronautinnen können aus dem Raumschifffenster auch in die andere Richtung schauen – ins All. Sie können dann zehnmal mehr Sterne als von der Erde aus sehen. Im Vergleich dazu wird ihnen bewusstwerden, wie klein sie sind. Und die Unmöglichkeit, das Universum als Ganzes wahrzunehmen. Die Anthropologin Deana Weibel nennt das den »Ultraview-Effekt«[10] und verbindet damit Gefühle von Angst, Ehrfurcht, aber auch spirituelle Erfahrungen.

Loslösung prägt uns emotional. Wenn wir Distanz erleben, spüren wir erst, wie wichtig Verbindung für uns ist. Warum fühlen wir so? Um das zu begreifen, müssen wir genauer verstehen, auf welche Weise wir Menschen überhaupt Verbindungen zu unserer Umgebung herstellen.

RIECHEN, TASTEN, SCHMECKEN –
WIE WIR ANKERPUNKTE ERMÖGLICHEN

Dafür gibt es eine Erklärung, aus einem ganz anderen Bereich, den du zu Beginn dieses Kapitels schon ein wenig kennengelernt hast: der Embodimentforschung.[11] Dieser Forschungsstrang betont die enge Verbindung von Körper und Seele. Denken, Fühlen und Handeln sind eng mit dem Körper verbunden, der wiederum in die Umwelt eingebettet ist. Kognitive und emotionale Prozesse werden nicht nur im Gehirn, sondern auch durch den Körper und die Umgebung beeinflusst. Informationen aus der Umgebung werden über Sinne aufgenommen, wobei körperliche Empfindungen eine entscheidende Rolle spielen. Ohne diese Einbettung kann das Gehirn nicht intelligent arbeiten. Auch wenn es etwas esoterisch klingen mag, aber die Verbindung zwischen uns und der Erde können wir körperlich fühlen.[12] Idealerweise erleben wir uns als einen Teil unserer Umwelt. In der Psychotherapie begegnen mir oft Menschen, die beschreiben, dass ihnen genau das schwerfällt. Vielleicht führt eine belastende Erfahrung dazu, dass wir uns oft wie abgeschnitten von allem fühlen. Aber wir kennen sicherlich auch das Gegenteil: Momente, in denen wir uns und unseren Körper und die Umgebung ganz genau spüren. Wir fühlen uns verbunden. Tanzen auf einem Konzert, ein anstrengender Wandertag, schöne Sexualität. Wellenrauschen hören, den Sand zwischen den Zehen spüren, Meeresduft riechen. Vielen Menschen, die psychisch erkrankt sind, fällt das schwer. Ich erinnere mich an die erste Therapiestunde mit einem jungen Mann, der mir berichtete, sich stark entfremdet zu fühlen. Er konnte nicht benennen, ob er lieber Fahrradfahren oder auf dem PC spielen wollte. Seine Arbeit fühlte sich für ihn gleichgültig an, und es war fast ein Ding der Unmöglichkeit, sein Lieblingsessen herauszufinden. Unsere ersten Therapiestunden begannen also tatsächlich damit, dass dieser Mann übte, aus verschiedenen Seifendüften diejenigen herauszusuchen, die ihm gefielen. Was für viele Menschen ein normaler Gang durch den Drogeriemarkt ist, bedeutete für ihn eine Mammutaufgabe: Erdbeermousse, Kräuter oder Sommerbrise? Solche Prozesse verraten viel darüber, ob wir unsere körperlichen Bedürfnisse, aber auch unsere Gefühle gut wahrnehmen und in der Folge daraus Entscheidungen ableiten können. Um uns durch unsere Umgebung navigieren zu können, braucht es ein gutes Zusammenspiel aus Gefühlen, Gedanken, Körpererleben, aber auch ein Verständnis für unsere Lebensumgebung. Das alles erfassen wir mit Hilfe unserer Sinne.

Im Weltall fehlen uns genau diese Sinneserfahrungen. Die Professorin Amanda du Preez schreibt in ihrem Buch, dass Menschen im All ihre Umwelt lediglich durch eine schützende Habitatwand oder ein isolierendes Raumanzugsvisier wahrnehmen können.[13] Wenn wir zum Mars fliegen, dann verlassen wir nur selten das Raumschiff und wenn doch, dann nur mit einem Raumanzug, der uns von der Umwelt trennt. Es ist kaum möglich, in dieser Extremwelt zu schnuppern, zu hören oder verschiedene Materialien zu berühren. Immer wieder kursieren popkulturelle Berichte darüber, wie es wohl im All riecht.[14] Astronauten beschreiben einen süßlich-metallischen Geruch – oder sogar den Duft von Mandelkeksen.[15] Die Geruchsvielfalt von beispielsweise frischem Regen, Autobenzin oder einem Stück frischem Obstkuchen, finden wir im All nicht vor. Den Sinnesorganen wird es im All wahrscheinlich nach und nach langweilig werden.[16] In der Folge fühlen wir uns von unserer Umgebung sensorisch isoliert. Das schafft wiederum Distanz, und wir fühlen uns unverbunden mit unserer Umgebung. Wie können wir damit umgehen, wenn wir eben nicht – wie auf der Erde – im Drogeriemarkt unsere Sinne schärfen können, sondern mit einem Mangel an Einbettung zurechtkommen müssen? Vielleicht müssen wir gar nicht so weit reisen, um ein paar Ideen dazu zu bekommen. Fliegen wir kurz zurück zur Erde.

WO DIE ERDE WEITER WEG IST ALS DAS ALL

In der Antarktis kommt man dem Gefühl der Entfremdung und Distanz nahe, ohne dafür die Erdoberfläche verlassen zu müssen. Circa 1100 Menschen leben am Südpol. Das klingt nach Massentourismus auf einer riesengroßen Eisscholle. Die meisten Menschen, die sich hierhinverirren, sind abenteuerfreudige Touristinnen oder Wissenschaftler, die meistens ein paar Monate bis zu einem Jahr hier überwintern. An manchen Tagen fallen die Temperaturen auf gemütliche minus 10 Grad Celsius, in den kälteren Monaten erreichen sie gerne mal minus 50 Grad. Es braucht eine dicke Daunenjacke und viel Motivation, um diesen Ort freiwillig zu besuchen. Wer länger bleiben möchte, sollte es sich im Vorfeld gut überlegen. Denn im Winter führt die monatelange Dunkelheit dazu, dass man außerhalb des beleuchteten Habitats nichts außer einem klaren Sternenhimmel sieht. Aufgrund der schlechten Sicht und des unbeständigen Wetters können Flugzeuge in den Wintermonaten nicht landen. Zudem bildet sich um den Kontinent eine kräftige Eisschicht, Schiffe haben dann keine Möglichkeit mehr anzulegen. Wer sich traut, dem letzten Flugzeug nachzuwinken, das den Kontinent verlässt, hat nur noch Zugriff auf die Vorräte und Infrastruktur der eigenen Forschungseinrichtung. Medikamentennachschub oder eine frische Essenslieferung gibt es im Winter nicht. Dem Gefühl der Abgeschnittenheit und Distanz begegnet man hier schnell.

Adrianos hat dieses Experiment gewagt. Ein Jahr lang hat der junge Arzt mit zwölf weiteren Menschen in der Forschungsstation Concordia gelebt. Er erinnert sich noch an das Gefühl, als das letzte Flugzeug die Station verließ. Was geht einem Menschen da durch den Kopf? Adrianos atmet damals erleichtert auf: Der Beginn der Isolationsphase fühlt sich besser an als der Zeitraum davor, wo man auf den Abschied von den anderen Wissenschaftlern gewartet hat. Denn das Starten der Triebwerke sorgt auch für Gewissheit. »Der Moment des Abschieds ist ja nur so groß, weil wir ihm selbst so viel Bedeutung verleihen. Eigentlich ist der Zustand vorab viel belastender«, sagt Adrianos. »Man befindet sich in einem Dilemma. Soll ich hier wirklich überwintern oder doch noch mit den anderen zurückfliegen?« Dieses Gefühl kennen so manche von uns: wenn man seine Fernbeziehung zum Zug bringt oder eine gute Freundin verabschiedet. Die Hoffnung, dass diese Person doch dableibt, begleitet von letzten Umarmungen und Erinnerungen.

Auch Adrianos erlebt diese Ambivalenz: der Reiz, den Winter in Einsamkeit zu bestreiten, und die Sehnsucht nach Freunden und frischer Pizza. Er beschließt, auf Concordia zu bleiben. Gemeinsam mit ihm überwintert auch der Laptop eines Piloten, der zum Ende des Antarktissommers zurückfliegt und sein Notebook vergisst. Ein Jahr später, im nächsten Arktissommer und nach der Isolationsphase, kommt der Pilot zurück und Adrianos wird ihm den Laptop zurückgeben. So ist das hier. Keine DHL-Expresslieferung vom Ende der Welt. Adrianos' Tage folgen einer strikten Routine. Als Forschungsarzt untersucht er, wie sich der Organismus an eine Umgebung ohne Berge, Grünflächen und Licht anpasst. Während er Blutproben und Speichelabstriche von seinen Kolleginnen entnimmt, wird er selbst auch zum Testobjekt. Adrianos erinnert sich: Die permanente Dunkelheit und eine in der Folge gestörte Melatoninproduktion führen dazu, dass sich sein eigener und der Schlafrhythmus seiner Teamkollegen verschlechtert. Anstatt in einen tiefen Nachtschlaf zu fallen, streunert er durch die Flure der Forschungsstation. Dort trifft er auf seine Mitbewohner, die aufgrund der Dauerdunkelheit ebenfalls kein Auge zutun. »Night Kitchen Raids« taufen sie ihre nächtlichen Begegnungen. Ab und zu eine Runde Billard statt REM-Phase.

Schnell entwickelt sich ein Alltag in der Schneekugel nahe dem Südpol. Das Habitat ist eintönig gestaltet. Aufgrund strenger Importregeln gibt es beispielsweise keine echten Pflanzen auf der Forschungsstation. Adrianos weiß das und bringt einen grünen Plastikbaum mit, den er in sein kleines Zimmer stellt. Je weiter sein Aufenthalt voranschreitet, desto wichtiger wird der einzige grüne Gegenstand für den Forscher. »Das war das Einzige, was mich an die Natur oder meine Heimat erinnert hat«, erzählt Adrianos. »Dieser Plastikbaum war meine Möglichkeit, mich durch Erinnerungen mit meiner Ursprungsumgebung zu verbinden.« Wie wichtig es ist, sich in der Ferne Bezugspunkte zu seiner Heimat zu schaffen, das verstehe ich im Gespräch mit Adrianos schnell. Adrianos lernt aber auch, dass es wichtig ist, seiner aktuellen Umgebung vertrauen zu können. Er muss sich darauf verlassen, dass alles, was er zum Überleben braucht, in der Forschungsstation vorhanden ist. Nur dann kann er sich sicher fühlen und auf das Abenteuer einlassen. Trotzdem träumt er sich immer wieder in Situationen zurück, in denen er in einem See schwimmt oder im Wald unterwegs ist. Adrianos stellt jedoch schnell fest, dass melancholisches Vermissen keine Option ist. Er sucht sich sinnvolle Alternativen. 30 Bücher liest er in dem Jahr. Filme, aber auch Gespräche mit den anderen Teammitgliedern tragen durch die Zeit. Am meisten fasziniert Adrianos der Nachthimmel: Er kann die Milchstraße detailliert beobachten und mit seiner Kamera fotografieren. Das erste Mal, als er in der Dunkelheit die Tür des Habitats öffnet, begegnet ihm ein gewohntes Gefühl der Angst. Es ist ein Instinkt, den wir alle in fremden Umgebungen entwickeln und der uns vor brenzligen Situationen schützen soll. Aber in der Antarktis gibt es keine gefährlichen Tiere und keine Kriminalität – der Südpol ist eine ungewöhnlich beständige Lebensumgebung. Nicht einmal Geld gibt es, denn kaufen kann man dort nichts. Adrianos erlebt, dass die Umgebung, in der er wohnt, zwar monoton, aber auch sicher ist.

Was bedeutet Distanz für einen Menschen, der sprichwörtlich und tatsächlich am anderen Ende der Welt gelebt hat? Adrianos muss nicht lange überlegen: »Für mich bedeutet Distanz die emotionale Trennung zwischen zwei Menschen. Es ist nicht wichtig, ob wir örtlich weit voneinander entfernt sind, sondern wie sehr wir uns emotional verbunden fühlen. Schau mal, wir beide sprechen auch gerade über einen digitalen Kanal miteinander. Aber ich fühle mich mit dir verbunden, weil wir eine gute Beziehung zueinander haben.« Wie fern man sich fühlen kann, auch wenn man direkt nebeneinandersteht, das erlebt Adrianos auch während seiner Zeit auf Concordia. Mit den meisten Kolleginnen versteht er sich gut. Kulturelle Unterschiede und Ansichten führen aber auch dazu, dass er sich manchmal von den anderen isoliert fühlt und dann eher eine Mail nach Hause sendet, um eine emotionale Verbindung zu Menschen zu spüren.

Adrianos erinnert sich an sein Team. Einige Kollegen kommen damals gut mit der Isolation und Distanz zurecht, andere weniger. Er glaubt, das hängt auch mit der Motivation für den Aufenthalt in der Antarktis zusammen. Denn es gibt Menschen, die wählen Distanz, um vor etwas wegzulaufen – vor gescheiterten Beziehungen oder Zukunftsängsten. In der Psychotherapie nennen wir das Annäherungs- und Vermeidungsziele. Sperrige Begriffe, die aber etwas ganz Simples beschreiben. Annäherungsziele sind Ziele, auf die wir hinarbeiten und über die wir uns freuen, wenn wir sie erreichen. Vermeidungsziele beschreiben Erfahrungen, die wir umgehen wollen. Wir vermeiden es zum Beispiel, von anderen abgewertet zu werden oder uns Konflikten zu stellen, und ergreifen lieber die Flucht. Das Problem dabei ist: Distanz zu schaffen, wird niemals für Zufriedenheit sorgen. Wer spürt, dass er am liebsten ausbrechen möchte, sollte sich zunächst fragen, was sein Annäherungsziel dahinter ist. Also: Wo will ich hin? Adrianos war klar, was er in der Antarktis suchte: eine Erfahrung, die dem Leben im All womöglich am nächsten kommt.

Wenn Adrianos seine Erfahrung mit Distanz reflektiert, denkt er oft an die Menschen, die in der Zukunft jahrelang im All unterwegs sein werden. Für Marsastronautinnen stellt er folgende Prognose auf: »Sie werden sich an die neue Umgebung anpassen und erleben, dass das ihre neue Realität ist. Je weiter sie reisen, desto mehr werden sie sich von Ethik, Gesetzen und gängigen Stereotypen entfremden. Eine neue Lebensart, die zu dem jeweiligen Ort passt, muss sich folglich entwickeln.« Aus eigener Erfahrung weiß er, dass Anpassung ein wichtiges Stichwort ist. In der Antarktis hat Adrianos gelernt, sich auf die Aspekte zu fokussieren, die er kontrollieren kann: Sport machen, schlafen, die Arbeit erledigen. Immer wieder hat er sich in Erinnerung gerufen, warum er hier ist. Und schlussendlich hat er sich an das Leben im Eis gewöhnt – an die Stille und an die Tatsache, niemanden spontan treffen zu können.

Nach seiner Rückkehr muss Adrianos erst wieder in seinem eisfreien Leben ankommen. Seine Bankkarte wurde in der Zwischenzeit gesperrt, denn Adrianos hat ein Jahr lang seine PIN nicht eingegeben. Die Bank dachte folglich wohl, dass der Besitzer der Karte nicht mehr existiert. Noch etwas, womit Adrianos nicht mehr gerechnet hatte, sind Vögel! Als er am ersten Tag nach seiner Rückkehr eine Straße entlangspaziert, fliegt ein Vogel über Adrianos' Kopf, und er erschrickt sich fürchterlich. Vögel hat er seit einem Jahr nicht mehr gesehen! Wenn Adrianos heute in der hektischen Stadt unterwegs ist, er Autoabgase riecht oder vom Klingeln seines Handys unterbrochen wird, spürt er eine leise Sehnsucht. Er vermisst den Ort, den er ein Jahr lang sein Zuhause genannt hat. »Ein bisschen wie das Stockholm-Syndrom«, lacht Adrianos. Wenn man nicht entfliehen kann, dann arrangiert man sich eben mit der Situation. Und vermisst die Antarktis im Umkehrschluss, wenn man wieder zu Hause ist.

Reintegration in die Heimatumgebung ist ein ebenso komplizierter Prozess wie das Abenteuer ins Eis oder ins All selbst. Astronautinnen oder Menschen in der Antarktis müssen sich fragen, was es braucht, um sich nach einer Reise in die Ferne wieder mit seiner Umgebung verbinden zu können. Viele Menschen, die das erlebt haben, empfehlen zu Recht, sich für die Rückkehr Zeit zu nehmen. Adrianos macht genau das nicht. Kurzerhand stürzt er sich wieder in die Arbeit. Sein soziales Umfeld hatte ihn vermisst und möchte ihn gleich in seiner ersten Woche wiedersehen. Viel zu schnell, reflektiert er heute. Er fühlt sich überfordert. Zu viele sensorische Reize, nicht fertig gedachte Gedanken, Wäscheberge. Adrianos macht noch eine erstaunliche Entdeckung. Obwohl er wieder zu Hause ist, fühlt er sich seltsam distanziert. »Auch wenn ich anderen Menschen von meinen Erlebnissen erzählt habe, konnte ja niemand meine Erfahrung nachempfinden. Niemand konnte mich wirklich verstehen.« Adrianos blickt sehr gerne auf seine Zeit in der Antarktis zurück. Anderen Abenteurern empfiehlt er Folgendes: »Akzeptiere, dass dich ein solches Erlebnis verändern wird. Und lass die Unterstützung anderer Menschen bei deiner Rückkehr zu.«

Unterstützung kann uns auch während unserer Reise Sicherheit vermitteln. Denn Beziehungen zu anderen Menschen können uns dabei unterstützen, mit Distanz besser umzugehen. Das gilt auch im All. Die Arbeit mit Angehörigen spielt zunehmend eine Rolle in der astronautischen Raumfahrt. Bei der NASA gibt es ein Family Support Office. Hier unterstützt man die Familien, den Kontakt zu den Astronautinnen im All aufrechtzuerhalten und mit ihnen zu kommunizieren. Früher hatten vor allem Astronautinnen viel seltener eine eigene Familie, heute grätscht die Familiengründung oft in die Missionsplanung hinein. Im Schnitt haben Astronautinnen 2,1 Kinder.[17] Die letzte Verabschiedung von dem Nachwuchs findet vor dem Start aufgrund von Quarantänebestimmungen durch eine Glasscheibe statt. In der Doku *Allein im All. Die einsame Reise zum Mars* wird die Astronautin Kayla Barron porträtiert, die neben ihrer Mission auch ihren Kinderwunsch plant. Schultüten und Raumkapseln unter einen Hut zu bringen, ist heutzutage ganz normal. Dabei haben Familiensysteme eine positive Wirkung auf Astronauten.[18] Der regelmäßige Kontakt zu Kindern und Ehepartnern kann die Verbundenheit zur Erde verstärken und bei der Arbeit im All anspornen und motivieren. Raumfahrtagenturen wissen das und nutzen diesen Effekt. Aus den Augen, aus dem Sinn – das trifft auf Astronautinnen nicht zu. Im Archiv der NASA finden sich immer noch zahlreiche Briefe des Astronauten Jerry M. Linenger, der 1997 an seinen 14 Monate alten Sohn schrieb, um so seine Sehnsucht zu stillen.[19] Und es geht noch eine Spur intensiver: Wenn wir für lange Zeit ins All reisen, lassen wir Menschen auf der Erde zurück. Diese Menschen können leben – oder auch versterben. Möchte man wissen, dass ein nahestehender Mensch nicht mehr lebt, wenn man gerade in der Marsumlaufbahn unterwegs ist? Die Weltraumpsychologin Sheryl Bishop sagt dazu: »Menschen, die sich nur wenig mit dem Sterben auseinandergesetzt haben, schrecken oft zurück und glauben, dass es besser wäre, sich nicht mit dem Tod zu befassen. Diejenigen Astronautinnen, die in ihrem Leben Erfahrungen mit Verlusten gemacht haben, möchten darüber informiert werden. Auch wenn die Information traurig macht, möchten sie sich damit auseinandersetzen können und sich – im Rahmen ihrer Möglichkeiten – mit ihren Angehörigen verbinden.«

VON IGELBÄLLEN, MURMELN UND CHILIBONBONS

Egal wie weit wir uns entfernen, die Frage nach Beziehung bleibt bestehen. Manche Menschen müssen nicht in ein Raumschiff einsteigen oder in die Antarktis fahren, um sich distanziert und entfremdet zu fühlen, weil sie diese Erfahrung regelmäßig machen. Doch auch diejenigen, die Distanz gewohnt sind, können mit Hilfe von Beziehungen lernen, sich wieder zu verorten. Einer dieser Menschen ist Dennis. Dennis hat eine dissoziative Störung. Wir wollen an dieser Stelle nicht darauf eingehen, was Dennis im Detail erlebt hat. Kurz zusammengefasst: Dennis hat es geschafft, eine Ausbildung und ein Bachelorstudium zu meistern, hat Hobbys wie Malen, Schreiben und Sport und berichtet anderen Menschen gerne davon, wie er die Welt manchmal wahrnimmt. Dennis weiß, was es heißt, sich weit weg oder entkoppelt zu fühlen. Wenn er entschwindet, dann beschreibt er seine Umgebung als »subrealisiert«. Sie rückt dann in den Hintergrund und wirkt wie ein verpixeltes PC-Spiel, das er nicht mehr scharf stellen kann. In einem solchen Moment hat er das Gefühl, dass seine Empfindungen langsam verschwinden, und es fällt ihm schwer, sich selbst oder andere Menschen in der Gegenwart zu erleben. Gedämpft, umnebelt und schummerig steuert er dann wie per Autopilot durch seinen Alltag. Wenn er einen Gegenstand berührt, wirkt es surreal – als würde er dabei Handschuhe tragen. Vor allem, wenn Dennis starken Stress erlebt, reagiert sein Körper schnell auf diese Weise. Er wird erst mal aus der Realität herauskatapultiert. Das schützt vor Überforderung, sorgt aber auch dafür, dass es Dennis schwerfällt, in Kontakt zu kommen und Beziehungen aufzubauen. Denn hinter der körpereigenen Milchglasscheibe lernt man nur schwer andere Menschen gut kennen. Dennis hat im Laufe seiner

Therapie gelernt, wie er wieder Verbindungen herstellen kann. Ich erkundige mich nach seinen Tricks. Was kann man tun, wenn man sich von anderen distanziert erlebt? Dennis profitiert von Achtsamkeitsübungen, die seine Aufmerksamkeit wieder auf die Gegenwart richten, und von sensorischen Reizen durch Igelbälle oder Chilibonbons, die den Körper wieder im Hier und Jetzt verorten. Und er versucht, sich jeden Tag zu sagen, dass er die Vergangenheit, die zu diesem Erleben geführt hat, nicht ändern kann – dass er aber sein Leben in der Gegenwart gestalten darf.

Gegenwart leben. Spüren, dass ein anderer Mensch da ist, der durch die Nebelwand hindurchspricht. Therapie funktioniert oft so. Hände, die berühren. Igelbälle, die daran erinnern, dass Stacheln weh tun können. Murmeln in den Schuhen, manchmal die Aufforderung, in die Augen des Gegenübers zu schauen. Von Adrianos, Dennis und Maja lerne ich vor allem Folgendes: Beziehung sticht Distanz. Es ist nicht wichtig, ob wir auf einer Eisscholle am anderen Ende der Welt sitzen oder uns inmitten von Menschen wie in Watte gepackt fühlen. Distanz kann man nicht in Metern messen, sondern nur in nicht geteilten Momenten. Ganz gleich, wie weit wir uns physisch voneinander wegbewegen: Es geht darum, Möglichkeiten zu entwickeln, uns wieder mit anderen zu verbinden. Durch Gespräche, gemeinsame Erinnerungen oder einen festen Händedruck. Wir können Menschen wie Dennis helfen, wenn wir merken, dass sie in ihre eigene Welt abtauchen. Dennis wünscht sich von anderen Menschen in solchen Momenten vor allem Verständnis. Niemand soll sagen, dass er komisch wirkt. Mit Hilfe von Blickkontakt oder unserer Stimme können wir Menschen, die sich distanziert fühlen, einladen, in unsere Lebensrealität zurückzukehren.

Egal wie weit wir reisen, wir werden immer Sehnsucht nach Nähe haben. Und je weiter wir uns entfernen müssen, desto mehr sollten wir darauf achten, alles zu erhalten, was uns verbindet. Manchmal reichen kleine Dinge. Wer oft in Hotelzimmern übernachtet, kann das Kuscheltier mitnehmen, das an zu Hause erinnert. Bilder, Gegenstände, sogar Gerüche können uns nach Hause holen. Und im Raumschiff? Da könnten gelegentliche Umarmungen helfen, um Nähe zu spüren. Zuletzt: Es hilft zu begreifen, dass Distanz nicht immer negativ sein muss – und man selbst entscheiden kann, wie weit man sich tatsächlich von anderen Menschen und der eigenen Umgebung entfernt. Nicht immer räumlich mit den Füßen. Aber innerlich mit dem Herzen.

Und wenn wir die Erde für lange Zeit aus dem Sichtfeld verlieren? Wie bereits erwähnt, können wir bislang nur erahnen, wie sich das anfühlt. Sheryl Bishop findet auch hierfür die passenden Worte: »Du kannst alle Bücher über Geburten lesen, und weißt trotzdem nicht, wie es sich anfühlt, ein Kind auf die Welt zu bringen. Du kannst dich professionell mit Trauer auseinandersetzen, aber wie es sich anfühlt, einen nahen Menschen zu verlieren, ist noch mal etwas anderes. Und wie es sich anfühlt, das erste Mal auf dem Mars zu landen – das werden wir erst dann erfahren, wenn wir dort sind. Wir können nicht planen, wie es uns dabei gehen wird. Aber wir können uns darauf einstellen, dass wir viel fühlen werden.«

12 Langeweile

*»... die dritten zehn Millionen Jahre haben mir
überhaupt nicht gefallen und danach hab ich
ein wenig die Lust verloren.«*

—

Handtuchschwanbasteltipps für öde Partys und
eine Einladung, drei Monate im Bett zu bleiben

Es ist 15:30 Uhr. Noch eine halbe Stunde, bis ich diesen Ort verlassen darf. Ich scrolle durch jeden geöffneten Tab auf meinem Computer. Schließe Webseiten, öffne neue, drücke wieder auf das X zum Schließen. Mein Blick gleitet aus dem Fenster, hinüber zu einem großen Kastanienbaum, der im Schleichtempo von der Sonne umrundet wird. Sobald sie an seiner rechten Seite hervorblitzt, darf ich dieses graue Gebäude endlich verlassen. 15:35 Uhr. Ich habe meine Aufgaben schon seit drei Stunden fertig. Neue gibt es nicht. Ob ich gehen darf? Das wollte ich gestern schon wissen. Ein Kopfschütteln meiner damaligen Chefin: »Nein, deine Arbeitszeit endet um 16 Uhr.« Mein neunzehnjähriges Ich ist für einen wütenden Boykott oder ein frustriertes »Ich bin fertig, also geh ich jetzt!« noch zu schüchtern. Also drehe und wende ich mich auf dem ausgesessenen Bürostuhl, zähle die Blätter des Kastanienbaums, Tab öffnen, Tab schließen, und schwöre mir in diesem Moment, dass ich nie wieder einen so langweiligen Sommerjob machen werde.

Langeweile. Kennst du dieses Gefühl? Wenn du an niemals enden wollende Schulstunden, ausgefallene Dorfbusse und überfüllte Wartezimmer denkst, wahrscheinlich schon. Oder wie es in *Per Anhalter durch die Galaxis* heißt: »Die ersten zehn Millionen Jahre waren die schlimmsten, die zweiten zehn Millionen Jahre waren auch die schlimmsten, die dritten zehn Millionen Jahre haben mir überhaupt nicht gefallen und danach hab ich ein wenig die Lust verloren.« Zeit kann sich nach einer Ewigkeit anfühlen. Obwohl Langeweile ein Gefühl ist, dass wir im Alltag häufig erleben, wird es in der Forschung oft ignoriert. Dabei ist es wichtig herauszufinden, was uns langweilt und wie wir damit umgehen können – auf der Erde wie auch im All. Aber keine Sorge, es wird hoffentlich spannend.

FORSCHUNG IN KOPFTIEFLAGE – ÖDE ODER NICHT?

Wir starten in einer kleinen Dachgeschosswohnung in Münster. Große Begrüßungsfreude! Wie lange haben David, Paul und ich uns nicht mehr gesehen? Sehr lange! Die Kaffeemaschine läuft, im Kühlschrank stapelt sich der Joghurt mit der Ecke, und eine Katze streift um meine Beine. Das Küchenradio läuft, und wir versinken erst mal in Erinnerungen. Heute wollen wir ausführlich über Langeweile sprechen, denn David und Paul sind absolute Profis auf diesem Gebiet.

David, Paul und mich verbindet die gemeinsame Erinnerung an Körperwaagen, Bettpfannen und Handtuchschwäne. Eine skurrile Kombination, die aber einen hohen wissenschaftlichen Stellenwert hat. Um das zu verstehen, müssen wir ein paar Jahre zurückspringen.

2015. David und Paul sind Mitbewohner, stecken gerade im Studium und brauchen Geld. Zufällig stoßen sie auf eine Ausschreibung des Deutschen Zentrums für Luft- und Raumfahrt: männliche Probanden für Bettruhestudie gesucht. 60 Tage im Bett liegen und dafür bezahlt werden. Das klingt entspannt! David und Paul melden sich an und ziehen einige Monate später in die medizinische Forschungsanlage :envihab. Zwei Wochen Eingewöhnung, dann geht es für zwei Monate ins Bett, ohne ein einziges Mal zwischendrin aufzustehen. Das Experiment, für das die beiden Studenten ihren Körper zur Verfügung stellen, untersucht die Auswirkungen der Schwerelosigkeit auf den Körper. Die Probanden der Studie sollen ähnliche Bedingungen wie Astronautinnen im All erfahren. Um das zu erreichen, sieht der medizinische Goldstandard vor, Menschen ins Bett zu legen. Sechs-Grad-Kopftieflage, sprich, die Füße liegen ein wenig höher als der Kopf. Das führt dazu, dass sich die Körperflüssigkeiten im Körper umverteilen. Der Augeninnendruck verändert sich, Muskeln in den Beinen bauen allmählich ab. Duschen und essen – und weil das immer gefragt wird, auch den Toilettengang – erledigen die Jungs liegend. Sich mal kurz aufzusetzen oder mal spazieren zu gehen, ist strengstens verboten. Vor allem in den ersten Tagen klagen Probandinnen von Bettruhestudien immer wieder über Kopf- oder Rückenschmerzen, die durch die Tieflage hervorgerufen werden. Nach ein paar Tagen vergeht das meistens. Besuch von draußen ist aufgrund von strengen Hygienebestimmungen verboten, um Infektionen zu vermeiden. Jeder Tag folgt einer festen Struktur mit festgeschriebenen Wachzeiten und Experimenten. Selbst das Essen ist für die gesamte Studie durchgeplant. Damit die Studienteilnehmer ihr Körpergewicht genau beibehalten, wird jede Mahlzeit genaustens abgewogen und zubereitet. Heimlich Schokolade essen ist – natürlich – verboten. Was meinst du – ist das nicht langweilig?

Ich arbeite damals als eine der vielen Hilfskräfte im Studienteam mit, denn es braucht Menschen, die die Probanden wiegen, ihnen Essen bringen, sie durch die Gänge schieben und bei Laune halten. Langeweile und Frustration soll auf keinen Fall aufkommen. Also sitze ich eines Nachts im kleinen Büro des Forschungsmoduls und recherchiere, wie man einen Handtuchschwan faltet. Diagonal zusammenlegen, dann das Dreieck von der breiten Seite her aufrollen, umbiegen und so weiter. Das nächste Mal, wenn ich Paul oder David aus dem Duschraum mit der Duschliege zurück in ihr eigenes Zimmer schiebe, thront statt einem normalen Badetuch ein Schwan auf dem frisch bezogenen Bett.

Das ist acht Jahre her, und ich habe längst vergessen, dass ich mal Textilorigami beherrscht habe. Aber Paul erinnert sich: »Das war auf jeden Fall mein Highlight der Studie. Und dass das Küchenteam aus dem Abendbrot mal ein Gesicht gezaubert hat. Das waren so die Kleinigkeiten, die ich nicht vergessen habe.« Wenn die beiden an ihre Zeit als Bettruheprobanden denken, kommt Freude auf. Keine Spur von Übersättigung. Wie schafft man es nur, drei Monate eingesperrt und zwei davon nur im Liegen zu verbringen und sich nicht zu langweilen?

TOTAL SPANNEND! WAS IST LANGEWEILE?

Fangen wir mal von vorne an: Was ist Langeweile überhaupt?[1, 2] Eine der gängigsten Definitionen stammt von John Eastwood, einem kanadischen Professor: »Langeweile ist das unangenehme Gefühl, eine zufriedenstellende Aktivität ausführen zu wollen, aber nicht zu können.«[3] Wenn wir uns langweilen, erleben wir also einen unangenehmen Zustand, der auch mit anderen Gefühlen wie Einsamkeit, Traurigkeit, Wut oder auch Sorge einhergehen kann.[4] Wir würden gerne einer angenehmen Aktivität nachgehen, können das aber nicht. So wie ich damals in meinem Sommerjob. Was kann man also tun, wenn man weiß, dass man sich langweilen wird?

David und Paul haben sich vor ihrem Einzug in die Forschungsanlage gut vorbereitet und unter anderem einen Blog von einem Probanden gelesen, der bei einer ähnlichen Studie der NASA mitgemacht hat. Die beiden Jungs setzten auf Vorfreude. David kaufte sich also erst mal einen neuen Laptop und befüllte ihn mit Filmen, Büchern und Musik. Daneben warteten einige große und kleine Projekte auf die beiden. Ein Buch schreiben, Post beantworten, lernen, zocken.

Und tatsächlich: Über Langeweile klagten die beiden während der gesamten Studie nie. Nur die regelmäßigen MRT-Untersuchungen im Rahmen eines Experiments waren öde: »Man konnte sich nicht bewegen und nicht mal tagträumen, weil das MRT-Gerät so laut war. Und sobald ich anfing, vor mich hin zu dämmern, machte mein Körper unwillkürliche Bewegungen, die das MRT-Bild verzerrten. Also musste ich still und konzentriert bleiben. Superlangweilig!« Aber ansonsten vergingen Experimente und Essenszeiten wie im Flug. Schon bald neigte sich die Liegephase der Studie ihrem Ende zu. David und Paul lagen jeweils auf dem sogenannten »Tilt Table«, einem Tisch, der die Probanden aus dem Liegen in den Stand aufrichtet. Wissenschaftlerinnen untersuchen dabei, wie der Kreislauf auf die aufgerichtete Körperhaltung reagiert. David erinnert sich, wie sein Herz anfing zu schlagen, der Puls immer schneller wurde und Schweiß aus allen Poren strömte. Das Blut rauschte wieder in die Beine und ihm wurde schwindelig. Überall Sterne. Die Messgeräte zeigten an, dass er bald in Ohnmacht fallen würde. Die Wissenschaftler fuhren den Tilt-Table wieder in die Waagerechte. Dann war alles vorbei. Ein paar Tage rollte David noch mit dem Rollstuhl über die Station. Da er – so wie alle Probanden – körperlich gesund war, dauerte es nur wenige Tage, bis er wieder ganz normal laufen konnte.

Von David, Paul und den anderen Probanden der Studie lernte ich schon damals vor acht Jahren, dass es Menschen gibt, die anscheinend extrem gut mit monotonen Situationen umgehen können. Wird solchen Menschen jemals langweilig? Langes Nachdenken am Küchentisch. Dann Kopfschütteln. Beide beschreiben, dass sie sich schon immer gut mit sich selbst beschäftigen konnten. Das funktioniert auch, wenn es keine Bücher oder Filme zum Zeitvertreib gibt. Dann kreiert die eigene Phantasie spannende Innenwelten. »Ich kann immer über irgendwas nachdenken. Wenn ich nichts zu tun habe, schalte ich Musik an und kann direkt abtauchen«, berichtet David. Der eigene Präfrontalkortex als Entertainment-Maschine. Die Wissenschaft beschreibt dieses Verhalten mit dem Begriff »Mind-Wandering«[5] – Tagträumen. Für mich klingt das fast schon wie eine Zauberkraft. David und Paul berichten beide, dass Langeweile sogar ihre Kreativität fördert. Aber ist da was dran?

Was sagt die Wissenschaft? Eine Studie aus dem Jahr 2012 zeigt tatsächlich entsprechende Ergebnisse. 145 Teilnehmerinnen sollten eine kniffelige Aufgabe lösen: für alltägliche Objekte ungewöhnliche oder kreative Verwendungsmöglichkeiten finden. Zum Beispiel eine Zeitung, die man auf verschiedene Weise falten kann. Man trennte die Probanden in zwei Gruppen. Die eine Hälfte sollte sich zwischendurch langweilen, die andere wurde in der Pause unterhalten und aktiviert. Und voilà: Diejenigen, die sich langweilten, gelangten am Ende zu kreativeren Lösungen.[6] Dafür braucht es aber eine Grundvoraussetzung: die Freiheit, die eigenen Gedanken wandern zu lassen.

Auf den Bus warten, an der Kasse stehen – alles halb so wild, wenn man dabei die Augen schließen und in seine eigene Welt entfliehen oder an einem Problem knobeln kann. David und Paul sind sich einig: Es gibt eigentlich immer etwas, über das man nachdenken kann. Der Schlüssel liegt darin, selbst zu bestimmen, wie und womit wir uns beschäftigen. Sobald wir in einer langweiligen Aufgabe gefangen sind, die uns abhält zu tagträumen, werden wir keine kreativen Geistesblitze hervorbringen, sondern frustriert reagieren. Wenn wir aber frei entscheiden dürfen, dann langweilen wir uns weniger. Kreativität gewinnt gegen die Langeweile, aber nur wenn sie von Autonomie begleitet wird.

Schauen wir mal auf Situationen, die sehr wohl öde werden können. David und Paul denken angestrengt nach. Paul ist ab und an auf Geschäftsreisen: zu müde, um die Stadt zu erkunden, ein fremdes, karges Hotelzimmer, das nicht die Möglichkeiten der eigenen Wohnung bietet. Weitersuchen. Ich werfe Bushaltestellen und Wartezimmer in die Diskussion ein. Haltestellen? Nee, da kann man ja Musik hören. Das Wartezimmer der Hausärztin schon eher, weil man hier darauf wartet, aufgerufen zu werden. Das haben wir ja nicht in der Hand.

»Ich hab's!«, verkündet Paul plötzlich. »Der langweiligste Ort überhaupt! Partys! Das finde ich so öde.« Laute Musik, Smalltalk, keine Möglichkeit, sich selbst zu beschäftigen. Klar, man kann mit manchen Menschen gute Gespräche führen. Zwischen Kochrezepten und Urlaubsberichten ist das aber nicht immer garantiert, und wenn dann keine Alternative bereitsteht, wird es sehr schnell sehr langweilig. Das ist also der Unterschied zwischen Party und Bettruhestudie – Partys sind mitunter langweiliger. Wieder etwas gelernt.

Wir sollten uns also zunächst einmal Gedanken machen, was uns langweilt und wie wir diesem Gefühl begegnen können – ganz ohne Druck. Wem das Abtauchen in virtuelle oder gedankliche Welten schwerfällt, kann sich fragen, was für einen persönlich Spannung erzeugt. Während David berichtet, dass er Ausdauerläufe langweilig findet, entspannt mich persönlich das Bahnenziehen im Schwimmbad. Paul, David und andere Probanden liegen gerne monatelang im Bett, gleichzeitig gibt es viele Menschen, die sagen: »Das könnte ich nicht!« Völlig in Ordnung.

Ein letzter Schluck Kaffee. Ob beide zum Mars fliegen würden, will ich wissen. Ja klar! Eine spannende Erfahrung. Entdecken, Wissenschaft. Paul lacht: »Was natürlich doof wäre: Bei uns könnte es echt passieren, dass wir auf dem Mars ankommen und keiner aussteigt, weil wir gerade im letzten Level *Diablo IV* festhängen.«

Ich verlasse die kleine Wohnung in Münster. Hier habe ich gelernt, dass wir Langeweile nicht immer an spezifischen Situationen festmachen können. Und dass manche Menschen gut darin sind, sich bei aufkommender Langeweile in ihre eigenen Gedanken zurückzuziehen. Aber was machen wir, wenn alle kreativen Techniken zur Selbstregulation aufgebraucht sind? Und wenn wir nicht direkt die Flucht aus langweiligen Situationen ergreifen können? Das betrifft viele Menschen, die in monotonen Jobs verharren, im Krankenhaus liegen müssen oder im Gefängnis eingesperrt sind. Welche Strategien hilfreich sein könnten, erfahren wir von Julia.

»Stinklangweilig!« Wenn Julia das sagt, dann kann ich es fühlen. Stinklangweilig. Die lebensfrohe und humorvolle Frau, die bei jedem Satz einen bunten Vergleich nutzt und auch über sich selbst lachen kann, kennt das Gefühl nur allzu gut. In der Schule war Julia das Kind, das sich langweilte, wenn es nicht gefordert wurde: »In der Schule gibt es immer nur eine richtige Antwort. Die Realität ist viel mehrdeutiger. Ich wollte nicht die vermeintlich richtige Antwort auf eine Frage geben, sondern neue Ideen und Antworten darauf entwickeln.« Ein Kind, das auch mal kritische Fragen stellte, um die Ecke dachte, und trotzdem strukturiert genug war, um den Anforderungen der Schule gerecht zu werden. Bis Julia kurz vor ihrem Abitur von der Langeweile überrollt wurde: »So monoton. Morgens wollte ich schon kaum mehr dahin gehen. Wenn ich aus dem Bus ausstieg, dachte ich: Was bringt's, ich kann mich genauso gut hier ins Gras legen und die Zeit verstreichen lassen.« Das führte dazu, dass sie irgendwann lust- und antriebslos wurde. Einige von uns erinnert das möglicherweise an die eigene Schulzeit. Julia beschreibt es als einen Zustand, in dem sie gar nichts mehr fühlen konnte. Schulaufgaben, Sport, Freunde treffen, Praktikum – das alles passierte zwar, aber sie konnte kaum beschreiben, ob etwas davon schön, traurig oder aufregend war. Sich tatsächlich in die Wiese zu legen – das war für die gefasste Jugendliche aber keine Option. Sie lernte, schrieb gute Noten, gab den Lehrerinnen die Antworten, die sie von ihr verlangten. »Weitermachen«, sagte ihr Verstand, innerlich fühlte sie aber nichts.

Das, was Julia beschreibt, berichten Menschen, die unter andauernder Langeweile leiden, häufiger. Es gibt einen Begriff dafür: »Boreout«[7]. Menschen erleben in Bezug auf ihre Arbeit Langeweile, Unterforderung, Desinteresse und entwickeln ähnliche Stresssymptome wie bei Überarbeitung.[8] Wichtig an dieser Stelle: Boreout ist keine klinische Diagnose.[9] Zudem ist die wissenschaftliche Datenlage zu diesem Zustand sehr dünn. Vor allem aber wollen wir Julia an dieser Stelle nicht einfach so eine Diagnose vergeben. Ihre Erfahrung zeigt jedoch, wie wir uns mitunter fühlen, wenn uns unsere Arbeits- oder Lebensumgebung nicht ausreichend stimuliert.

Eines Tages kam dann die Wendung. Julia joggte gerade mit einer Freundin durch den Frühlingswald. Sie nahm die Natur um sich herum wahr. Endorphine schossen durch ihren Körper. Plötzlich, so erinnert sie sich, fühlte sie wieder. Eine riesige Erleichterung! Sie beschloss, das letzte Schuljahr durchzuziehen und sich danach einen spannenden Job zu suchen. Julia hatte eine Erkenntnis: »Besser etwas fühlen, auch wenn es traurig ist, oder Angst macht, als gar nichts zu empfinden.« Lieber Schmerz statt Lethargie. Die Effekte von Langeweile kann man auch neurobiologisch beobachten. In einer Studie wurden die Gehirne von Probanden unter verschiedenen Bedingungen untersucht.[10] Dafür wurden alle Testteilnehmenden in zwei Gruppen geteilt: In der Experimentalgruppe schauten sich die Teilnehmerinnen ein Video von zwei Männern beim langsamen Aufhängen ihrer Wäsche an. Hier sollte Langeweile erzeugt und gemessen werden. In der zweiten Gruppe, der Kontrollbedingung, durften sich die Probandinnen einen Film über Tiere und Landschaften anschauen, der spannender war. Ihre Ergebnisse sollten mit der gelangweilten Gruppe verglichen werden, um die Auswirkung von Langeweile im Gehirn unterscheidbar zu machen. Ergebnis der Studie: Der Teil der Großhirnrinde, der auch als Insula bezeichnet wird, fährt bei Langeweile herunter. Diese Hirnregion ist für die emotionalen Bewertungen zuständig. Situationen werden sozusagen befühlt. Wenn du dich langweilst, bleibt diese Hirnregion still. Menschen versuchen dann, sich durch Aktivität aus diesem Zustand wieder herauszubewegen. So wie Julia. Lieber etwas Unangenehmes fühlen, anstatt die Leere auszuhalten. Idealerweise gelingt es uns, produktiv aus diesem Zustand herauszukommen, indem wir uns kreativ beschäftigen. Wenn das nicht möglich ist, können Menschen allerdings auch anders auf Monotonie reagieren. Die harmlose Variante: Wer sich viel langweilt, tendiert eher dazu, viel Zeit am Handy zu verbringen.[11] Das kann zwar für kurze Dopaminkicks sorgen, ist aber langfristig nicht erfüllend. Menschen gehen jedoch auch weiter, um der Langeweile zu entfliehen. Forscher verglichen die Ergebnisse von neun Studien miteinander und fanden heraus: Es gibt einen statistischen Zusammenhang zwischen Langeweile und der Tendenz, sadistische Verhaltensweisen zu zeigen.[12] In einem Studiendurchlauf wurde Teilnehmern ein langweiliges Video gezeigt. Währenddessen sollten sie Würmer schreddern. Dazu stand eine Maschine auf dem Tisch, die wie eine herkömmliche Kaffeemühle aussah. Es stellte sich heraus, dass diejenigen, die gelangweilter waren, eher dazu neigten, die Würmer zu schreddern. An dieser Stelle der wichtige Hinweis: Die Maschine wurde so präpariert, dass kein Wurm tatsächlich zu Schaden kam. Und in der freien Wildbahn würden sich Menschen wohl zunächst eher eine andere Beschäftigung suchen, als Würmer zu quälen. Aber – wenn Alternativen fehlen, fügen Menschen aus Langeweile nicht nur anderen Lebewesen Schaden zu, sondern auch sich selbst. Weitere Studien zeigen nämlich, dass Menschen, die unter Langeweile leiden, eher dazu bereit sind, sich selbst Stromstöße zuzufügen.[13, 14] Und: Wer gelangweilt ist, greift mit größerer Wahrscheinlichkeit zu einer Tafel Schokolade[15] und neigt eher zu Ängsten, Depressionen oder Substanzmissbrauch als Menschen, die sich seltener langweilen.[16]

ARMUT ODER ANTRIEBSSCHWIERIGKEITEN – LANGWEILEN WIR UNS ALLE GLEICH?

Ich möchte wissen, was Langeweile für Julia ausmacht. Die Antwort kommt prompt und erinnert an das, was Paul und David berichtet haben. Langeweile entsteht für Julia dann, wenn sie fremdbestimmt ist. Wenn sie nicht frei entscheiden kann, welcher Aufgabe sie sich zuwendet, und diese Aufgabe möglicherweise auch noch monoton ist. Aber welche Gründe für Langeweile gibt es noch?

Zusammenhänge zwischen Langeweile und individuellen Persönlichkeitseigenschaften werden vermehrt festgestellt. Wer ein hohes Maß an Selbstkontrolle hat, kann aufkommende Langeweile besser regulieren.[17] Menschen, die von dem Aufmerksamkeits-Hyperaktivitätssyndrom (ADHS) betroffen sind, haben es aufgrund ihres veränderten Dopaminhaushalts viel schwerer, sich zu konzentrieren und mit langweiligen Situationen umzugehen.[18] Außerdem ist es nicht einfach für sie, aus gewissen Tätigkeiten Freude zu ziehen oder sich zu motivieren, diese durchzuführen. Solche Studienergebnisse sollen jedoch keinen Stress auslösen, denn auch viele andere Persönlichkeitsmerkmale, die von unserer Gesellschaft positiv bewertet werden – wie Neugierde und Kreativität –, stehen in Zusammenhang mit der Neigung, sich eher mal zu langweilen.[19]

Die Soziologin Silke Ohlmeier teilt in ihrem Buch *Langeweile ist politisch* eine weitere Perspektive – den gesellschaftlichen Blick auf Langeweile.[20] Ihr fällt auf: Es gibt Gruppen von Menschen, die langweiligen Zuständen eher ausgesetzt sind. Menschen, die aufgrund sozialer und familiärer Strukturen sowie persönlicher Umstände, wie einer psychischen oder körperlichen Erkrankung, keine Möglichkeit haben, mal eben ihrem Selbstentfaltungstrieb zu folgen. Silke Ohlmeier schreibt dazu treffend: »Nicht alle Menschen haben genug Geld, um das Unterhaltungsangebot zu nutzen, nicht alle haben einen Garten, den sie gestalten können, nicht alle haben ein Yogastudio um die Ecke und nicht alle haben ein großes soziales Netz aus Menschen, mit denen sie ihre Zeit verbringen können. Langeweile ist kein rein persönliches Phänomen, für das jede*r selbst verantwortlich ist.«[21] Diese Perspektive finde ich wichtig, um zu begreifen, dass Langeweile kein Luxusproblem ist.

Differenzieren muss man auch, wenn in Ratgebern empfohlen wird, sich anregende Beschäftigungen zu suchen oder »einfach mal das Nichtstun zu genießen«. Das sind primär gute Gedanken, allerdings müssen wir dabei bedenken, dass Menschen unterschiedliche Stimuli brauchen. Wo die einen beim Meditieren entspannen, drehen die anderen beim Gedanken an eine geleitete Traumreise schlichtweg durch. Auch das sollte erlaubt sein. Menschen, die mehr brauchen, gehen dann eben Joggen, Fallschirmspringen oder haben zehn Projekte gleichzeitig. Warum auch nicht? Viel wichtiger ist nämlich die Frage, welche Tätigkeiten für einen persönlich sinnstiftend sind.

Von Julia habe ich gelernt, dass Langeweile ziemlich laut werden kann. Spätestens dann sollten wir etwas verändern. Ob wir das mit Tagträumen erreichen oder die Segel streichen und uns eine befriedigendere Tätigkeit suchen, das müssen wir individuell prüfen.

MIT SAXOPHON UND BADMINTON FÜR MEHR SPASS IM WELTALL

Wie können wir damit umgehen, wenn wir wirklich kaum Optionen haben, um uns erfüllend zu beschäftigen? Schauen wir dazu einmal ins All. Langeweile wird dort noch differenzierter betrachtet. Zum einen ist die soziale Monotonie ein Faktor – also der Entzug, der durch den Mangel eines größeren sozialen Umfelds entsteht – und zum anderen die sensorische Deprivation, die durch das Ausbleiben von Sinnesreizen, wie Wind, dem Geruch von Tannenzapfen oder der Möglichkeit, die Hand in frische Blumenerde zu tauchen, begünstigt wird.[22]

Langweilen sich die Menschen im All? Tatsächlich waren und sind Astronautinnen auf Raumstationen wie der MIR oder aktuell der ISS eher mit einer hohen Arbeitsbelastung konfrontiert.[23] Früher wollte man aus den Astronauten das Maximum an Arbeitsleistung herausholen.[24] Wohlbefinden war eher nebensächlich. Und das machte sich schnell bemerkbar – auf den Punkt gebracht durch ein schönes Zitat aus einer ISS-Tagebuchstudie: »Es scheint, als hätte ich heute den ganzen Tag so schnell gearbeitet, wie ich konnte, und bin trotzdem immer weiter zurückgefallen.«[25] Im All herrscht aktuell vielmehr Stress als Langeweile. Schon seit Jahren reagieren Raumfahrtorganisationen wie die ESA und NASA auf die Bedürfnisse der Astronautinnen und passen die To-do-Listen entsprechend an. Wer das erste Mal ins All fliegt, darf sich in Ruhe an die neue Umgebung anpassen. Am Wochenende steht für alle im All Freizeit im Stundenplan[26]. Es wird empfohlen, sich ein Hobby mitzunehmen. Und so landen immer wieder mal Bilder wie das der Astronautin Jessica Meir, die Saxophon spielte,[27] oder auch das Foto von Carl Walz, der seine Crewmitglieder mit einem Keyboard unterhielt,[28] in den sozialen Medien. 2018 schlugen sich die Astronauten aus den USA, japanische Taykonauten oder russische Kosmonauten gegenseitig im Badminton.[29] Und wer abseits der Erde wirklich nicht weiß, wie er die Freizeit verbringen soll, schaut aus der Cupola, dem kuppelförmigen Beobachtungsturm der ISS, auf seinen Heimatplaneten und genießt den sich immerzu verändernden Ausblick. Die meisten Menschen, die bislang ins All geflogen sind, blicken kaum auf langweilige Augenblicke zurück.

Aber wie muss man eigentlich gestrickt sein, um den Mix aus Stress und wenig sonstigen Betätigungsmöglichkeiten auszuhalten? Die Weltraumpsychologin Dr. Sheryl Bishop formuliert es in unserem Gespräch wie folgt: »Es braucht für Langzeitmissionen einen ganz speziellen Typus Mensch, der mit Langeweile gut umgehen kann. Die typische Pilotenpersönlichkeit, die nach Abenteuern sucht und immer eine Veränderung braucht, erfüllt möglicherweise nicht die Anforderungen. Wir suchen eher nach Menschen, die denselben Film zwanzigmal anschauen können, ohne das öde zu finden.« Also – wir erinnern uns – Menschen wir David und Paul. Sheryl berichtet auch, dass viele Menschen, die ein so intensives Leben führen und zwischen Bungee-Jumping und Extrembergsteigen kaum Luft holen, geschweige denn, mal innehalten, selbst nicht wissen, wie sie mit Langeweile gut umgehen können. Deshalb legt Sheryl Wert darauf, schon auf der Erde zu überprüfen, wie langeweileresistent jemand ist: »Die Antarktis ist unsere beste Testumgebung, um herauszufinden, ob jemand dafür gemacht ist.« Sheryl erinnert sich: »Wir hatten einmal eine Missionsteilnehmerin, die schnell begann, mit Familie und Freunden zu sprechen, und immer unruhiger wurde. Nach zwei Wochen hatte sie genug. Sie sagte mir, dass sie zwar immer Astronautin werden wollte, nun aber nicht mehr.«

Auch in der Organisation, für die ich unter anderem tätig bin – das Österreichische Weltraum Forum –, selektieren wir immer wieder Menschen, die bei einer Analog-Mission mitwirken möchten. Was auffällt: Die Lebensläufe derjenigen, die ein solches Abenteuer suchen, umfassen meist eine Fülle an akademischen, sportlichen und aufregenden, aber auch sozialen Stationen. Oft frage ich mich, wie all diese Erfahrungen überhaupt in ein einziges Leben hineinpassen. Ich erinnere mich an einen Bewerber, der mir erklärte, dass er jahrelang aktiver Fallschirmspringer gewesen sei. Das sei aber schwierig geworden, da es sich zeitlich so sehr mit dem Tiefseetauchen überschneiden würde. Natürlich haben nicht alle Menschen, die in der astronautischen Raumfahrt Fuß fassen wollen, solch einen Lebenslauf. Aber die Tendenz, ein aufregendes und interessantes Leben zu führen, ist höher – und chronische Langeweile kommt eher seltener vor.

Trotzdem wird die Gefahr der Langeweile im Weltall nicht auf die leichte Schulter genommen, vor allem, wenn es um Langzeitmissionen geht.[30] Aktuelle Missionen auf der ISS dauern im Schnitt rund sechs Monate.[31] Eine kurze Zeit, in der die Astronauten ihre dicht gepackten Arbeitspläne abarbeiten und wenig über Langeweile klagen. Richtig lang im All? Waren wir noch nicht. Den Rekord für den längsten kontinuierlichen Aufenthalt im All hält der russische Kosmonaut Waleri Wladimirowitsch Poljakow: Er verbrachte 437 Tage auf der MIR[32]. Anders sieht es aus, wenn wir an zukünftige Marsmissionen denken. Schätzungen in Bezug auf die Länge variieren zwischen wenigen Monaten bis hin zu zweieinhalb Jahren.[33, 34, 35] Astronautinnen werden nicht nur mit der langen Zeit im All, sondern auch mit der zunehmenden Distanz zur Erde konfrontiert sein. Wer Richtung Mars fliegt und aus dem Fenster schaut, sieht vor allem Sterne. Was zu Beginn romantisch wirken mag, wird mit der Zeit wahrscheinlich eintönig. Mit Freunden und Familie chatten könnte aufgrund der Entfernung ebenfalls umständlich werden. Es wird schwierig sein, die Crew mit sinnvollen Aufgaben zu beschäftigen. Möglicherweise werden die Astronauten dem Gefühl von Langeweile abseits ihres trubeligen Lebens auf der Erde im All das erste Mal massiv begegnen. Denn abgesehen vom Ausblick überzeugt ein Raumschiff oder auch ein zukünftiges Marshabitat nicht unbedingt durch seine vielfältigen Beschäftigungsmöglichkeiten. Sheryl Bishop bestätigt diese Befürchtung: »Oft erzählen mir Menschen, die zukünftig auf den Mars fliegen wollen, was sie dort alles unternehmen wollen. Aber viel wichtiger ist, dass Menschen lernen, wie sie sich selbst regulieren, wenn es keine Beschäftigungsmöglichkeiten für sie gibt.«

Um dafür gute Lösungsstrategien zu entwickeln, lernen Raumfahrtpsychologen gerne von den Erfahrungen anderer Menschen, die in einer extremen Umgebung Langeweile erlebt haben. In seinem Buch *Bold Endeavors* blickt der Forscher Jack Stuster in die Tagebücher von Seefahrern, die in den 1850er Jahren versuchten, die Nordwestpassage zu durchqueren. Hier beschreiben die Matrosen – frei übersetzt –, wie öde es in dunklen Nächten an Deck war und wie wenig der Anblick des Meeres sie belohnte: »Eintönigkeit war unser Feind und die Zeit totzuschlagen unser Bestreben. Es gab keine Härte, denn alles, was wir während der Winterquartiere in Form von Kälte, Hunger oder Gefahr durchmachten, war freiwillig. Die Eintönigkeit, wie ich wiederhole, war der einzige unangenehme Teil unseres Überwinterns auf Griffith Island.«[36] Die Perspektive der Seefahrer greift hier gut, denn oft waren sie monatelang unterwegs. Es gab wenig Abwechslung und keine Möglichkeit, das Schiff zu verlassen.

Auch in späteren Studien – beispielsweise zu Expeditionen oder Forschungsaufenthalten in der Antarktis – hat man herausgefunden, dass eine monotone Umgebung nicht nur langweilig ist, sondern auch dafür sorgt, dass sich die Leistungsfähigkeit der Teilnehmerinnen reduzieren könnte.[37] Gerade hier wird es für die Forschung spannend, da Menschen, die wir als abenteuerlustig verbuchen, einer monotonen Umgebung begegnen und lernen müssen, damit zurechtzukommen. Glücklicherweise sind die Möglichkeiten, seine Langeweile an Würmern auszulassen, im All begrenzt. Forscherinnen werden immer kreativer, wenn es um die zukünftige Bespaßung von Astronautinnen geht. Virtuelle Wellness-Umgebungen oder eine künstliche Intelligenz, die auf Gefühle reagiert, sollen zukünftige Marsastronauten bei Laune halten.[38, 39] Wer sich lieber an popkulturellen Vorschlägen orientieren möchte, der schickt seine Raumfahrerinnen wie im Film *Passengers* in den Winterschlaf, damit sie nicht 120 Jahre aus dem Fenster schauen müssen. Das sind natürlich nur Ideen, und wir wissen schlichtweg noch nicht, wie langweilig es Menschen auf zukünftigen Marsmissionen wirklich sein wird. Es kann trotzdem nicht schaden, frühzeitig Strategien gegen Langeweile im All zu entwickeln.

PUH, WIE ÖDE! MEIN KOMPASS FÜR BEDÜRFNISSE

Aber zurück vom All in den Alltag: Wie kannst du lernen, mit Langeweile umzugehen? Suchen wir nach einer Person, die uns vielleicht helfen kann. Wer käme da besser in Frage als eine Langeweile-Forscherin. Gesucht, gefunden! Von der Künstlerin und Psychologin Anke Zeißig möchte ich noch mal einen genaueren Einblick in dieses gar nicht so langweilige Gefühl bekommen. Aber wie wird man überhaupt Langeweile-Forscherin?

1995, Nachwendezeit. Anke Zeißig studiert Kunst. Sie verarbeitet die Phase der Neuorientierung nach der Wiedervereinigung mit Hilfe von künstlerischen Projekten. Anke nutzt ihre Kreativität, studiert Bildhauerei und wendet sich dann immer mehr dem Film zu. Sie fragt sich, was Langeweile eigentlich ist, und startet ein Experiment, um Langeweile künstlerisch zu fassen zu bekommen. Neugierig hängt sie sich eine Kamera um die Schulter und schaltet sie an. Die Kamera soll, während Anke läuft, nonintentional Bilder aufnehmen und dadurch ein Gefühl von Sinnlosigkeit erzeugen. Als sie die Bilder auf der Kamera auswertet, entdeckt sie jedoch, dass das Gegenteil der Fall ist. Sie forscht ein halbes Jahr weiter und kommt zu dem Fazit: Langeweile ist ein Gefühl von »Nicht in Kontakt sein«. Für Anke geht es dabei in erster Linie um Bezogenheit.[40] Wende ich mich einem Objekt zu, um es zu fotografieren, beziehe ich mich darauf. Wenn wir uns nicht mit einem Inhalt oder einer Person verbinden können, dann reagieren wir mit Langeweile. Das ergibt Sinn. Ich erinnere mich an meinen Sommerjob, den ich so gar nicht gefühlt habe, und auch an Julia, die in der Schule fast einschlief. Paul und David dagegen konnten sich mit der Bettruhestudie sehr gut verbinden, und auch die Astronautinnen im All stehen ja für ihre Missionen.

Anke arbeitete immer wieder als Künstlerin im Museum. Hier kam sie vermehrt mit Kindern in Kontakt, die in der Schule oft mit Langeweile konfrontiert waren. Sie erlebte, dass es Menschen gab, die sich eher langweilten als andere, und wollte mehr darüber wissen. Also schloss sie zusätzlich ein Psychologiestudium an. Heute verbindet sie ihre künstlerische Arbeit mit empirischer psychologischer Forschung und beleuchtet Langeweile aus vielfältigen Blickwinkeln.[41] Erste wichtige Frage: Was langweilt eine Langeweile-Forscherin? Anke überlegt: »Wenn Menschen sehr viel reden und dabei keinen Kontakt zulassen und man sich dem Gespräch nicht entziehen kann. Dann hat man kaum Möglichkeiten, in der Zeit etwas Alternatives und Spannendes zu tun. Gleichzeitig bauen wir keine Verbindung zueinander auf.« Klar, wer kennt das nicht. Das furchtbare Date mit einer Person, die in einem mehrstündigen Monolog ihre Alpenüberquerung nacherzählt. Egal wie spannend diese Erfahrung gewesen sein mag – in diesem Moment wünscht man sich das Gegenüber auf die andere Seite der Bergkette. Wir machen aber auch die gegenteilige Erfahrung: Gespräche, die sich so bereichernd anfühlen, dass uns dabei nicht langweilig wird. Auch Anke kennt das. Vor einiger Zeit war sie mit einem Bekannten in einer Kunstausstellung. Dort hing ein graues Bild von Raimund Girke – einfach nur grau. »Wir haben uns eine Stunde lang darüber unterhalten, das war so spannend«, berichtet sie strahlend. »Was diese Erfahrung so faszinierend gemacht hat, war die gegenseitige Inspiration durch unsere Ideen. In unserem Gespräch haben wir nicht nur unsere eigenen Meinungen ausgetauscht, sondern uns auch aufeinander bezogen und unsere Ideen durch die Perspektive des anderen erweitert. Es war eine bereichernde Dynamik, die unser Gespräch zu etwas Besonderem gemacht hat. Wir waren im Flow.« Was können wir daraus mitnehmen? Wenn wir unsere Perspektive erweitern wollen, wird uns so schnell nicht langweilig. Und das geht am besten, wenn wir uns Neuem und anderen Menschen öffnen und an ihnen interessiert sind.

Langeweile, so beschreibt Anke das Gefühl, ist so etwas wie ein Wegweiser. Sie verrät uns, dass etwas fehlt. Spaß, Neugierde, eine neue Leidenschaft, ein neuer Ort. Anke stellt außerdem fest: »Langeweile macht uns menschlich.« Wenn wir uns eine Person vorstellen, die niemals aufjault, wenn sie zum Beispiel den Stau auf der Straße nicht mehr erträgt – was sagt das über diese Person aus? »Das Verhalten dieses Menschen erinnert uns doch eher an einen Roboter«, sagt Anke. Sie thematisiert außerdem das Problem der Langeweile in Schulen. Welche kreativen Entfaltungsmöglichkeiten haben Kinder, wenn sie die ganze Zeit still sitzen und richtige Antworten geben müssen? In welchem Rahmen wird es Kindern in Schulen überhaupt erlaubt, kreativ zu werden, sich auf den Boden zu legen, zu malen, abzudriften oder mal laut zu meckern? Dabei ist es wichtig, genau das zu lernen, um nicht antriebslos oder lustlos zu werden. Durch das Markieren eigener Bedürfnisse und Wünsche erfahren wir auch mehr über uns selbst und andere.[42, 43]

Von Anke lerne ich, dass es erst mal völlig in Ordnung ist, sich in Grund und Boden zu langweilen. Dass es authentisch und nicht undiszipliniert ist, wenn man auf Konferenzen bei schlecht abgelesenen Vorträgen die Augen schließt. Anstatt sich zu stressen, besser zuzuhören, kann man sich überlegen, wie man sich auf angenehme Art und Weise aktiviert. Vielleicht reicht es, in dieser Situation einen Zettel aus der Tasche zu kramen und ein paar Kritzeleien zu Papier zu bringen. Manchmal klappt es dann auch besser mit dem Zuhören. Es geht eben nicht darum, sich zum Aushalten zu zwingen, sondern sich im Rahmen seiner Möglichkeiten Optionen zu schaffen: wenn wir Tätigkeiten verrichten müssen, die echt öde sind, sie zum Beispiel spielerischer oder interaktiver zu gestalten.

Langeweile ist ein Gefühl, das wir oft wie eine laute Mücke mit Ablenkung, Social Media oder Arbeit totzuschlagen versuchen. Dabei bietet Langeweile das Potenzial, als Navigationssystem deiner Bedürfnisse gelesen zu werden. Langeweile macht dich lebendig. Unsere innere Jugendliche, die die letzte Schulstunde nicht mehr ertragen kann, ist eine gute Wegweiserin. Es ist nicht undiszipliniert, sondern ganz normal, einfach mal keinen Bock zu haben. Ein Zeichen dafür, dass unser Gehirn und unsere Sinnesorgane etwas mehr Unterhaltung brauchen. Langeweile kann laut werden. Und wenn wir ihr nicht zuhören, umhüllt sie uns mit einem Nebel aus Lustlosigkeit. Wir sollten also prüfen, wie wir unser Leben im Rahmen unserer Möglichkeiten ein bisschen bunter gestalten können. Während in der Schwerelosigkeit gerade Badminton gespielt wird, könnte es für dich eine Entdeckungsreise sein, die Zahnbürste mal zuerst auf der anderen Seite anzusetzen, einer lieben Freundin eine ungewöhnliche Frage zu stellen oder zu lernen, wie man einen Handtuchschwan faltet.

Und bei langweiligen Sommerjobs? Vielleicht auch einfach mal die Kurve kratzen.

13 Perspektivenwechsel

»Faszinierend!«

—

Im All oder im Wald das Staunen lernen wie kleine
Kinder, buddhistische Mönche – und Astronautinnen

»Von oben aus betrachtet, spielt das Ganze gar keine so große
Rolle.« Ein Spruch auf einer Postkarte, über die ich zufällig stol-
pere. Auf der Karte tanzt ein Comicastronaut über eine cartoonhafte
Mondlandschaft mit dunklen Kratern. Neben ihm ein Raumschiff,
dessen Triebwerke noch entzündet sind. Im Hintergrund: die Erde
als grün-blauer Halbkreis.

Sprüche wie das Beispiel, das du gerade kennengelernt hast, klingen oft wie eine Floskel, die Menschen vor einer Abschlussprüfung
oder nach einer Trennung trösten soll. Ob die Postkartendesigne-
rin wohl wusste, dass sie mit dem Spruch auch ein Phänomen beschreibt, das Astronautinnen oft erleben, wenn sie ins All reisen?
Womöglich nicht. Für die Raumfahrtpsychologie spielt die Erfahrung, aus dem All auf die Erde blicken zu können, eine wichtige
Rolle. Ich schiebe also zwei Euro über die Ladentheke und stürze
mich auf die Frage, wie es sich denn wirklich anfühlt, aus dem All
auf die Erde zu schauen. Das herauszufinden ist schwierig, wenn
man selbst mit beiden Füßen noch der Schwerkraft folgt.

DIE ERDE VON OBEN SEHEN –
DER OVERVIEW-EFFEKT

Der amerikanische Autor Frank White prägte 1987 den Begriff »Overview-Effekt« und widmete dem Emotionsmix aus Ehrfurcht und Demut ein ganzes Buch.[1] White begreift das Gefühl als eine Verschiebung des eigenen Weltverständnisses. Der Overview-Effekt beschreibt die Erkenntnis und das damit verbundene ehrfürchtige Gefühl darüber, dass die Erde ein kleiner, fragiler Ball voller Leben ist, der im Nichts schwebt und dabei von einer papierdünnen Atmosphäre geschützt und genährt wird.[2] Der Planet, auf dem wir herumspringen, den wir verschmutzen und dessen Schwerkraft uns tagtäglich mit dem Boden der Tatsachen konfrontiert, ist für jene, die ihn bereits verlassen durften, keine Selbstverständlichkeit mehr. Viele Astronautinnen, die in Frank Whites Buch zu Wort kommen, erzählen, wie sie dieser Perspektivenwechsel nachhaltig veränderte – im positiven Sinne!

Auch uns Menschen auf der Erde kann das gelegentliche Herauszoomen aus dem Alltag helfen. Bei Konflikten, die unlösbar scheinen, festgefahrenen Beziehungsmustern – oder einem strengen Tagesablauf mit einer unverrückbar wirkenden Routine. Oft fällt es schwer, den eigenen Weitblick zu wahren und sich zu fragen: »Moment, wie würde ich die Situation verstehen, wenn ich sie von außen betrachte?« Eine neue Perspektive ist reizvoll und hilft, den nötigen Mut aufzubringen, um Gedankenspiralen aufzubrechen oder auch mal eine verrückte Entscheidung zu treffen. Dieses Kapitel soll dich dazu einladen, die Erde von oben zu betrachten – ohne dafür deinen eigenen Lesesessel verlassen zu müssen. Auch auf der Erde können wir lernen, die Perspektive zu wechseln – indem wir beispielsweise einen Kopfstand machen, eine Wanderung in die Berge unternehmen oder nur in Gedanken eine neue Position beziehen. Denn die wenigsten von uns werden wahrscheinlich die Möglichkeit haben, die Erde einmal vom Weltall aus zu sehen.

Zwar gibt es Ansätze, diese außerirdische Erfahrung zum Beispiel mit Hilfe einer Virtual-Reality-Brille zu simulieren, aber kommt das tatsächlich dem Gefühl nahe, das Astronauten erleben?[3] Und wie lässt sich das messen? Forscherinnen machten das in einer Studie, die Virtual Reality einsetzte, an einem ganz spezifischen Parameter fest: Gänsehaut. Probanden, die Gänsehaut bekamen, sobald sie in die virtuelle Umgebung eintauchten, berichteten tendenziell eher von einem Gefühl der Ehrfurcht als Testpersonen, deren Armhaare sich nicht aufstellten.[4] Ähnlich wie Astronautinnen verknüpften sie damit das Gefühl von Verbundenheit und Überraschung, benannten Hochgefühle, aber auch Nostalgie. Vor allem gaben sie an, sich visuell sehr stark eingefangen zu fühlen. Auch wenn das der Erfahrung ähnelt, die Astronautinnen im All beschreiben, bleibt fraglich, wie sehr die Tour in Virtual Reality an die Reise ins All heranreicht.[5] In jedem Fall können wir von ihren Erfahrungen profitieren und uns an den Berichten von Astronauten orientieren, die schon einmal 16 Sonnenaufgänge pro Tag oder die Lichterflut mehrerer asiatischen Megacitys bei Nacht beobachten durften. Faszinierend! Oder? Sagt auch Mr. Spock.

VON DER CUPOLA AUS DEIN ZU HAUSE ENTDECKEN

Bevor wir auf die Erde runterschauen können, müssen wir erst mal starten – zumindest in unserer Vorstellung. Also ab auf die Startrampe und von zehn rückwärts zählen. Was würdest du fühlen, wenn du dich von der Beschleunigung in den Sitz einer klapprigen Raumkapsel pressen lassen würdest, bis dich die Schwerelosigkeit erwartet? Um in rund 100 Kilometer Höhe die Grenze zum All zu erreichen, dauert es drei Minuten. Acht Minuten, bis die Kapsel ihre Endgeschwindigkeit von 28 000 Kilometern pro Stunde erreicht. Ad astra, zu den Sternen. Und dann?

Das wissen nur die Astronautinnen, die schon einmal im All waren und darüber Bücher geschrieben, Fotos geschossen und Transkripte erstellt haben, die uns ein wenig von dem Gefühl vermitteln können. Der deutsche Astronaut Alexander Gerst flog 2014 das erste Mal zur ISS. Während seiner Mission Blue Dot twitterte er neben vielen beeindruckenden Bildern von Flüssen, beleuchteten Städten und Wolkenformationen: »Wenn man da oben auf der Raumstation schwebt und runterschaut auf den kleinen blauen Planeten, und wenn man dann sieht, wie viel Schwarz da herum ist, dann wirkt es grotesk, dass sich Menschen bekriegen oder Wälder abbrennen, die wir zum Überleben brauchen.« Die Astronautin Samantha Cristoforetti schreibt in ihrem Buch *Die lange Reise* von ihrer Erfahrung kurz nach ihrer Ankunft auf der ISS: »Mir wird klar, dass ich das erste Bild meines neuen Zuhauses gerade in den wenigen Sekunden erfasst habe, in denen es beim Übergang vom Tag in die Nacht orange aufglüht. Und ich habe die absurde Wahrnehmung, dass das Universum, dieses Universum, das gegenüber den Geschehnissen der gesamten Menschheit, geschweige denn einer einzelnen Person, völlig gleichgültig ist, mir in dieser Nacht ein Geschenk machen wollte.«[6] Auf den wenigen Quadratmetern der Raumstation entstehen mitunter literarische, poetische und fast schon philosophische Tweets, Briefe und Texte, die den Overview-Effekt beschreiben und einfangen.

Viele Astronauten berichten, dass vom Weltall aus auf der Erde keine Grenzen zu sehen sind. Nur wenige Ausnahmen, wie nachts die hell erleuchtete, 3000 Kilometer lange Grenze zwischen Indien und Pakistan, erinnern an das menschliche Territorialbedürfnis. Vom All aus betrachtet, ist die Erde eine Einheit. Möglicherweise verblassen Konzepte wie Staaten und Mauern in den Köpfen der Raumfahrerinnen. Wie fühlt es sich an, wenn man den Daumen an die Fensterscheibe drückt und den Heimatplaneten dahinter verschwinden lässt? Der Astronaut Akihiko Hoshide beschreibt es, frei übersetzt, so: »Die Erde zeigt sich von den unterschiedlichsten

Seiten. Du siehst Ozeane, du siehst Wüsten, Wälder und Städte zu verschiedenen Tag- und Nachtzeiten. Du wirst dich niemals langweilen.«[7] Das kann die Wahrnehmung des eigenen Heimatplaneten prägen. Wer schon immer sehnsüchtig ins All geblickt hat, schaut nun demütig zurück auf die Erde. So beschreibt es auch Alexander Gerst: »Ich dachte, der Weltraum sei ein besonderer Ort. Was ich da oben gelernt habe, ist, dass er genau das Gegenteil davon ist. Es gibt zwar viele interessante Objekte dort draußen, die es sehr wert sind, von uns gründlich erforscht zu werden. Aber der gigantische Rest des Weltraumes ist schwarz, öde und lebensfeindlich. Der wirklich, wirklich besondere Ort darin, das ist unser einzigartiger blauer Heimatplanet.«[8] Astronautinnen sind deshalb oft besonders betroffen, wenn sie die Folgen des Klimawandels beobachten. Genauso schmerzt der Gedanke an Kriege zwischen Ländern, deren Grenzen man aus dem Weltall überhaupt nicht sehen kann. »Die Welt ist für mich kleiner geworden – und zerbrechlicher. (…) Für den Rest des Universums ist sie ein unbedeutender Ort, für uns Menschen bedeutet sie alles. (…) Die Biosphäre ist zerbrechlich. Wir könnten sie aus Versehen zerstören, das ist das Erschreckende. Das sieht man sofort, wenn man vom Weltraum herunterschaut«, sagt Alexander Gerst in einem Interview.[9] Astronauten empfinden nach ihrer Rückkehr oft das Bedürfnis, die Erde vermehrt zu schützen und sich für umweltpolitische Themen einzusetzen. So auch Sigmund Jähn, der erste Deutsche im All: »Bereits vor meinem Flug wusste ich, dass unser Planet klein und verwundbar ist. Doch als ich ihn in seiner unsagbaren Schönheit und Zartheit aus dem Weltraum sah, wurde mir klar, dass die wichtigste Aufgabe der Menschen ist, ihn für zukünftige Generationen zu hüten und zu bewahren.«[10] Oder wie es der Architekt der Biosphere-Forschungshabitate, Buckminster Fuller, kurz zusammenfasst: Wir Menschen auf der Erde sind alle die Crew des »Spaceship Earth«.

Der Overview-Effekt versetzt uns in Staunen. Ein Gefühl, dem wir oft zu wenig Beachtung schenken. Doch wenn ich dich frage, ob du dieses Gefühl kennst, würdest du mir wahrscheinlich zustimmen, dass du es bereits erlebt hast. Müssen wir zum Staunen also wirklich ins All fliegen? Wohl kaum. Aber wie machen wir die Erfahrung von Staunen und Demut auch innerhalb der Erdumlaufbahn?

EHRFURCHT – EIN GEFÜHL, DAS ZUM STAUNEN ANREGT!

Staunen, Ehrfurcht und Demut sind komplexe Gefühle. Wir können Ehrfurcht erleben, wenn wir auf ein aufgewühltes Meer schauen oder die Geräuschkulisse eines mächtigen Wasserfalls wahrnehmen. Wir fühlen großes Erstaunen, wenn wir eine wochenlange Trekkingtour gemeistert oder unser erstes Kind entbunden haben. Manchen Menschen begegnen Momente der Ehrfurcht, wenn sie einen Verlust erleiden oder eine spirituelle Erfahrung machen. Heldinnen, inspirierende Reden, einmalige Erlebnisse – all das kann dazu führen, dass uns ein Kalt-warm-Schauer über den Rücken kriecht und wir Gänsehaut bekommen.

So wie die Raumfahrer im All, die das erste Mal aus dem All auf ihren Heimatplaneten schauen, fühlen Menschen Ehrfurcht, wenn sie tiefen Respekt oder Bewunderung für einen anderen Menschen oder ihre Umgebung entwickeln. Wissenschaftlerinnen beschreiben es auch als Antrieb dafür, in die Forschung zu gehen.[11]

Was passiert bei Menschen psychologisch, wenn sie Ehrfurcht erleben? Die Forscher Dacher Keltner und Jonathan Haidt haben auf diese Frage eine Antwort gefunden.[12] Ihrer Auffassung nach ist Ehrfurcht eine destabilisierende Emotion. Ehrfurcht irritiert. Wir werden von einem überwältigenden Gefühl überflutet und benötigen einen Moment, um uns zu sortieren. Keltner und Haidt vermuten, dass Ehrfurcht infolgedessen Prozesse der emotionalen und kognitiven Anpassung anstößt, in denen bestehende mentale Konzepte überarbeitet werden, um den ehrfurchtgebietenden Reiz zu verstehen. Wir versuchen beispielsweise, den Anblick einer überdimensionalen Bergkette zu begreifen. Wie groß und wichtig bin ich im Vergleich zu meiner Umgebung? Da Anpassungsprozesse schwierig sein und auch erfolglos verlaufen können, bewegt sich Ehrfurcht an der Grenze zwischen positivem und negativem Erleben. Sie erzeugt ein Gefühl des Staunens, aber auch der Ohnmacht und Unsicherheit. Es rüttelt also in dem Bereich unseres Gehirns, wo unsere Emotionen gesteuert werden.

Studien kommen zu dem Ergebnis, dass sich das Erleben von Ehrfurcht positiv auf unsere Resilienz und den Umgang mit stressigen Situationen auswirken kann. Astronauten können durch den Anblick der Erde mehr Sinnhaftigkeit in ihrer Tätigkeit entdecken und auch Herausforderungen optimistischer begegnen[13]. Scheinbar nimmt uns die Erfahrung, im Vergleich zum großen Ganzen klein und unbedeutend zu sein, den Druck und schafft mehr Gelassenheit. »Von oben aus betrachtet, spielt das Ganze gar keine so große Rolle.« Vielleicht kann dieser Satz dich dabei unterstützen, diese Perspektive ab und zu einzunehmen.

Ehrfurcht ist aber nicht nur ein tiefgreifendes Gefühl, sondern kann sich auch positiv auf Einstellungen und konkrete Verhaltensweisen auswirken, weil sie oft mit einer demütigen Haltung einhergeht. Klären wir also erst mal, was Demut überhaupt ist.

DEMUT – SICH UNWICHTIGER FÜHLEN, UM MITFÜHLENDER ZU HANDELN

Erst mal eine Definition. Der buddhistische Mönch und Molekularbiologe Matthieu Ricard beschreibt Demut folgendermaßen: »Demut besteht nicht darin, dass wir uns für minderwertig halten, sondern, dass wir vom Gefühl unserer eigenen Wichtigkeit frei sind. Dies ist ein Zustand der natürlichen Einfachheit, der im Einklang mit unserer wahren Natur ist und uns erlaubt, die Frische des gegenwärtigen Augenblicks zu schmecken.«[14] Über das Äußere zu staunen, kann uns helfen, uns innerlich weniger wichtig zu fühlen. Dabei ist Menschen wie Matthieu Ricard wichtig, dass Ehrfurcht und Demut nicht dazu führen, dass wir uns klein und sinnlos fühlen. Ganz im Gegenteil: Das Verständnis unserer Bedeutung auf der Erde soll uns dazu einladen, uns sinnstiftend und mitfühlend mit unserer Umgebung zu befassen. Konkret könnte das dazu führen, dass wir uns mehr mit dem Schutz unserer Lebensumgebung oder der Unterstützung anderer Menschen widmen. In der Fachliteratur finden wir dazu passend einen mystisch klingenden Begriff: »Selbsttranszendenz«.[15] Dieser beschreibt die Fähigkeit, sich auch von eigenen Gefühlen oder Bedürfnissen distanzieren zu können, um sich den Belangen anderer Menschen zuzuwenden. Wir nehmen uns selbst weniger wichtig und verbinden uns gleichzeitig mit etwas Höherem und Größeren – beispielsweise der Natur.[16] Das fördert psychisches Wohlbefinden und verstärkt Gefühle wie Empathie. Der Kosmonaut Juri Artjuchin beschrieb seine persönliche Erfahrung von Mitgefühl folgendermaßen: »Das Gefühl der Einheit ist nicht einfach eine Beobachtung. Damit geht ein starkes Gefühl von Mitgefühl für und Sorge um den Zustand unseres Planeten und die Auswirkungen einher, die Menschen auf ihn haben.«[17] Das führt zu langfristigen Veränderungen, von denen auch der Kosmonaut Boris Wolynow berichtete: »Wenn du die Sonne, die Sterne und unseren Planeten ansiehst, gewinnst du mehr Lebensfreude, wirst milder, bekommst eine innigere Beziehung zu allem Lebendigen und entwickelst ein gütigeres und duldsameres Verhältnis zu deinen Mitmenschen. Jedenfalls ist es mir so ergangen.«[18] Die Erde zu verlassen, ermöglicht, unsere Position als Menschen innerhalb des Universums zu reflektieren. Wer das erlebt, entwickelt häufig Mitgefühl und Respekt vor herumspringenden Delfinen im Ozean, Regenwäldern und auch gegenüber anderen Menschen.

Wie wirkt sich das Erleben von Ehrfurcht oder Demut aber ganz konkret auf menschliches Verhalten aus? Im Rahmen einer Studie begleiteten Paul Piff und sein Forschungsteam die Studienteilnehmer in eine naturnahe Umgebung. Während die Experimentalgruppe eine atemberaubende Naturumgebung bestaunen durfte, starrte die Kontrollgruppe auf eine graue Hauswand. Paul Piff wollte herausfinden, ob sich das experimentelle Induzieren von Ehrfurcht auf das Verhalten von Menschen auswirken konnte. Und siehe da: Probanden der Experimentalgruppe zeigten sich mitfühlender und halfen dem Versuchsleiter, seine Stifte aufzusammeln, die er mit Absicht auf den Boden fallen gelassen hatte, um prosoziale Verhaltensweisen der Probanden zu testen.[19] Paul Piff und Dacher Keltner argumentieren, dass Ehrfurcht eine kollektive Emotion ist, die Menschen dazu bringt, sich für das Gemeinwohl einzusetzen.[20] Wer immer wieder in Staunen versetzt wird, entwickelt also eine demütige Außenorientierung – und verhält sich eher sozial gegenüber anderen Menschen.

Nicht nur in experimentellen Studien zeigt sich dieser Trend. Der Autor und Umweltaktivist Rob Hopkins sieht die Konsequenzen der Ehrfurcht vor den Folgen des Klimawandels in den Protestwellen in seiner Stadt. In seinem Buch *Stell dir vor ...* schreibt er dazu: »Wie wäre es, wenn sich in diesen Demonstrationen, Aktionen, Streiks immer auch eine wünschenswerte Zukunft manifestieren würde? Gärten, Projektionen auf Gebäude, Kunstinstallationen, Diskussionen, Theater, die die Träume zeigen und wie man sich die Welt erhofft? Oder vielleicht Aktionen über Nacht, die einen Ort umwandeln? Um zu vergegenwärtigen, wie die Zukunft trotz allem sein könnte, um den geforderten Zielen die Provokation der Ehrfurcht zur Seite zu stellen.«[21] Große Gefühle, das können wir uns merken, können uns dazu einladen, bedeutende Handlungen zu vollziehen – wie beispielsweise ins All zu fliegen.

Und sogar bei uns Psychotherapeutinnen hat man positive Effekte von Demut ableiten können. Ein eigener Forschungszweig der Psychotherapieforschung beschäftigt sich damit, wie eine demütige Haltung Therapiestunden befördern kann. Demütige Therapeutinnen schätzen ihre eigenen Fähigkeiten eher akkurat ein und sind sich auch ihrer Unwissenheit bewusst. Wem es gelingt, das große Ganze zu sehen, ist offener für neue Ideen und kann Impulse seiner Klientinnen wertschätzen und aufnehmen. Klienten begegnen uns häufig mit großen Wünschen und Hoffnung, und genau dann kann es gut sein, das Gefühl für die eigenen Grenzen und die Hilflosigkeit, die wir oft erleben müssen, nicht zu vergessen.[22] So können wir unseren Klientinnen entspannter gegenübertreten. Wir haben nicht mehr das Gefühl, für alles auch außerhalb des Therapieraums verantwortlich zu sein, und kennen die Grenzen psychotherapeutischer Möglichkeiten.[23] Demütigen Therapeuten gelingt es eher, sich auch mal in Frage zu stellen – gerade dann, wenn in einer Therapie etwas nicht gut funktioniert hat. Es braucht Mut und Selbsterkenntnis, sich von erfahreneren Kolleginnen Hilfe zu holen, sich zu reflektieren und auch die Klienten nach ihrem Feedback zu fragen.[24] Demut kann also ein Türöffner für eine Beziehung auf Augenhöhe zwischen zwei Menschen sein.

Wie können wir diese Erkenntnis für uns nutzen? Denn in unserem schnelllebigen Alltag wirkt es oft so, als bleibe wenig Zeit zum Staunen. Und mal eben in den Orbit düsen? Das lässt sich nur schwer mit der Arbeit und dem Sport am Abend vereinen. Wie holen wir diese Gefühle, die Astronautinnen im All oder buddhistische Mönche wie Matthieu Ricard erleben, auf die Erde in unsere Lebensumgebung?

WIE AUCH ERWACHSENE DEN »WOW-EFFEKT« ERLEBEN KÖNNEN

Staunen üben! Mission impossible? Nein, es gibt sie: Menschen, die auch als Erwachsene Profis im Staunen sind und denen öfter mal ein »Wow« über die Lippen rutscht. Können wir das Staunen wiedererlernen? Schauen wir uns das mal an.

Zum Beispiel Sheryl Bishop – du kennst sie bereits. Ich lerne sie kennen, als ich damals beim ÖWF starte. Sheryl unterstützt dort die Organisation mit ihrer Erfahrung. Wenn man sie kontaktiert, erhält man prompt eine enthusiastische Antwort, Sheryl ist »always delighted to chat!« – also interessiert an einem Austausch. Das ist nun fast eine Dekade her, aber auch heute sitzt die ehemalige Professorin in ihrem Büro in Texas und ist vor allem eins: offen für Menschen und deren Ideen. Egal worum es geht – sie nickt, grinst und es folgen zahlreiche Geschichten, Fragen, verbunden mit einer geballten Ladung Begeisterung, die ich quer über den Atlantischen Ozean prima beobachten kann. Sheryl ist seit über 25 Jahren führend in der Weltraumpsychologie. Aber – sie hat auch Abstecher in andere Forschungsbereiche gemacht. Sie untersuchte, ob Ängste und Schlaflosigkeit Demenz vorhersagen könnten oder welche Copingstrategien Menschen bei Umweltkrisen anwenden. Andere Studien schauten sich an, wie Pflegepersonal in Krankenhäusern zusammenarbeitet. Eine bunte Mischung! Sheryl beschreibt sich als »Generalistin«, also als jemand, der seine Interessen nicht auf ein bestimmtes Gebiet festlegt. Warum?

Sheryl findet alles »exciting« – also echt aufregend. Und – ein regelmäßiger thematischer Ortswechsel erhält die Fähigkeit zum Staunen aufrecht, denn Neues fasziniert uns schneller, als das, was wir schon kennen. Aha! Und: wow!

Ich beobachte: Menschen, die gut im Staunen sind, lernen niemals aus. Fast schon spielerisch erkundet Sheryl immer wieder ein neues Thema, neue Menschen, neue Orte. Alles phänomenal! Ein schönes Zitat von Thomas von Aquin, einem Philosophen aus dem Mittelalter, fasst das gut zusammen: »Das Staunen ist eine Sehnsucht nach Wissen.« Staunende Menschen wirken oft sehr jung, fast schon kindlich verspielt – aber keinesfalls unreif. Neugierde, Offenheit, aber auch eine achtsame und unbedarfte Haltung braucht es, um diesem Gefühl zu begegnen.

Wie lernt man das? Indem wir uns mit Menschen umgeben, die

das gut können. So wie Gernot Grömer – ein ÖWF-Urgestein! Rückblende in seine Biographie: Er wächst die ersten Jahre seiner Kindheit in einem alten Jagdschloss auf. Seine Spielkameraden waren ausgestopfte Füchse und verstaubte Jagdgewehre. Er erzählt: »Ich hatte es viel mit unbelebten Dingen zu tun. Aber als Kind hatte ich das Gefühl, dass sie mir eine Geschichte zuflüstern.« Gernot lernt, über kleine Dinge zu staunen – und sie mit seiner Phantasie zu befüllen. Ein Geweih, das sicher mal einem majestätischen Hirsch gehört hat – faszinierend! Er studiert Astronomie und promoviert in Astrobiologie. Jahre später gründet er mit anderen Begeisterten das – du kennst es schon – Österreichische Weltraum Forum. Hier sollen Testsimulationen stattfinden, vor allem aber möchte Gernot einen Ort zum gemeinsamen Staunen gestalten. Menschen wie er tendieren oft dazu, sich Umgebungen zu erschaffen oder zu suchen, in denen sie ihrer Sehnsucht folgen können. Analog-Missionen eignen sich dafür hervorragend. Das erlebt er selbst bei seinen ersten Missionen als Analog-Astronaut: »Das sind die Momente, wo man diesen Feenstaub schmecken darf. Du stehst mitten in der Wüste und siehst, wie jeder kleine Stern auf das Visier deines Raumanzugs projiziert wird. Und du nimmst ein Bad mit den Sternen.« Gernot will den – wie er ihn nennt – »Wow-Effekt« immer wieder erleben. Seine Motivation besteht aber auch darin, andere dazu einzuladen: »Ich könnte der Generation nach mir nicht in die Augen sehen und sagen: Sorry, wir hatten andere Probleme und keine Zeit, all das zu entdecken, was da draußen ist.« Das ÖWF organisiert jährlich zahlreiche Bildungsprojekte. Miniraketenbasteln in Schulen, Astronautenhelmmalen auf einem Regionalfest oder Vorträge für neugierige Amateure. Manchmal passiert es, dass Menschen nach zehn Jahren zu ihm kommen. Du warst doch der, der damals in der Schule dieses spannende Experiment durchgeführt hat. Das hat mich so fasziniert – jetzt studiere ich Physik!

Demut setzt da an, wo eine Vereinigung wie das ÖWF auch organisatorische Aufgaben aufwirft. Vereinssatzung überprüfen, Sicherheit bei der nächsten Mission garantieren, Sponsoren finden – solche alltäglichen Aufgaben sind nicht immer mit Faszination gefüllt, müssen aber sein.

Damit ein Projekt wie das ÖWF gelingen kann, braucht es also beides – die Fähigkeit zu staunen, aber auch die demütige Haltung vor Aufgaben, die dazu führen, dass eine solche Vision seit über 20 Jahren bestehen kann.

Menschen wie Sheryl und Gernot sagen ein Wort sehr häufig: »Ja!« Wenn du magst, überleg mal für dich: Sagst du manchmal »Nein«, bevor du dir erlaubt hast zu staunen? Probiere es gerne mal aus – und vielleicht begegnet dir dann auch ein leises »Wow!«.

PERSPEKTIVWECHSEL ANREGEN – KERNDISZIPLIN IN DER PSYCHOTHERAPIE

Was können wir also tun, wenn wir nicht direkt im Raumanzug in der Wüste Marsmissionen simulieren können und trotzdem ein bisschen astronautisches Staunen in unser Leben einbauen wollen? Wir können beispielsweise Momente, in denen wir innehalten und uns mit unserer Umgebung befassen, in unseren Alltag integrieren: den schönen Baum am Ende der Straße, der im Frühling Kirschblüten trägt, bestaunen oder am Sonntag mal rausfahren und wandern gehen. Natur, das zeigt die Wissenschaft, ist ein guter Garant für das Erleben von Ehrfurcht.[25] Flüsse, Wälder, Berge und Meere sind komplexe Lebensumgebungen, die es uns erleichtern, das Staunen zu üben.

Übrigens: Wusstest du, dass es einen Livestream von den Außenkameras der ISS gibt, den du online anschauen kannst? Nein? Dann schau mal rein![26]

In meinem psychotherapeutischen Alltag begegnen mir oft Menschen, die in schwierigen Situationen feststecken, ihren wiederkehrenden Gedanken konstant zuhören und das Gefühl haben, ihren

Standpunkt niemals verändern zu können. Therapie hilft dabei, die eigene Wahrnehmung in Frage zu stellen. Oft müssen wir die Klientin nur mal auf einen anderen Stuhl setzen – also einen örtlichen Wechsel vollziehen –, damit sie ihre Situation aus einer anderen Perspektive sehen kann. Wir nutzen gerne Figuren und Whiteboards – oder einfach einen humorvoll-skeptischen Blick – um das Erleben unserer Klienten kritisch zu beleuchten. Psychotherapeutinnen machen mit ihren Klienten gerne geführte Übungen: Wir gehen zum Beispiel in die Natur zum Waldbaden. Wenn du magst, kannst du mal die 5-4-3-2-1-Übung ausprobieren, von der ich persönlich ein großer Fan bin. Diese einfache Achtsamkeitsübung dient dazu, unsere Aufmerksamkeit nach außen zu lenken. Und wir haben gelernt, dass wir im Außen am ehesten ins Staunen versetzt werden können. Wir können diese kurze Übung durchführen, wenn wir mal aus unserem Alltag herauszoomen wollen. Erster Schritt: fünf Dinge sehen. Schauen wir uns um und zählen fünf Dinge auf, die wir entdecken. Einen Baum, Schnürsenkel, einen Stein, den Mond, meinen Astronautenschlüsselanhänger. Nächster Schritt: vier Dinge berühren. Hier dürfen die Hände in die Erde greifen, den Baum streicheln, die eigenen Hosenbeine abtasten und durchs Gesicht fahren. Schritt Nummer drei: drei Dinge hören. Einen Vogel, Blätterrauschen und – Fußschritte! Dann: zwei Dinge riechen. Einsetzender Regen und mein Brötchen, das im Rucksack auf mich wartet. Zuletzt eine Sache schmecken: einmal nachspüren – was gab es zum Frühstück? Diese Übung transportiert uns zwar nicht in den Orbit – aber sie ermöglicht uns, unsere unmittelbare Umgebung zu erfassen.

Wir wissen alle, wie es sich anfühlt, wenn wir tief in unseren Gefühlen feststecken. Wir könnten manchmal vor Wut explodieren oder in Traurigkeit ertrinken. In der Dialektisch-Behavioralen Therapie (DBT) nach Marsha Linehan wurden Methoden entwickelt, um Menschen dabei zu unterstützen, intensive Gefühle besser zu regulieren.[27] Menschen in DBT-Programmen beschreiben starke Gefühle wie Hochstress und Anspannung. Für Klienten, die beispielsweise eine Borderline-Diagnose haben, fühlt es sich so an, als gäbe es nur noch das eine Gefühl: Angst. Oder Scham. Manche Klienten reagieren intensiv darauf und bereuen später vielleicht, wie sie gehandelt haben. In der Therapie bringen wir ihnen bei, vorher die Stopptaste zu drücken und mit passenden Tricks wieder den Überblick zu gewinnen. Ein gängiges Tool ist hier die – Achtung, klingt schrecklich – Verhaltensanalyse. Auf Papier skizzieren wir die Situation mit dem unfreundlichen Chef, der so grimmig geschaut hat, dass die Kaffeetasse fliegen musste, oder den Konflikt mit der Partnerin. Und wir stellen Fragen: Wie hast du dich gefühlt? Was hast du gedacht? Wie hast du dann reagiert? Und: Passen das Gefühl und deine Gedanken überhaupt in diese Situation? Wir nutzen den psychologischen Overview-Effekt und betrachten unser Erleben aus der Außenperspektive. Das ermöglicht uns, unsere Einstellung auch mal in Frage zu stellen – oder auch die Perspektive einer anderen Person zu übernehmen. Vielleicht gab es einen anderen Grund für den genervten Blick des Chefs? Oder unser Schamgefühl war wieder viel zu groß? Wir erinnern uns an die Postkarte: »Von oben aus betrachtet, spielt das Ganze gar keine so große Rolle.« Manchmal stimmt's ja.

STAUNEN – AUF DER SOFAKANTE SITZEND

Wenn wir ein Problem haben, können wir uns fragen: Sieht ein Freund die Situation vielleicht ganz anders? Es hilft auch, vertraute Menschen zu befragen, denn sie bringen oft eigene Erfahrungen oder ihre Ideen mit, die uns zum Umdenken einladen. Wenn wir in einer Situation feststecken und nicht wissen, wie wir sie anders sehen können, dann braucht es Bewegung. Ja, sogar wirklich wortwörtlich. Es kann helfen aufzustehen, uns auf den Kopf zu stellen, herumzulaufen. Bewegung fördert den Perspektivenwechsel.[28]

Und wer nachts nicht gut schläft, weil die Gedanken und Ängste nicht aufhören wollen, im Kopf zu kreisen, der kann versuchen, alles auf einen Zettel zu schreiben und diesen wegzuwerfen. Oft berichten mir Klientinnen, dass das Aufschreiben hilft, um sich wieder besser zu fühlen und die Gedanken im Kopf einfach mal loszuwerden. Vielleicht ist also gar keine Reise ins All nötig, damit wir wieder den Überblick gewinnen. All das können wir auch auf der Erde lernen. Und alles, was wir dafür brauchen, sind die Natur, ein Blatt Papier, Buntstifte und die Kreativität unserer Mitmenschen.

Der Astronaut Ron Garan schreibt in seinem Buch *The Orbital Perspective*: »Wenn wir einen Schritt zurücktreten, werden die Dinge, die wir gemeinsam haben, deutlicher sichtbar. Wenn wir Dämonisierung, Missverständnisse und Vorurteile überwinden, können wir Gemeinsamkeiten finden, und diese Gemeinsamkeiten können als Brücke dienen.«[29] Menschen, denen es gelingt, die Welt auch mal durch die Augen ihrer Mitmenschen zu sehen, entwickeln mehr Mitgefühl für andere. Und von Astronautinnen können wir lernen, dass der Overview-Effekt dabei hilft, sich wieder mit unserer Umgebung zu verbinden. So können also nicht nur du und ich, sondern auch andere Menschen davon profitieren. Wenn du möchtest, kannst du dieses Buch gleich zuklappen, deine Schuhe anziehen und nach draußen stapfen. Und dann – schau mal zu den Sternen!

Danksagung

»The eagle has landed!«

—

Und am Ende? Geht es doch immer um die Frage:
Wer hat das Tiefkühl-Chicken-Masala aus dem
Habitat stibitzt?

Raketenstarts, wachsende Wirbelsäulen, Tomatenzucht im All, Albert Einsteins Zungenfoto und aufblasbare Habitate. Was soll uns das alles sagen? Ich frage es ein letztes Mal – versprochen!

Erinnerst du dich noch an Agnieszka Skorupa aus der Einleitung? Während der Schwanz ihrer Katze den Bildschirm sauber wischt, findet sie die treffenden Worte: »Das ist wie im Urlaub. Du kannst vor der exotischsten Tempelanlage stehen, aber wenn du da nichts zu essen findest, sinkt deine Laune. Am Ende ist es egal, ob du in deiner Studenten-WG lebst, eine Bergsteigerin bist, in deinem Homeoffice sitzt oder im All arbeitest. Die Leute regen sich darüber auf, dass jemand die Küche nicht richtig aufgeräumt hat. Egal wo.« Wir lachen beide. Stimmt genau!

Egal wie weit wir uns ins All vortasten werden, das Menschliche packen wir dabei immer mit ein. Vielleicht braucht es manchmal den Perspektivwechsel, das Abstandnehmen, um zu erfassen, was uns wirklich nahe liegt. Beziehungen, Neugierde, aber auch: Hunger und Müdigkeit. Und ganz gleich, ob auf dem Mars, Mond oder unserer Couch, scheint die wichtigste und menschlichste Frage immer zu sein: Wer ist gerade bei mir?

Auf diese Frage konnte ich während meiner Recherche und Arbeit an diesem Buch glücklicherweise eine eigene Antwort finden. Denn Astronautinnen fliegen nicht alleine ins All. Und Bücherschreiben – geht auch besser zusammmen. Deshalb ein riesengroßes Dankeschön an:

- Michaela Röll für deine wunderbare Unterstützung von Beginn des Exposés bis hin zur letzten Buchseite und darüber hinaus. Und fürs Mutmachen!
- Ulrike Melzer, Lexa Rost und Judith Schneiberg für das Lektorat, aber auch das Anfeuern, die Herzlichkeit und die zähe Auseinandersetzung mit meiner Version von Rechtschreibung.
- alle lieben Menschen, die Kapitel Probe gelesen haben und eure hilfreichen Rückmeldungen: Aurora, Daniel, Jana, Julia und Lorraine.
- das Österreichische Weltraum Forum, insbesondere an mein Team »Humane Faktoren« für eure Begeisterung und viele Missionsabenteuer.
- die Menschen, die mir ihre Ehrlichkeit und ihre Zeit geschenkt und dazu beigetragen haben, dass dieses Buch nicht nur eine Ansammlung von Studien ist, sondern mit euren Geschichten gefüllt wird. Danke für euer Vertrauen und eure Zeit, sie mir für dieses Buch zur Verfügung zu stellen. Ich durfte viel von euch lernen.
- und zuletzt: an meinen Mann Silvio. Ohne dich wäre diese Reise niemals möglich gewesen. Danke für nächtelanges Textelesen, Technikwissen und dafür, einfach mal einen Kaffee vorbeizubringen.

Alleine geht's nicht. Und das ist verdammt schön so. Und jetzt?

Während ich diese letzte Seite schreibe, läuft im Hintergrund entspannte Musik. Ich sitze in Jogginghose auf meinem übergroßen Sitzsessel und futtere einen frisch gebackenen Keks. Agnieszka meint, wir sollten viel häufiger darüber nachdenken, wie anstrengend das Leben fernab unseres Planeten wäre: »Guck mal. Die Erde, die wir haben, die ist doch richtig schön!« Ja.

Draußen Regen. Hier die Heizung. Mein Mann läuft den Flur entlang, und eine Sprachnachricht einer Freundin lenkt mich herzlich vom Schreiben ab. Mein Blick geht raus aus dem Fenster. Da oben irgendwo muss die ISS sein. Ich rolle mich in meine Decke ein. Wie gut, dass ich da heute nicht mehr hinmuss.

Literaturnachweise

Sämtliche Online-Links wurden zuletzt am 19. Februar 2024 aufgerufen.

Ready for take-off?

1 Jaspers, K. (2008). Von der Weite des Denkens. Eine Auswahl aus seinem Werk, München, zitiert nach Chmielewski, F. (2023). Globale Krisen in der Psychotherapie. Weinheim.
2 Walter, U. (2023). Reiseziel Weltraum. München, S. 63.
3 Hadfield, C. (2014). Anleitung zur Schwerelosigkeit. München, S. 232.
4 Gerst, A. (2021). Horizonte. Hamburg, S. 116.
5 Arone, A., Ivaldi, T., Loganovsky, K., Palermo, S., Parra, E., Flamini, W. & Marazziti, D. (2021). The burden of space exploration on the mental health of astronauts: A narrative review. *Clinical Neuropsychiatry*, 18(5), 237–246.
6 Ushakov, I. B., Vladimirovich, M. B., Bubeev, Y. A. et al. (2014). Main findings of psychophysiological studies in the Mars 500 experiment. *Herald of the Russian Academy of Sciences*, 84, 106–114.
7 Solcova, I., Vinokhodova, A. G. (2015). Locus of control, stress resistance, and personal growth of participants in the Mars-500 experiment. *Human Physiology*, 41, 761–766.
8 Van Ombergen, A., Rossiter, A., Ngo-Anh, T. J. (2021). »White Mars« – nearly two decades of biomedical research at the Antarctic Concordia station. *Experimental Physiology*, 106(1), 6–17.
9 Kanas, N. (2015). Humans in Space. New York.
10 Bonati, M., Campi, R., Segre, G. (2022). Psychological impact of the quarantine during the COVID-19 pandemic on the general European adult population: A systematic review of the evidence. *Epidemiology and Psychiatric Sciences, 31*, E27.
11 Schumann, C. (2022). When news topics annoy – exploring issue fatigue and subsequent information avoidance and extended coping strategies. *Journalism and Media, 3*(3), 538–556.
12 Chmielewski, F. (2023). Globale Krisen in der Psychotherapie. Weinheim.
13 Yalom, I. (2016). Theorie und Praxis der Gruppenpsychotherapie. Stuttgart.

01 Einsamkeit

1 Repräsentative Umfrage zu Einsamkeit: https://www.splendid-research.com/de/studien/studie-einsamkeit/.

2 Buecker, S., Horstmann, K.T., Krasko, J., Kritzler, S., Terwiel, S., Kaiser, T., & Luhmann, M. (2020). Changes in daily loneliness for German residents during the first four weeks of the COVID-19 pandemic. *Social Science & Medicine, 265*, 113541.

3 Ernst, M., Niederer, D., Werner, A.M., Czaja, S.J., Mikton, C., Ong, A.D., Rosen, T., Brähler, E., & Beutel, M.E. (2022). Loneliness before and during the COVID-19 pandemic: A systematic review with meta-analysis. *American Psychologist, 77*(5), 660–677.

4 Barreto, M., Van Breen, J., Victor, C., Hammond, C., Eccles, A., Richins, M.T., & Qualter, P. (2022). Exploring the nature and variation of the stigma associated with loneliness. *Journal of Social and Personal Relationships, 39*(9), 2658–2679.

5 Krieger, T., & Seewer, N. (2022). *Einsamkeit* (Vol. 85). Göttingen, S. 3.

6 Perlman, D., & Peplau, L.A. (1982). Theoretical approaches to loneliness. *Loneliness: A sourcebook of current theory, research and therapy*, 123–134.

7 Kompetenznetz Einsamkeit: https://kompetenznetz-einsamkeit.de/einsamkeit.

8 NASA-Podcast zu sozialer Isolation: https://www.nasa.gov/podcasts/houston-we-have-a-podcast/connect-during-social-isolation/.

9 Einsamkeitserfahrungen von Astronauten: https://www.nasa.gov/feature/isolation-what-can-we-learn-from-the-experiences-of-nasa-astronauts.

10 Krieger, T., & Seewer, N. (2022). *Einsamkeit* (Vol. 85). Göttingen, S. 4.

11 Cacioppo, J.T., & Cacioppo, S. (2018). Loneliness in the modern age: An evolutionary theory of loneliness (ETL). In: *Advances in Experimental Social Psychology* (Vol. 58, 127–197). Academic Press.

12 Cacioppo, J.T., Cacioppo, S., & Boomsma, D.I. (2014). Evolutionary mechanisms for loneliness. *Cognition & Emotion, 28*(1), 3–21.

13 Eisenberg, N., Spinrad, T.L., & Morris, A. (2014). Empathy-related responding in children. In: M. Killen & J.G. Smetana (Eds.), *Handbook of Moral Development*, 184–207. NY Psychology Press.

14 Paulus, M. (2014). The emergence of prosocial behavior: Why do infants and toddlers help, comfort, and share? *Child Development Perspectives, 8*(2), 77–81.

15 Pinel, E.C., Long, A.E., Murdoch, E.Q., & Helm, P. (2017). A prisoner of one's own mind: Identifying and understanding existential isolation. *Personality and Individual Differences, 105*, 54–63.

16 Yalom, I.(1980). Existential Psychotherapy. New York City.

17 Bolmsjö, I., Tengland, P.A., & Rämgård, M. (2019). Existential loneliness: An attempt at an analysis of the concept and the phenomenon. *Nursing Ethics, 26*(5), 1310–1325.

18 Mackesy, C. (2019). Der Junge, der Maulwurf, der Fuchs und das Pferd. Berlin.

19 Schreiber, D. (2023). Allein. Berlin.

20 Kompetenznetz Einsamkeit: https://kompetenznetz-einsamkeit.de/wp-content/uploads/2022/07/KNE_Expertise04_220629.pdf.

21 Entringer, T. M., & Kröger, H. (2021). Psychische Gesundheit im zweiten Covid-19-Lockdown in Deutschland (No. 1136). SOEPpapers on Multidisciplinary Panel Data Research.

22 Luhmann, M., Buecker, S., & Rüsberg, M. (2023). Loneliness across time and space. *Nature Reviews Psychology, 2*(1), 9–23.

23 Luhmann, M., & Hawkley, L. C. (2016). Age differences in loneliness from late adolescence to oldest old age. *Developmental Psychology, 52*(6), 943.

24 Hawkley, L. C., Buecker, S., Kaiser, T., & Luhmann, M. (2020). Loneliness from young adulthood to old age: Explaining age differences in loneliness. *International Journal of Behavioral Development, 46*(1), 39–49.

25 Luhmann, M. (2022). Einsamkeit – Erkennen, evaluieren und entschlossen entgegentreten. Schriftliche Stellungnahme zur öffentlichen Anhörung am 19.04.2021. https://www.bundestag.de/resource/blob/833358/0924ddceb95ab55db40277813ac84d12/19-13-135b.pdf

26 Bu, F., Steptoe, A., & Fancourt, D. (2020). Who is lonely in lockdown? Cross-cohort analyses of predictors of loneliness before and during the COVID-19 pandemic. *Public Health, 186*, 31–34.

27 Kinnert, D. (2021). Die neue Einsamkeit: Und wie wir sie als Gesellschaft überwinden können. Hamburg.

28 Meier, J. V., Noel, J. A., & Kaspar, K. (2021). Alone together: computer-mediated communication in leisure time during and after the COVID-19 pandemic. *Frontiers in Psychology, 12*, 1664–1678.

29 Spreng, R. N., Dimas, E., Mwilambwe-Tshilobo, L., et al. (2020). The default network of the human brain is associated with perceived social isolation. *Nature Communications, 11*, 6393.

30 Holt-Lunstad, J., Smith, T. B., & Layton, J. B. (2010). Social relationships and mortality risk: A meta-analytic review. *PLoS Medicine, 7*(7), e1000316.

31 Hawkley, L. C. (2022). Loneliness and health. *Nature Reviews Disease Primers, 8*(1), 22.

32 Holt-Lunstad, J., Smith, T. B., Baker, M., Harris, T., & Stephenson, D. (2015). Loneliness and social isolation as risk factors for mortality: a meta-analytic review. *Perspectives on Psychological Science, 10*(2), 227–237.

33 Cacioppo, J. T., Cacioppo, S., (2014). Social relationships and health: The toxic effects of perceived social isolation. *Soc Personal Psychol Compass, 8*(2), 58–72.

34 Hakulinen, C., Pulkki-Råback, L., Virtanen, M., Jokela, M., Kivimäki, M., & Elovainio, M. (2018). Social isolation and loneliness as risk factors for

myocardial infarction, stroke and mortality: UK Biobank cohort study of 479 054 men and women. *Heart, 104*(18), 1536–1542.

35 Alun, J., & Murphy, B. (2019). Loneliness, social isolation and cardiovascular risk. *British Journal of Cardiac Nursing, 14*(10), 1–8.

36 Cacioppo, J. T., Hawkley, L. C., Crawford, L. E., Ernst, J. M., Burleson, M. H., Kowalewski, R. B., Berntson, G. G. (2002). Loneliness and health: Potential mechanisms. *Psychosomatic Medicine, 64*(3), 407–417.

37 Quarks und Co: https://www.quarks.de/gesellschaft/psychologie/so-sehr-kann-uns-einsamkeit-krank-machen/.

38 Germer, C. K., & Neff, K. D. (2013). Self-compassion in clinical practice. *Journal of Clinical Psychology, 69*(8), 856–867.

39 Krieger, T., & Seewer, N. (2022). Einsamkeit (Vol. 85). Göttingen, S. 61.

40 Gabriel, G., van Baarsen, B., Ferlazzo, F., Kanas, N., Weiss, K., Schneider, S., & Whiteley, I. (2012). Future perspectives on space psychology: Recommendations on psychosocial and neurobehavioural aspects of human spaceflight. *Acta Astronautica, 81*(2), 587–599.

41 Stuster, J. (1997). Human adjustment to isolation and confinement (No. 972399). SAE Technical Paper.

42 Stuster, J. (2010). Behavioral issues associated with isolation and confinement: Review and analysis of astronaut journals. *National Aeronautics and Space Administration. NASA / TM-2010-216130.*

43 John Blaha, NASA: Pulling it together. https://history.nasa.gov/SP-4225/nasa3/nasa3.html.

44 Interview mit Al Holland: https://historycollection.jsc.nasa.gov/JSCHistory Portal/history/oral_histories/ISS/HollandAW/HollandAW_7-28-15.htm.

45 Priest, R. F., & Sawyer, J. (1967). Proximity and peership: Bases of balance in interpersonal attraction. *American Journal of Sociology, 72*(6), 633–649.

46 Liming, S. (2023). Hanging Out: The Radical Power of Killing Time. New Jersey.

47 Sabine Hohl zu romantischen Beziehungen: https://www.uniaktuell.unibe.ch/2023/romantische_liebe_wird_gegenueber_freundschaft_bevorzugt/index_ger.html.

48 Social Prescribing: https://www.aerzteblatt.de/archiv/226171/Social-Prescribing-Soziales-Miteinander-auf-Rezept.

49 Tschacher, W., & Storch, M. (2012). Die Bedeutung von Embodiment für Psychologie und Psychotherapie. *Psychotherapie in Psychiatrie, Psychotherapeutischer Medizin und Klinischer Psychologie, 17*(2), 259–267.

50 Grawe, K. (2000). Psychologische Therapien. Göttingen.

51 Ramseyer, F., & Tschacher, W. (2011). Nonverbal synchrony in psychotherapy: coordinated body movement reflects relationship quality and outcome. *Journal of Consulting and Clinical Psychology, 79*(3), 284–295.

52 Koole, S. L., & Tschacher, W. (2016). Synchrony in psychotherapy: A review

and an integrative framework for the therapeutic alliance. *Frontiers in Psychology*, *7*, 862.

53   Nesher Shoshan, H., & Wehrt, W. (2022). Understanding »Zoom fatigue«: A mixed-method approach. *Applied Psychology*, *71*(3), 827–852.

54   Weze, C., Leathard, H. L., Grange, J., Tiplady, P., & Stevens, G. (2007). Healing by gentle touch ameliorates stress and other symptoms in people suffering with mental health disorders or psychological stress. *Evidence-based Complementary and Alternative Medicine*, *4*(1), 115–123.

55   Greene, K., Derlega, V. J., & Mathews, A. (2006). Self-Disclosure in Personal Relationships. In: A. L. Vangelisti & D. Perlman (Eds.), *The Cambridge Handbook of Personal Relationships*, 409–427. Cambridge.

56   Sprecher, S., Treger, S., Wondra, J. D., Hilaire, N., & Wallpe, K. (2013). Taking turns: Reciprocal self-disclosure promotes liking in initial interactions. *Journal of Experimental Social Psychology*, *49*(5), 860–866.

02   Motivation

1   Umfrage zu Neujahrsvorsätzen: https://de.statista.com/infografik/20354/zeitraum-den-die-befragten-ihre-guten-vorsaetze-einhalten/.

2   Shelhamer, M. (2017). Why send humans into space? Science and non-science motivations for human space flight. *Space Policy*, *42*, 37–40.

3   Heckhausen, J. & Heckhausen, H. (2018). Motivation und Handeln, 5. Auflage. Berlin, S. 425.

4   Isen, A. M., & Reeve, J. (2005). The influence of positive affect on intrinsic and extrinsic motivation: Facilitating enjoyment of play, responsible work behavior, and self-control. *Motivation and Emotion*, *29*, 295–323.

5   Heckhausen, J. & Heckhausen, H. (2018). Motivation und Handeln, 5. Auflage. Berlin, S. 4.

6   Ryan, R. M., & Deci, E. L. (2000). Self-determination theory and the facilitation of intrinsic motivation, social development,and well-being. *American Psychologist*, *55*(1), 68–78.

7   Barbuto, J. E. & Scholl, R. W. (1998). Motivation sources inventory: Development and validation of new scales to measure an integrative taxonomy of motivation. *Psychological Reports*, *82*(3), 1011–1022.

8   McClelland, D. C. (1987). Human Motivation. Cambridge.

9   Müsseler, J. & Rieger, M. (2015). Allgemeine Psychologie, 3. Auflage. S. 225.

10   Heckhausen, J., & Heckhausen, H. (2018). Motivation und Handeln, 5. Auflage. Berlin, S. 163–269.

11   Gable, S. L., Reis, H. T., & Elliot, A. J. (2003). Evidence for bivariate systems: An empirical test of appetition and aversion across domains. *Journal of Research in Personality*, *37*, 349–372.

12   Bagozzi, R. P. & Pieters, R. (1998). Goal-directed emotions. *Cognition and Emotion*, *12*(1), 1–26.

13   Müsseler, J. & Rieger, M. (2015). Allgemeine Psychologie, 3. Auflage. S. 224.

14 Puca, R. M., & Schüler, J. (2017). Motivation. In: Müsseler, J. & Rieger, M., (Hgg.), *Allgemeine Psychologie*. Berlin, Heidelberg.

15 Brandstätter, V., Schüler, J., Puca, R. M., & Lozo, L. (2018). Intrinsische Motivation. In: *Motivation und Emotion*. Berlin, Heidelberg.

16 Vorstellung von Claudia Kessler: https://helene-lange-preis.de/aktuelles/festrednerin-claudia-kessler/.

17 Atkinson, J. W. (1957). Motivational determinants of risk-taking behavior. *Psychological Review, 64* (6, Pt. 1), 359–372.

18 Heckhausen, J., & Heckhausen, H. (2018). Motivation und Handeln, 5. Auflage. Berlin, S. 355

19 Ebd., S. 357.

20 Katzir, M., Emanuel, A., & Liberman, N. (2020). Cognitive performance is enhanced if one knows when the task will end. *Cognition, 197,* 104–189.

21 Watzka, K. (2016). Ziele formulieren: Erfolgsvoraussetzungen wirksamer Zielvereinbarungen. Wiesbaden.

22 Lyons, S. T., Schweitzer, L., & Ng, E. S. (2015). How have careers changed? An investigation of changing career patterns across four generations. *Journal of Managerial Psychology, 30*(1), 8–21.

23 Ghassemi, M., Brandstätter, V. (2019). Selbstregulation zwischen Zielbindung und Zielablösung. In: S. Rietmann & P. Deing (Hgg.), Psychologie der Selbststeuerung. Wiesbaden.

24 Brandstätter, V., & Schüler, J. (2013). Action crisis and cost-benefit thinking: A cognitive analysis of a goal-disengagement phase. *Journal of Experimental Social Psychology, 49*(3), 543–553.

25 Interview mit Irmtraud Tarr: https://sz-magazin.sueddeutsche.de/wissen/loslassen-psychologie-89757?reduced=true oder https://groundhoppingba.wordpress.com/.

26 Sunk Cost Fallacy: https://thedecisionlab.com/biases/the-sunk-cost-fallacy.

27 Wrosch, C., Scheier, M. F., Carver, C. S., & Schulz, R. (2003). The importance of goal disengagement in adaptive self-regulation: When giving up is beneficial. *Self and Identity, 2*(1), 1–20.

28 Brandtstädter, J., & Rothermund, K. (2002). The life-course dynamics of goal pursuit and goal adjustment: A two-process framework. *Developmental Review, 22*(1), 117–150.

29 Hayes, S. C., Strosahl, K. D., & Strosahl, K. (Eds.) (2004). A practical guide to acceptance and commitment therapy. New York.

03 Gruppen

1 Kahn, P. M., & Leon, G. R. (1994). Group climate and individual functioning in an all-women Antarctic expedition team. *Environment and Behavior, 26*(5), 669–697.

2 Bluth, B. J. (1984). The benefits and dilemmas of an international space station. *Acta Astronautica, 11*(2), 149–153.

3 Jonas, K. (2014). *Sozialpsychologie.* W. Stroebe & M. Hewstone (Hgg.). Berlin. S. 441.

4 Cox, P. D., Vinogradov, S., & Yalom, I. D. (2008). Group therapy. In: R. E. Hales, S. C. Yudofsky, & G. O. Gabbard (Eds.), *The American Psychiatric Publishing Textbook of Psychiatry,* 5th Edition, 1329–1373.

5 Lambert, M. J., & Barley, D. E. (2001). Research summary on the therapeutic relationship and psychotherapy outcome. *Psychotherapy: Theory, Research, Practice, Training, 38*(4), 357–361.

6 Leary, M. R., & Baumeister, R. F. (1995). The need to belong. *Psychological Bulletin, 117*(3), 497–529.

7 Sachse, R. (2019). Persönlichkeitsstile. Wie man sich selbst und anderen auf die Schliche kommt. Paderborn, S. 28.

8 Moreland, R. L., & Levine, J. M. (1982). Socialization in small groups: Temporal changes in individual-group relations. *Advances in Experimental Social Psychology, 15,* 137–192.

9 Caldwell, B. (2005). Multi-team dynamics and distributed expertise in mission operations. *Aviation, Space, and Environmental Medicine, 76*(6), B145-B153.

10 Jonas, K. (2014). Sozialpsychologie. W. Stroebe & M. Hewstone (Hgg.). Berlin, S. 460.

11 Mullen, B., & Copper, C. (1994). The relation between group cohesiveness and performance: An integration. *Psychological Bulletin, 115*(2), 210–227.

12 Dion, K. L. (2004). Interpersonal and group processes in long-term spaceflight crews: perspectives from social and organizational psychology. *Aviation, Space, and Environmental Medicine, 75*(7), C36-C43.

13 Kraft, N. O., Lyons, T. J., & Binder, H. (2003). Intercultural crew issues in long-duration spaceflight. *Aviation, Space, and Environmental Medicine, 74*(5), 575–578.

14 Jonas, K. (2014). Sozialpsychologie. W. Stroebe & M. Hewstone (Hgg.). Berlin, S. 460.

15 Belbin, M. R. (2011). Management teams: Why they succeed or fail. *Human Resource Management International Digest, 19*(3).

16 Possnig, C. (2020). Südlich vom Ende der Welt. Wo die Nacht vier Monate dauert und ein warmer Tag minus 50 Grad hat – Mein Jahr in der Antarktis. Die (Reserve-)Astronautin der ESA erzählt. Kiel.

17 Tuckman, B. W. (1965). Developmental sequence in small groups. *Psychological Bulletin, 63*(6), 384–399.

18 Possnig, C. (2020). Südlich vom Ende der Welt. Wo die Nacht vier Monate dauert und ein warmer Tag minus 50 Grad hat – Mein Jahr in der Antarktis. Die (Reserve-)Astronautin der ESA erzählt. Kiel, S. 152.

19 Heinicke, C. (2017). Leben auf dem Mars. Mein Jahr in einer außerirdischen Wohngemeinschaft. München.

20 Ebd., S. 213.

21 Bell, S. T., Brown, S. G., & Mitchell, T. (2019). What we know about team dynamics for long-distance space missions: A systematic review of analog research. *Frontiers in Psychology*, *10*, 811.

22 Report der National Science Foundation: https://www.nsf.gov/news/news_summ.jsp?cntn_id=305782&org=OPP.

23 Bericht über Liz Monahon: https://www.seattletimes.com/business/takeaways-from-aps-investigation-into-sexual-harassment-and-assault-at-antarcticas-mcmurdo-station/.

24 Suedfeld, P. (2010). Mars: Anticipating the next great exploration. Psychology, culture and camaraderie. *Journal of Cosmology*, *12*, 3723–3740.

25 Popovaite, I. (2022). Gender and leadership in space analogs: A study of MDRS commanders' reports. *Acta Astronautica*, *195*, 355–364.

26 Popovaite, I., & Bianchi, A. J. (2022). Walking on »Mars«: Gendered group processes in space analog missions. *Journal of Human Performance in Extreme Environments*, *17*(1), 1.

27 Bell, S. T., Brown, S. G., & Mitchell, T. (2019). What we know about team dynamics for long-distance space missions: A systematic review of analog research. *Frontiers in Psychology*, *10*, 811.

28 Vorveröffentlichung Bewegungsstudie MSG: https://eco-encounter.com/wp-content/uploads/2023/06/Movement-Space-and-Group-health_David-Michaeli-and-friends_EESI-2023.pdf.

29 Interview Stuster: https://www.heraeus.com/de/landingspages/lp_group/apollo_11/future_here_we_come/isolation_researcher/stuster.html.

30 Burke, C. S., Moavero, J., & Feitosa, J. (2020). Toward an Understanding of Training Requirements for Multicultural Teams in Long-Duration Spaceflight. In: L. Blackwell Landon, K. J. Slack, & E. Salas (Eds.), *Psychology and Human Performance in Space Programs*, 171–193.

31 Gerst, A. (2021). Horizonte. Hamburg, S. 85.

32 Gangeme, A., Simpson, B., De La Torre, G. G., Larose, T. L., & Diaz-Artiles, A. (2023). A comprehensive look behind team composition for long duration spaceflight. *Aerospace Medicine and Human Performance*, *94*(6), 457–465.

04 Anpassung

1 Tode im Weltall: https://www.astronomy.com/space-exploration/how-many-astronauts-have-died-in-space/.

2 Scott, J. P. R., Weber, T., Green, D. A. (2019). Introduction to the frontiers research topic: Optimization of exercise countermeasures for human space flight lessons from terrestrial physiology and operational considerations. *Frontiers in Physiology*, *10*, 915.

3 Clément, G. (2011). Fundamentals of Space Medicine. New York.

4 Oman, C. (2007). Spatial orientation and navigation in microgravity. In: F. Mast & L. Jäncke (Eds.), *Spatial Processing in Navigation, Imagery and Perception*. Boston, 209–247.

5   Blottner, D., Hastermann, M., Weber, R., Lenz, R., Gambara, G., Limper, U., Rittweger, J., Bosutti, A., Degens, H. (2020). Reactive jumps preserve skeletal muscle structure, phenotype, and myofiber oxidative capacity in bed rest. *Frontiers in Physiology, 10,* 1527.

6   Wonders, J. (2019). Flywheel training in musculoskeletal rehabilitation: a clinical commentary. *International Journal of Sports Physiology, 14*(6), 994–1000.

7   D'souza, S., Haghgoo, N., Mankame, K., Mummigatti, S., & Saadi, A. (2022). Safe spaceflight for women: Examining the data gap and improving design considerations. *Journal of Space Safety Engineering, 9*(2), 154–159.

8   Frauen im All: https://www.nationalgeographic.com/magazine/article/space-travel-four-ways-women-are-a-better-fit-than-men.

9   Drago-Ferrante, R., Di Fiore, R., Karouia, F., Subbannayya, Y., Das, S., Aydogan Mathyk, B., et al. (2022). Extraterrestrial gynecology: Could spaceflight increase the risk of developing cancer in female astronauts? An updated review. *International Journal of Molecular Sciences, 23*(13), 7465.

10 Lexikoneintrag zu Adaptation: https://education.nationalgeographic.org/resource/adaptation/.

11 Alfano, C. A., Bower, J. L., Connaboy, C., Agha, N. H., Baker, F. L., Smith, K. A., So, C. J., & Simpson, R. J. (2021). Mental health, physical symptoms and biomarkers of stress during prolonged exposure to Antarctica's extreme environment. *Acta Astronautica, 181,* 405–413.

12 Smith, N., & Sandal, G. M. (2017). Third quarter phenomenon: the psychology of life in space. *Room Space Journal of Asgardia, 3,* 52–57.

13 Pagnini, F., Thoolen, S., Smith, N., Van Ombergen, A., Grosso, F., Langer, E., & Phillips, D. (2024). Mindfulness disposition as a protective factor against stress in Antarctica: A potential countermeasure for long-duration spaceflight? *Journal of Environmental Psychology, 94,* 102254.

14 Kabat-Zinn, J., & Hanh, T. N. (2009). Full catastrophe living: Using the wisdom of your body and mind to face stress, pain, and illness. Delta.

15 Tortello, C., Folgueira, A., Nicolas, M., Cuiuli, J. M., Cairoli, G., Crippa, V., et al. (2021). Coping with Antarctic demands: Psychological implications of isolation and confinement. *Stress and Health, 37*(3), 431–441.

16 He was depressed, Astronaut says: https://www.latimes.com/archives/la-xpm-1997-01-22-mn-21009-story.html.

17 Frank Rubio, der Astronaut, der lieber daheim geblieben wäre: https://www.derstandard.de/story/3000000189189/frank-rubio-der-astronaut-der-lieber-daheim-geblieben-waere.

18 Slack, K. J., Williams, T. J., Schneiderman, J. S., Whitmire, A. M., Picano, J. J., Leveton, L. B., Schmidt, L. L. & Shea, C. (2016). Evidence report: Risk of adverse cognitive or behavioral conditions and psychiatric disorders. Auf: https://humanresearchroadmap.nasa.gov/evidence/reports/bmed.pdf.

19 Weinersmith, K. & Z. (2023). A City on Mars. S. 103.

20 Puspitasari, A., Cerri, M., Takahashi, A., Yoshida, Y., Hanamura, K., & Tin-

ganelli, W. (2021). Hibernation as a tool for radiation protection in space exploration. *Life, 11*(1), 54.

21 Groemer, G. E., Hauth, S., Luger, U., Bickert, K., Sattler, B., Hauth, E., Knoflach, M., et al. (2012). The Aouda. X space suit simulator and its applications to astrobiology. *Astrobiology, 12*(2), 125–134.

22 Endsley, M. R. (1995). Measurement of situation awareness in dynamic systems. *Human Factors, 37*(1), 65–84.

23 Henríquez, J. (2012). 70 Tage unter der Erde. Ich habe nie aufgehört, an ein Wunder Gottes zu glauben. Gießen.

24 40 Tage im Amazonas: https://www.sueddeutsche.de/panorama/unfaelle-amazonas-kinder-nach-40-tagen-im-dschungel-gerettet-dpa.urn-newsml-dpa-com-20090101-230610-99-04293.

25 Rettung durch einen Sherpa: https://bergsteiger.de/bergszene/reportagen/heldenhafte-rettung-am-mount-everest-sherpa-traegt-erschoepften-berg steiger-aus-der-todeszone.

26 Sachse, R. (2019). Persönlichkeitsstile. Wie man sich selbst und anderen auf die Schliche kommt. Paderborn.

27 Ebd.

28 Bewegungsstudie der TK: https://www.tk.de/presse/themen/praevention/gesundheitsstudien/tk-studie-2022-beweg-dich-deutschland-2137706.

29 DKV-Report 2023: https://www.dkv.com/downloads/Medieninformation_DKV-Report_2023.pdf.

30 Beck, A. M., & Eyler, A. (2019). Is sitting really the new smoking? *American Journal of Public Health, 109*(8), e11.

31 Stamatakis, E., Gale, J., Bauman, A., Ekelund, U., Hamer, M., & Ding, D. (2019). Sitting time, physical activity, and risk of mortality in adults. *Journal of the American College of Cardiology, 73*(16), 2062–2072.

32 Ross, R., Blair, S. N., Arena, R., Church, T. S., Després, J. P., Franklin, B. A., et al. (2016). Importance of assessing cardiorespiratory fitness in clinical practice: a case for fitness as a clinical vital sign: a scientific statement from the American Heart Association. *Circulation, 134*(24), e653-e699.

33 Lu, C., Chi, X., Liang, K., Chen, S. T., Huang, L., Guo, T., et al. (2020). Moving more and sitting less as healthy lifestyle behaviors are protective factors for insomnia, depression, and anxiety among adolescents during the COVID-19 pandemic. *Psychology Research and Behavior Management, 13*, 1223–1233.

34 Werner, C. M., Hecksteden, A., Morsch, A., Zundler, J., Wegmann, M., Kratzsch, et al. (2019). Differential effects of endurance, interval, and resistance training on telomerase activity and telomere length in a randomized, controlled study. *European Heart Journal, 40*(1), 34–46.

35 Pedersen, L., Idorn, M., Olofsson, G. H., Lauenborg, B., Nookaew, I., Hansen, R. H., et al. (2016). Voluntary running suppresses tumor growth through epinephrine-and IL-6-dependent NK cell mobilization and redistribution. *Cell Metabolism, 23*(3), 554–562.

36 Lee, D. C., Pate, R. R., Lavie, C. J., Sui, X., Church, T. S., & Blair, S. N. (2014). Leisure-time running reduces all-cause and cardiovascular mortality risk. *Journal of the American College of Cardiology*, 64(5), 472–481.

37 Impett, E. A., Daubenmier, J. J., & Hirschman, A. L. (2006). Minding the body: Yoga, embodiment, and well-being. *Sexuality Research & Social Policy*, 3(4), 39–48.

05 Ressourcen

1 Pagliarello, R., Bennici, E., Cemmi, A., Di Sarcina, I., Spelt, C., Nardi, L., et al. (2023). Designing a novel tomato ideotype for future cultivation in space manned missions. *Frontiers in Astronomy and Space Sciences*, 9, 1040633.

2 ESA-Transportkosten: https://www.esa.int/Space_in_Member_States/Germany/Erfolgsstory_Raumtransport_Wie_Phoenix_aus_der_Asche#:~:text=Ziel%20ist%2C%20die%20Transportkosten%20in,um%20eine%20Einwegrakete%20handeln%20wird.

3 Metelli, G., Lampazzi, E., Pagliarello, R., Garegnani, M., Nardi, L., Calvitti, M., et al. (2023). Design of a modular controlled unit for the study of bioprocesses: Towards solutions for Bioregenerative Life Support Systems in space. *Life Sciences in Space Research*, 36, 8–17.

4 Santoni, F., Gugliermetti, L., Piras, G., De Pascale, S., Pannico, A., Piergentili, F., et al. (2020, June). GreenCube: Microgreens cultivation and growth monitoring on-board a 3U CubeSat. In: *2020 IEEE 7th International Workshop on Metrology for AeroSpace (MetroAeroSpace)*, 130–135.

5 Teng, Z., Luo, Y., Pearlstein, D. J., Wheeler, R. M., Johnson, C. M., Wang, Q., & Fonseca, J. M. (2023). Microgreens for home, commercial, and space farming: A comprehensive update of the most recent developments.. *Annual Review of Food Science and Technology*, 14, 539–562.

6 Mancuso, S. (2018). The revolutionary genius of plants: a new understanding of plant intelligence and behavior. London.

7 Naureen, I., Saleem, A., Aslam, S., Zakir, L., Mukhtar, A., Nazir, R., & Zulqarnain, S. (2022). Potential impact of smog on human health. *Haya: The Saudi Journal of Life Sciences*, 7(3), 78–84.

8 Wu, X., Lu, Y., Zhou, S., Chen, L., & Xu, B. (2016). Impact of climate change on human infectious diseases: Empirical evidence and human adaptation. *Environment International*, 86, 14–23.

9 Cianconi, P., Betrò, S., & Janiri, L. (2020). The impact of climate change on mental health: a systematic descriptive review. *Frontiers in Psychiatry*, 11, 74.

10 Dohm, L., & Schulze, M. (2022). Klimagefühle. München, S. 15.

11 Ágoston, C., Urban, R., Nagy, B., Csaba, B., Kőváry, Z., Kovacs, K., et al. (2022). The psychological consequences of the ecological crisis: Three new questionnaires to assess eco-anxiety, eco-guilt, and ecological grief. *Climate Risk Management*, 37, 100441.

12 Boluda-Verdu, I., Senent-Valero, M., Casas-Escolano, M., Matijasevich, A., & Pastor-Valero, M. (2022). Fear for the future: Eco-anxiety and health implications, a systematic review. *Journal of Environmental Psychology, 84*, 1–17.

13 Umfrage zur Angst vor Klimawandel: https://www.pewresearch.org/global/2020/09/09/despite-pandemic-many-europeans-still-see-climate-change-as-greatest-threat-to-their-countries/.

14 Kulcar, V., Siller, H., & Juen, B. (2022). Discovering emotional patterns for climate change and for the COVID-19 pandemic in university students. *The Journal of Climate Change and Health, 6*, 100125.

15 Wasserverbrauch pro Kopf 2022: https://www.destatis.de/DE/Presse/Pressemitteilungen/Zahl-der-Woche/2022/PD22_12_p002.html.

16 Duschwasserverbrauch: https://www.aqwa.ch/aktuell/wasserdichte-fakten/#:~:text=44%20Liter%20laufen%20bei%20einer,viel%20wie%20f%C3%BCr%20ein%20Vollbad.

17 Waschen im All: https://www.esa.int/kids/de/lernen/Leben_im_Weltraum/Leben_im_Weltraum/Waschen_im_All#:~:text=Einige%20oder%20fr%C3%BCheren%20Raumstationen%20waren,auch%20kein%20Geschirr%20gesp%C3%BClt%20werden.

18 Kokkinakis, I. W., & Drikakis, D. (2022). Atmospheric pollution from rockets. *Physics of Fluids, 34*(5), 056107.

19 Klimaauswirkungen von Raketen: https://www.ardalpha.de/wissen/weltall/raumfahrt/weltraum-tourismus-raketen-co2-bilanz-umwelt-100.html.

20 ESA-Budget 2023: https://www.esa.int/ESA_Multimedia/Images/2023/01/ESA_budget_2023.

21 BIP der Länder: https://de.statista.com/statistik/daten/studie/188776/umfrage/bruttoinlandsprodukt-bip-in-den-eu-laendern/.

22 TanDEM-X: https://www.dlr.de/de/forschung-und-transfer/projekte-und-missionen/tandem-x.

23 Satelliten in der Umwelt: https://www.forschung-und-wissen.de/nachrichten/astronomie/mikrosatelliten-sollen-wassernutzung-der-landwirtschaft-optimieren-13375892.

24 ConstellR: https://www.constellr.com/.

25 Pretty: https://www.tugraz.at/institute/iks/weltraummissionen/pretty.

26 Mousseau, T. A., & Møller, A. P. (2020). Plants in the light of ionizing radiation: what have we learned from Chernobyl, Fukushima, and other »hot« places? *Frontiers in Plant Science, 11*, 552.

06 Grenzen

1 Zahlen zu Gesellschaft und Wohnen: https://www.destatis.de/DE/Themen/Gesellschaft-Umwelt/Wohnen/_inhalt.html.

2 Zahlen zu Überbelegung in Wohnungen: https://www.destatis.de/DE/Presse/Pressemitteilungen/2022/11/PD22_N067_63.html.

3   Baum, A., & Weiss, L. (1987). Social density and perceived control as media-
    tors of crowding stress in high-density residential neighborhoods. *Journal
    of Personality and Social Psychology*, 52(5), 899–906.

4   Umgang mit Nachbarn: https://de.statista.com/statistik/daten/studie/
    1038716/umfrage/umfrage-zum-wunsch-nach-besserem-kontakt-zu-den-
    nachbarn-in-deutschland/.

5   Alleine wohnen in Deutschland: https://www.destatis.de/DE/Presse/
    Pressemitteilungen/2020/03/PD20_069_122.html

6   Manzey, D., & Lorenz, B. (1997). Human performance during prolonged
    space flight. *Journal of Human Performance in Extreme Environments*, 1(2),
    68.

7   Silverstone, S. E., & Nelson, M. (1996). Food production and nutrition in
    Biosphere 2: Results from the first mission September 1991 to Septem-
    ber 1993. *Advances in Space Research*, 18(4–5), 49–61.

8   Nelson, M., Gray, K., & Allen, J. P. (2015). Group dynamics challenges:
    Insights from Biosphere 2 experiments. *Life Sciences in Space Research*, 6,
    79–86.

9   Erfahrungen aus Biosphere 2: https://www.npr.org/2013/09/27/216104349/
    what-lessons-came-out-of-biosphere-2.

10 Geschichte der Biosphere 2: https://www.spiegel.de/geschichte/projekt-
    biosphaere-2-a-947336.html.

11 Cohen, J. E., & Tilman, D. (1996). Biosphere 2 and Biodiversity – The les-
    sons so far. *Science*, 274(5290), 1150–1151.

12 Alling, A., Nelson, M., Silverstone, S., & Van Thillo, M. (2002). Human fac-
    tor observations of the Biosphere 2, 1991–1993, closed life support human
    experiment and its application to a long-term manned mission to Mars. *Life
    Support & Biosphere Science*, 8(2), 71–82.

13 Häuplik-Meusburger, S., & Bishop, S. (2021). Space habitats and habita-
    bility: Designing for isolated and confined environments on earth and in
    space. Switzerland.

14 Ebd., S. 13.

15 Ebd., S. 139.

16 Ebd., S. 199.

17 Ebd., S. 201.

18 Interview mit Scott Kelly: https://www.nytimes.com/2020/03/21/opinion/
    scott-kelly-coronavirus-isolation.html.

19 Marcus, C. C. (2005). Healing gardens in hospitals. *Interdisciplinary Design
    and Research e-Journal*, 1.

20 Ulrich, R. S. (1984). View through a window may influence recovery from
    surgery. *Science*, 224, 420–421.

21 Kaplan, R., & Kaplan, S. (1989). The Experience of Nature: A Psychological
    Perspective. Cambridge University Press.

22 Wolf, K. L., Krueger, S., & Rozance, M. A. (2014). Stress, wellness & physio-

logy – A literature review. In: *Green Cities: Good Health* (www.greenhealth. washington.edu). College of the Environment, University of Washington.

23 Häuplik-Meusburger, S., & Bishop, S. (2021). Space Habitats and Habitability. Switzerland, S. 19.

07 Kommunikation

1 Das Kommunikationsquadrat: https://www.schulz-von-thun.de/die-modelle/das-kommunikationsquadrat.

2 Schulz von Thun, F. (2010). Miteinander reden 1: Störungen und Klärungen: Allgemeine Psychologie der Kommunikation. Leipzig.

3 Watzlawick, P., Beavin, J. H., & Jackson, D. D. (2000). Menschliche Kommunikation: Formen, Störungen, Paradoxien. Bern.

4 Lingard, L., Espin, S., Whyte, S., Regehr, G., Baker, G. R., Reznick, R. & Grober, E. (2004). Communication failures in the operating room: an observational classification of recurrent types and effects. *Quality and Safety in Health Care, 13*(5), 330–334.

5 Sexton, J. B., & Helmreich, R. L. (2000). Analyzing cockpit communications: The links between language, performance, error, and workload. *Journal of Human Performance in Extreme Environments, 5*(1), 63–68.

6 Connell, L. (1996). Pilot and controller communication issues. In: B. G. Kanki & O. V. Prinzo (Eds.), *Methods and Metrics of Voice Communications: Proceedings of a Workshop, May 13–14*, San Antonio, TX. Springfield, VA: National Technical Information Service.

7 Krivonos, P. D. (2007). Communication in aviation safety: Lessons learned and lessons required. In: *Regional Seminar of the Australia and New Zealand Societies of Air Safety Investigators, 4*, 1–35.

8 Frederiksen, D. J. (2023). Connecting with the outside world: Psychosocially supportive aspects of operational communication between isolated crews in space and mission control on the ground. *Journal of Human Performance in Extreme Environments, 18*(1), 9.

9 Edwards, T., Brandt, S. L., & Marquez, J. J. (2021). Towards a measure of situation awareness for space mission schedulers. *Advances in Neuroergonomics and Cognitive Engineering: Proceedings of the AHFE 2021 Virtual Conferences on Neuroergonomics and Cognitive Engineering, Industrial Cognitive Ergonomics and Engineering Psychology, and Cognitive Computing and Internet of Things, July 25–29, 2021, USA*, 39–45.

10 Yalom, I. D. (2002). Der Panamahut oder Was einen guten Therapeuten ausmacht. München.

11 Rogers, C. R. (1983). Die klientenzentrierte Gesprächspsychotherapie. Frankfurt a. M.

12 Shannon, C. E., & Weaver, W. (1949). The mathematical theory of communication. Urbana Champaign: University of Illinois Press.

13 Dehn-Hindenberg, A. (2007). Die Bedeutung von Kommunikation und

Empathie im Therapieprozess. Patientenbedürfnisse in der Ergotherapie. *Ergotherapie & Rehabilitation, 46,* 5 – 10.

14 Gordon, T., & Edwards, W.S. (1997). Making the Patient your Partner: Communication Skills for Doctors and Other Caregivers. Wien.

15 Rogers, C.R. (1972). Die klientenzentrierte Gesprächsführung. Frankfurt a.M.

16 Lowenthal, P., Borup, J., West, R., & Archambault, L. (2020). Thinking beyond Zoom: Using asynchronous video to maintain connection and engagement during the COVID-19 pandemic. *Journal of Technology and Teacher Education, 28*(2), 383 – 391.

17 Mehrabian, A. (2017). Nonverbal Communication. London.

18 Mehrabian, A. (1971). Silent Messages: Implicit Communication of Emotions and Attitudes. Belmont.

19 Yaffe, P. (2011). The 7 % rule: Fact, fiction, or misunderstanding. *Ubiquity, 1,* 1 – 5.

20 Wahler, H. (2012). 93 % of All Communication Is Nonverbal? Correcting a Common Misconception of the Mehrabian Studies. Mainz.

21 Roth, D., Kullmann, P., Bente, G., Gall, D., & Latoschik, M.E. (2018). Effects of hybrid and synthetic social gaze avatar-mediated interactions. *Adjunct Proceedings of the 17th IEEE International Symposium on Mixed and Augmented Reality (ISMAR),* 103 – 108.

22 Luo, L., Weng, D., Ding, N., Hao, J., & Tu, Z. (2023). The effect of avatar facial expressions on trust building in social virtual reality. *The Visual Computer, 39* (11), 5869 – 5882.

23 Homeoffice in Deutschland: https://www.destatis.de/DE/Presse/Presse mitteilungen/Zahl-der-Woche/2022/PD22_24_p002.html#:~:text=24%2C8%20%25%20aller%20Erwerbst%C3%A4tigen%20in,an%20jedem%20Arbeitstag%20das%20B%C3%BCro.

24 Sheldon, P., & Pecchioni, L. (2014). Comparing relationships among self-disclosure, social attraction, predictability and trust in exclusive Facebook and exclusive face-to-face relationships. *American Communication Journal, 16*(2), 1 – 14.

25 Kögler, M., & Busch, E. (2014). Übergangsobjekte und Übergangsräume. Gießen.

08 Kultur

1 Helfrich, H. (2019). Kulturvergleichende Psychologie. Berlin, Heidelberg, S. 4.

2 Suedfeld, P., Wilk, K.E., & Cassel, L. (2012). Flying with strangers: Postmission reflections of multinational space crews. In: *On Orbit and Beyond: Psychological Perspectives on Human Spaceflight.* Berlin, Heidelberg, 185 – 209.

3 Lebedev, V. (1988). Diary of a Cosmonaut: 211 Days in Space. Texas.

4 Suedfeld, P., Wilk, K.E., & Cassel, L. (2012). Flying with strangers: Post-

mission reflections of multinational space crews. In: *On Orbit and Beyond: Psychological Perspectives on Human Spaceflight*. Berlin, Heidelberg, 189.

5   Hall, R., Shayler, D., & Vis, B. (2005). Russia's Cosmonauts: Inside the Yuri Gagarin Training Center.

6   Kanas, N., Salnitskiy, V., Grund, E. M., Gushin, V., Weiss, D. S., Kozerenko, O., Marmar, C. R., et al. (2000). Social and cultural issues during Shuttle / Mir space missions. *Acta Astronautica, 47*(2–9), 647–655.

7   Ebd.

8   Ritsher, J. B. (2005). Cultural factors and the International Space Station. *Aviation, Space, and Environmental Medicine, 76*(6), B135–144.

9   Tafforin, C., & Abati, F. G. (2016). Interaction and communication abilities in a multicultural crew simulating living and working habits at Mars Desert Research Station. *Antrocom: Online Journal of Anthropology, 12*(2).

10 Kanas, N., Sandal, G. M., Boyd, J. E., Gushin, V. I., Manzey, D., North, R., et al. (2013). Psychology and culture during long-duration space missions. Berlin, Heidelberg, 153–184.

11 Ritsher, J. B., Kanas, N., Gushin, V. I., Saylor, S. (2007). Cultural differences in patterns of mood states on board the International Space Station. *Acta Astronautica 61*, 668–671.

12 Kring, J. P., Cuevas, H. M., & Goudarzi, S. (2004). Habitat design considerations for mitigating social stressors in long-duration spaceflight. *SAE Transactions, 113*, 1375–1381.

13 Wu, R., & Wang, Y. (2015). Psychosocial interaction during a 105-day isolated mission in Lunar Palace 1. *Acta Astronautica, 113*, 1–7.

14 Hofstede, G. (1994). Foreward. In: U. Kim, H. Triandis, C. Kagitcibasi, S. Choi, & G. Yoon (Eds.), *Individualism and Collectivism: Theory, Method, and Applications*. Thousand Oaks.

15 Markus, H. R., & Kitayama, S. (1991). Culture and the self: Implications for cognition, emotion, and motivation. *Psychological Review, 98*(2), 224–253.

16 Mesquita, B. (2001). Emotions in collectivist and individualist contexts. *Journal of Personality and Social Psychology, 80*(1), 68–74.

17 Suedfeld, P., Wilk, K. E., & Cassel, L. (2012). Flying with strangers: Postmission reflections of multinational space crews. In: *On Orbit and Beyond: Psychological Perspectives on Human Spaceflight*. Berlin, Heidelberg, 185–209.

09   Macht und Führung

1   Zitat von Rosabeth Moss Kanter: https://www.manager-magazin.de/harvard/das-letzte-tabu-macht-a-3101c48e-0002-0001-0000-000029861407.

2   Palmer, J. C., Holmes Jr, R. M., & Perrewé, P. L. (2020). The cascading effects of CEO dark triad personality on subordinate behavior and firm performance: A multilevel theoretical model. *Group & Organization Management, 45*(2), 143–180.

3   LeBreton, J. M., Shiverdecker, L. K., & Grimaldi, E. M. (2018). The dark triad

and workplace behavior. *Annual Review of Organizational Psychology and Organizational Behavior, 5*, 387–414.

4   Weber, M. (1980). Wirtschaft und Gesellschaft. Grundriß der verstehenden Soziologie. Tübingen, S. 28.

5   Neuenhaus, P. (1998). Max Weber: Amorphe Macht und Herrschaftsgehäuse. In: Imbusch, P. (Hg.), *Macht und Herrschaft*. Wiesbaden.

6   French, J. R. P., Raven, B. H. (1959). The Bases of Social Power. In: Cartwright, D. (Ed.), *Studies in Social Power*. Ann Arbor, MI: Research Center for Group Dynamics, Institute for Social Research, 150–167.

7   Knoblach, B., & Fink, D. (2012). Die Macht der Sympathie. In: Knoblach, B., Oltmanns, T., Hajnal, I., & Fink, D. (Hgg.), *Macht in Unternehmen*. Wiesbaden.

8   Dudley-Rowley, M., Nolan, P., Bishop, S., Farry, K., & Gangale, T. (2001). Ten missions, two studies: Crew composition, time, and subjective experience in Mars-analog expeditions. In: *Proceedings of the Third International Convention of the Mars Society*. AIAA Space Architecture Symposium 10–11 October 2002, Houston, Texas.

9   Sexuelle Übergriffe in der Antarktis: https://www.seattletimes.com/business/takeaways-from-aps-investigation-into-sexual-harassment-and-assault-at-antarcticas-mcmurdo-station/.

10 Menzel, D., & Hesterman, J. (2018). Airport security threats and strategic options for mitigation. *Journal of Airport Management, 12*(2), 118–131.

11 Goleman, D. (2017). Leadership that gets results. Brighton, Massachusetts.

12 Burns, J. M. (1978). Leadership. New York.

13 Pundt, A., & Nerdinger, F. W. (2012). Transformationale Führung – Führung für den Wandel? In: *Die Zukunft der Führung*, S. 27–45.

14 Lewin, K., Lippitt, R., & White, R. K. (1939). Patterns of aggressive behavior in experimentally created »social climates«. *The Journal of Social Psychology, 10*(2), 269–299.

15 White, R., & Lippitt, R. (1962). Autocracy and democracy: An experimental inquiry. *Philosophy of Science, 29*(2), 209–212.

16 https://www.organizationaltalent.com/post/how-leaders-can-get-the-feedback-no-one-wants-to-give

17 Goller, I., & Laufer, T. (2018). Psychologische Sicherheit in Unternehmen. Wiesbaden.

18 Hawkins, F. (1987). Human Factors in Flight. London.

19 Henn, A. (2020). Effektive Reanimation durch richtige Kommunikation. *intensiv, 28*(02), 68–72.

20 Pierre, M. St., Scholler, A., Strembski, D., & Breuer, G. (2012). Äußern Assistenzärzte und Pflegekräfte sicherheitsrelevante Bedenken? Simulatorstudie zum Einfluss des »Autoritätsgradienten«. *Anaesthesist, 61*, 857–866.

21 Stemmler, J., & Hecker, U. (2016). Notfallkommando – Kommunikation in Notfallsituationen für Gesundheitsberufe. Heidelberg.

22   Sweeney, P. J. (2010). Do Soldiers Reevaluate Trust in Their Leaders Prior to Combat Operations? *Military Psychology, 22*(1), 70–88.

23   Nicholas, J. M., & Penwell, L. W. (1995). A proposed profile of the effective leader in human spaceflight based on findings from analog environments. *Aviation, Space, and Environmental Medicine, 66*(1), 63–72.

24   Fagel, M. J., & Hesterman, J. (Eds.) (2016). Soft targets and crisis management: What emergency planners and security professionals need to know. Boca Raton, Florida.

25   Schrör, T. (2016). Führungskompetenz durch achtsame Selbstwahrnehmung und Selbstführung: Eine Anleitung für die Praxis. Wiesbaden.

26   Al Holland: https://historycollection.jsc.nasa.gov/JSCHistoryPortal/history/oral_histories/ISS/HollandAW/HollandAW_7-28-15.htm.

27   Fieger, J., & Fieger, K. T. (2018). Das System der situativen Führung. In: *Führung ist erlernbar*. Wiesbaden, S. 21–36.

28   Scott, K. (2017). Radical Candor. Be a Kick-Ass Boss Without Losing Your Humanity. New York.

29   Yule, S., Robertson, J. M., Mormann, B., Smink, D. S., Lipsitz, S., Abahuje, E., Kennedy-Metz, L., Park, S., Miccile, C., Pozner, C. N., Doyle, T., Musson, D., & Dias, R. D. (2023). Crew autonomy during simulated medical event management on long duration space exploration missions. *Human Factors, 65(6)*, 1221–1234.

30   Carson, J. B., Tesluk, P. E., & Marrone, J. A. (2007). Shared leadership in teams: An investigation of antecedent conditions and performance. *Academy of Management Journal, 50*, 1217–1234.

31   Kaum jemand möchte noch Chef werden: https://www.handelsblatt.com/meinung/kommentare/leserdebatte-warum-will-kaum-noch-jemand-chef-werden/28842432.html.

32   Anekdote zu Skylab 4: https://www.nasa.gov/history/the-real-story-of-the-skylab-4-strike-in-space/.

33   Bateson, M., Nettle, D., & Roberts, G. (2006). Cues of being watched enhance cooperation in a real-world setting. *Biology Letters, 2*(3), 412–414.

34   Sandal, G. M., Bye, H. H., & van de Vijver, F. J. (2011). Personal values and crew compatibility: Results from a 105 days simulated space mission. *Acta Astronautica, 69*(3–4), 141–149.

35   Kanas, N., Saylor, S., Harris, M., Neylan, T., Boyd, J., Weiss, D. S., et al. (2010). High versus low crewmember autonomy in space simulation environments. *Acta Astronautica, 67*(7–8), 731–738.

36   Roma, P. G., Hursh, S. R., Hienz, R. D., Emurian, H. H., Gasior, E. D., Brinson, Z. S., Brady, J. V. (2009). Autonomous versus scheduled mission management: Behavioral and biological effects in simulated space-dwelling groups under communication constraints. In: *Proceedings of the 17th International Academy of Astronautics »Humans in Space« Symposium*, Moscow, Russia, June 7–11, 2009.

37 Al Holland: https://historycollection.jsc.nasa.gov/JSCHistoryPortal/history/oral_histories/ISS/HollandAW/HollandAW_7-28-15.htm.

38 Dambe, M., & Moorad, F. (2008). From power to empowerment: A paradigm shift in leadership. *South African Journal of Higher Education, 22*(3), 575–587.

10 Neugierde

1   Markey, A., & Loewenstein, G. (2014). Curiosity. In: R. Pekrun & L. Linnenbrink-Garcia (Eds.), *International Handbook of Emotions in Education,* 228–245.

2   Pekrun, R. (2019). The Murky Distinction Between Curiosity and Interest: State of the Art and Future Prospects. *Educational Psychology Review, 31,* 905–914.

3   McCrae, R. (1994). Openness to Experience: Expanding the boundaries of Factor V. *European Journal of Personality, 8*(4), 251–272.

4   Berlyne, D. E. (1954). A theory of human curiosity. *British Journal of Psychology, 45*(3), 180–191.

5   Litman, J. A., & Pezzo, M. V. (2007). Dimensionality of interpersonal curiosity. *Personality and Individual Differences, 43*(6), 1448–1459.

6   Clara Ma und Curiosity: https://phys.org/news/2009-05-curiosity-nasa-student-entry-mars.html#:~:text=Twelve%2Dyear%2Dold%20Clara%20Ma,as%20it%20is%20being%20assembled.

7   Hopkins, R. (2021). Stell dir vor. Innsbruck, S. 115.

8   Engel, S. (2011). Children's need to know: Curiosity in schools. *Harvard Educational Review, 81*(4), 625–645.

9   Gopnik, A., Meltzoff, A. N., & Kuhl, P. K. (2002). The Scientist in the Crib: What Early Learning Tells Us About the Mind. New York City.

10 Berger, W. (2016). A More Beautiful Question: The Power of Inquiry to Spark Breakthrough Ideas. London.

11 Silvia, P. J., & Christensen, A. P. (2020). Looking up at the curious personality: Individual differences in curiosity and openness to experience. *Current Opinion in Behavioral Sciences, 35,* 1–6.

12 Kang, M. J., Hsu, M., Krajbich, I. M., Loewenstein, G., McClure, S. M., Wang, J. T. Y., & Camerer, C. F. (2014). The hunger for knowledge: Neural correlates of curiosity. *Psychological Science, 20*(8), 1–20.

13 Kang, M. J., Hsu, M., Krajbich, I. M., Loewenstein, G., McClure, S. M., Wang, J. T. Y., & Camerer, C. F. (2009). The wick in the candle of learning: Epistemic curiosity activates reward circuitry and enhances memory. *Psychological Science, 20*(8), 963–973.

14 Lydon-Staley, D. M., Zurn, P., & Bassett, D. S. (2020). Within-person variability in curiosity during daily life and associations with well-being. *Journal of Personality, 88*(4), 625–641.

15 Gross, M. E., Zedelius, C. M., & Schooler, J. W. (2020). Cultivating an under-

standing of curiosity as a seed for creativity. *Current Opinion in Behavioral Sciences, 35,* 77–82.

16 Galli, G., Sirota, M., Gruber, M. J., Ivanof, B. E., Ganesh, J., Materassi, M., Thorpe, A., Loaiza, V., Cappelletti, M., Craik, F. I. M. (2018). Learning facts during aging: The benefits of curiosity. *Experimental Aging Research, 44*(4), 311–328.

17 Damasio, A. R. (2003). Looking for Spinoza: Joy, Sorrow, and the Feeling Brain. Boston, Massachusetts.

18 Kaczmarek, Ł. D., Bączkowski, B., Enko, J., Baran, B., & Theuns, P. (2014). Subjective well-being as a mediator for curiosity and depression. *Polish Psychological Bulletin, 45*(2), 200–204.

19 Homepage von Jas Purewal mit Bauanleitung für ein Habitat: https://www.spacexplorer.co.uk/blog/ukspacedome.

11 Distanz

1 Truly Alone: Late Astronaut Michael Collins' Most Haunting Memory Of Apollo 11: https://www.huffpost.com/entry/michael-collins-apollo-11-truly-alone_n_608a3b39e4boccb91c2ddeee.

2 Collins, M. (2009). Carrying the Fire: An Astronaut's Journey. New York City.

3 Al's Guinness World Records: https://alworden.com/als-guinness-world-records/.

4 Kanas, N. (2015). Humans in Space. The Psychological Hurdles. Dordrecht, S. 110.

5 Ebd., S. 112.

6 Manzey, D. (2004). Human missions to Mars: New psychological challenges and research issues. *Acta Astronautica, 55* (3–9), 781–790.

7 Bettiol, L., De La Torre, A., Patel, D., Oluwafemi, F., Kamaletdinova, G., Kumar Singh, R., et al. (2018). Manned Mars Mission Risks Evaluation. In: *69th International Astronautical Congress (IAC 2018),* 1–10.

8 Johannsen, K. (2016). Artworks for astronauts: Limits within limitlessness, a transdisciplinary working field for artists. *Interdisciplinary Science Reviews, 41*(1), 91–105.

9 Salamon, N., Grimm, J. M., Horack, J. M., & Newton, E. K. (2018). Application of virtual reality for crew mental health in extended-duration space missions. *Acta Astronautica, 146,* 117–122.

10 Weibel, D. L. (2020). The overview effect and the ultraview effect: How extreme experiences in / of outer space influence religious beliefs in astronauts. *Religions, 11*(8), 418.

11 Trautmann-Voigt, S., & Voigt, B. (Hgg.) (2020). Grammatik der Körpersprache: Ein integratives Lehr- und Arbeitsbuch zum Embodiment. Stuttgart.

12 Tschacher, W., Storch, M., Hüther, G., & Cantieni, B. (2022). Embodiment: Die Wechselwirkung von Körper und Psyche verstehen und nutzen. Göttingen.

13 Du Preez, A. (2022). Embodiment and the Arts: Outer Space and Sensory Deprivation. Pretoria.

14 Gerüche im All: https://www.space.com/16688-what-does-space-smell-like.html.

15 Gerüche im All: https://science.howstuffworks.com/space-smell.htm.

16 Suedfeld, P. (1968). Isolation, confinement, and sensory deprivation. *Journal of the British Interplanetary Society, 21*(3), 222–231.

17 Smith, M. G., Kelley, M., & Basner, M. (2020). A brief history of spaceflight from 1961 to 2020: An analysis of missions and astronaut demographics. *Acta Astronautica, 175*, 290–299.

18 Johnson, P. J. (2010). The roles of NASA, US astronauts and their families in long-duration missions. *Acta Astronautica, 67*(5–6), 561–571.

19 Jerry Lineger's Letters to his Son: https://history.nasa.gov/SP-4225/docu mentation/linenger-letters/letters.html.

12 Langeweile

1 Westgate, E. C., & Steidle, B. (2020). Lost by definition: Why boredom matters for psychology and society. *Social and Personality Psychology Compass, 14*(11).

2 Raffaelli, Q., Mills, C., & Christoff, K. (2018). The knowns and unknowns of boredom: A review of the literature. *Experimental Brain Research, 236*(9), 2451–2462.

3 Eastwood, J. D., et al. (2012). The unengaged mind: Defining boredom in terms of attention. *Perspectives on Psychological Science, 9*(5), 482–495.

4 Chin, A., Markey, A., Bhargava, S., Kassam, K. S., & Loewenstein, G. (2017). Bored in the USA: Experience sampling and boredom in everyday life. *Emotion, 17*(2), 359–368.

5 Danckert, J. (2018). Special topic introduction: understanding engagement: mind-wandering, boredom and attention. *Experimental Brain Research, 236*(9), 2447–2449.

6 Baird, B., Smallwood, J., Mrazek, M. D., Kam, J. W., Franklin, M. S., & Schooler, J. W. (2012). Inspired by distraction: Mind wandering facilitates creative incubation. *Psychological Science, 23*(10), 1117–1122.

7 Rothlin, P., & Werder, P. R. (2007). Diagnose Boreout: Warum Unterforderung im Job krank macht. München.

8 Prammer, E. (2012). Boreout-Biografien der Unterforderung und Langeweile: Eine soziologische Analyse. Heidelberg.

9 Deutsche Depressionshilfe: Nur erschöpft oder wirklich krank? https://www.deutsche-depressionshilfe.de/files/cms/downloads/faktenblatt_depression-und-burnout.pdf.

10 Danckert, J., & Merrifield, C. (2018). Boredom, sustained attention and the default mode network. *Experimental Brain Research, 236*(9), 2507–2518.

11 Al-Saggaf, Y., MacCulloch, R., & Wiener, K. (2019). Trait boredom is a pre-

dictor of phubbing frequency. *Journal of Technology in Behavioral Science,* *4* (3), 245–252.

12   Pfattheicher, S., Lazarević, L. B., Westgate, E. C., & Schindler, S. (2021). On the relation of boredom and sadistic aggression. *Journal of Personality and Social Psychology, 121*(3), 573–600.

13   Nederkoorn, C., Vancleef, L., Wilkenhöner, A., Claes, L., & Havermans, R. C. (2016). Self-inflicted pain out of boredom. *Psychiatry Research, 237,* 127–132.

14   Wilson, T. D., Reinhard, D. A., Westgate, E. C., Gilbert, D. T., Ellerbeck, N., Hahn, C., Shaked, A., et al. (2014). Just think: The challenges of the disengaged mind. *Science, 345*(6192), 75–77.

15   Havermans, R. C., Vancleef, L., Kalamatianos, A., & Nederkoorn, C. (2015). Eating and inflicting pain out of boredom. *Appetite, 85,* 52–57.

16   LePera, N. (2011). Relationships between boredom proneness, mindfulness, anxiety, depression, and substance use. *The New School Psychology Bulletin, 8*(2), 15–25.

17   Isacescu, J., Struk, A. A., & Danckert, J. (2017). Cognitive and affective predictors of boredom proneness. *Cognition and Emotion, 31*(8), 1741–1748.

18   Malkovsky, E., Merrifield, C., Goldberg, Y., & Danckert, J. (2012). Exploring the relationship between boredom and sustained attention. *Experimental Brain Research, 221*(1), 59–67.

19   Hunter, J. A., Abraham, E. H., Hunter, A. G., Goldberg, L. C., & Eastwood, J. D. (2016). Personality and boredom proneness in the prediction of creativity and curiosity. *Thinking Skills and Creativity, 22,* 48–57.

20   Ohlmeier, S. (2023). Langeweile ist politisch. Graz.

21   Ebd., S. 38–39.

22   Peldszus, R., Dalke, H., Pretlove, S., and Welch, C. (2014). The perfect boring situation – Addressing the experience of monotony during crewed deep space missions through habitability design. *Acta Astronautica, 94* (1), 262–276.

23   Beard, B. L. (2020). Characterization of International Space Station Crew Members' Workload Contributing to Fatigue, Sleep Disruption and Circadian De-synchronization: https://ntrs.nasa.gov/citations/20205006969.

24   How Do Astronauts Spend Their Weekends in Space? https://www.smithsonianmag.com/science-nature/how-do-astronauts-spend-their-weekends-space-180977480/.

25   Stuster, J. (2010). Behavioral issues associated with long-duration space expeditions: Review and analysis of astronaut journals. Experiment 01-E104 (Journals). Houston, Texas.

26   How do astronauts spend their weekends in space? https://www.smithsonianmag.com/science-nature/how-do-astronauts-spend-their-weekends-space-180977480/.

27   Humans have been living in space for 20 years straight: https://www.nationalgeographic.com/science/article/humans-have-lived-on-international-space-station-20-years-straight.

28 Carl Walz plays piano in the U.S. Laboratory during STS-110: https://www.dvidshub.net/image/729811/carl-walz-plays-piano-us-laboratory-during-sts-110.

29 Wehner, M., Astronauts Play First-ever Sporting Event in Space, New York Post, February 7th, 2018: https://nypost.com/2018/02/07/astronauts-play-first-ever-sporting-event-in-space/.

30 Kanas, N. (2011). From Earth's orbit to the outer planets and beyond: Psychological issues in space. *Acta Astronautica, 68*(5–6), 576–581.

31 Astronauts Answer Student Questions: NASA FAQ: https://www.nasa.gov/wp-content/uploads/2017/05/569954main_astronaut20_faq.pdf.

32 Russischer Kosmonaut Waleri Poljakow ist tot: https://www.zeit.de/wissen/2022-09/waleri-poljakow-kosmonaut-sowjetunion-raumfahrt#comments.

33 NASA: Cruise to Mars: https://mars.nasa.gov/mars2020/timeline/cruise/.

34 Folta, D. C., Vaughn, F. J., Rawitscher, G. S., & Westmeyer, P. A. (2012). Fast Mars transfers through on-orbit staging. *Concepts and Approaches for Mars Exploration, 1679,* 4181.

35 2033 is the Perfect Year to Send Humans to Mars: https://www.universetoday.com/160753/2033-is-the-perfect-year-to-send-humans-to-mars-with-a-bonus-venus-flyby/.

36 Stuster, J. (2011). Bold Endeavors: Lessons from Polar and Space Exploration. Annapolis, Maryland, S. 83.

37 Stahn, A. C., Gunga, H. C., Kohlberg, E., Gallinat, J., Dinges, D. F., & Kühn, S. (2019). Brain changes in response to long Antarctic expeditions. *New England Journal of Medicine, 381*(23), 2273–2275.

38 Wu, P., Morie, J., Wall, P., Chance, E., Haynes, K., Ladwig, J., Miller, C., et al. (2015). Maintaining psycho-social health on the way to Mars and back. In: *Proceedings of the 2015 Virtual Reality International Conference,* 1–7.

39 Tchakerian, R., Morais, R., Patel, S. V., & Cropper, S. J. (2022). A study of ambient sensing as a strategy against monotony and boredom in space. *Journal of Space Safety Engineering, 9*(3), 397–402.

40 Zeißig, A. (2018). The Creative Act as a Mode of Research: Ten Emotions Investigated through Film. Weinböhla: edition neuhaus.

41 Zeißig, A., & Pannasch, S. (2023). Being bored, happy or focused – which is best for creative thinking? How different emotional states influence creativity. *Journal of Boredom Studies,* (1).

42 Zeißig, A. (2023). Boredom as the originator of a desideratum – reflections on the creative and suppressive consequences of boredom in the school context. *Frontiers in Sociology, 8*:1214069.

43 Zeissig, A., Kansok-Dusche, J., Fischer, S. M., Moeller, J., & Bilz, L. (2023). The association between boredom and creativity in educational contexts—A scoping review on research approaches and empirical findings. *PsychArchives.*

13 Perspektivenwechsel

1   White, F. (2021). The Overview Effect. Space Exploration and Human Evolution. New York.

2   Ebd., S. 5.

3   Stepanova, E. R., Quesnel, D., & Riecke, B. E. (2019). Space – A virtual frontier: How to design and evaluate a virtual reality experience of the overview effect. *Frontiers in Digital Humanities, 6*, 7.

4   Quesnel, D., & Riecke, B. E. (2018). Are you awed yet? How virtual reality gives us awe and goose bumps. *Frontiers in Psychology, 9*, 2158.

5   Gallagher, S., Janz, B., Reinerman, L., Trempler, J., & Bockelman, P. (2015). A Neurophenomenology of Awe and Wonder: Towards a Non-Reductionist Cognitive Science. Berlin.

6   Cristoforetti, S. (2019). Die lange Reise. Tagebuch einer Astronautin. München, S. 309.

7   White, F. (2021). The Overview Effect. Space Exploration and Human Evolution. New York, S. 3.

8   Der zerbrechliche Planet. Die Erde aus Raumfahrersicht: https://www.riffreporter.de/de/wissen/der-zerbrechliche-planet.

9   Interview mit Alexander Gerst: https://www.fnp.de/hessen/jeder-sollte-erde-oben-sehen-10881499.html.

10 Zitat von Sigmund Jähn: https://www.deutsche-raumfahrtausstellung.de/sigmund-jaehn/.

11 Gottlieb, S., Keltner, D., & Lombrozo, T. (2018). Awe as a scientific emotion. *Cognitive Science, 42*(6), 2081–2094.

12 Keltner, D., & Haidt, J. (2003). Approaching awe, a moral, spiritual, and aesthetic emotion. *Cognition & Emotion, 17*(2), 297–314.

13 Thompson, J. (2023). NASA resilience and leadership: Examining the phenomenon of awe. *Frontiers in Psychology, 14*, 1158437.

14 Koch, S. (2019). StehAufMensch. Was macht uns stark? (K)Ein Resilienzratgeber. Aßlar, S. 148.

15 Yaden, D. B., Haidt, J., Hood Jr, R. W., Vago, D. R., & Newberg, A. B. (2017). The varieties of self-transcendent experience. *Review of General Psychology, 21*(2), 143–160.

16 Yaden, D. B., Iwry, J., Slack, K. J., Eichstaedt, J. C., Zhao, Y., Vaillant, G. E., & Newberg, A. B. (2016). The overview effect: Awe and self-transcendent experience in space flight. *Psychology of Consciousness: Theory, Research, and Practice, 3*(1), 1–11.

17 Jaffe, R. (2011). Anthropogenic relation to other biota: Connections to disorders and crises of our time. Ashburn, VA, 9.

18 Kelley, K. (1989). Der Heimatplanet. Frankfurt.

19 Piff, P. K., Dietze, P., Feinberg, M., Stancato, D. M., & Keltner, D. (2015). Awe, the small self, and prosocial behavior. *Journal of Personality and Social Psychology, 108*(6), 883–899.

20 Piff, P., & Keltner, D. (2015). Why do we experience awe. *The New York Times*, *10*. https://www.nytimes.com/2015/05/24/opinion/sunday/why-do-we-experience-awe.html.

21 Hopkins, R. (2021). Stell dir vor. Innsbruck, S. 225.

22 Tangney, J. P. (2000). Humility: Theoretical perspectives, empirical findings and directions for future research. *Journal of Social and Clinical Psychology*, *19*(1), 70–82.

23 Kapp, F., Demut – Eine unterschätzte Dimension in der Psychotherapie? Psychotherapeutenjournal, S. 248, https://www.psychotherapeutenjournal. de/ptk/web.nsf/gfx/med_dome-cvndag_4ccac/$file/PTJ_2023_3_Artikel %20Kapp.pdf.

24 Ebd., S. 253.

25 Ballew, M. T., & Omoto, A. M. (2018). Absorption: How nature experiences promote awe and other positive emotions. *Ecopsychology*, *10*(1), 26–35.

26 Livestream der ISS: https://www.youtube.com/watch?v=P9C25Un7xaM

27 Linehan, M. (2014). DBT? Skills Training Manual. New York City.

28 Oppezzo, M., & Schwartz, D. L. (2014). Give your ideas some legs: the positive effect of walking on creative thinking. *Journal of Experimental Psychology: Learning, Memory & Cognition*, *40*(4), 1142–1152.

29 Garan, R. (2015). The Orbital Perspective. London, S. 77.

Iris Gavric / Matthias Renger
Shitmoves
Vom Manipulieren und Manipuliertwerden

Seien wir mal ehrlich: Wir alle haben schon mal den einen oder anderen manuipulativen Shitmove in Gesprächen eingesetzt, sind Opfer oder Zeugen davon geworden. In der Beziehung, im Job, in Talkshows, im Supermarkt. Fast alle Probleme der Welt entstehen durch Kommunikation und lassen sich durch Kommunikation lösen. Einzige Voraussetzung: Wir dürfen nicht den Konflikt gewinnen wollen, sondern den Menschen. Sonst greifen wir früher oder später zu Shitmoves. Aber wie erkennt man die? Und wie reagiert man darauf? Solche und noch viel fragwürdigere Fragen zum Thema Manipulation beantwortet dieses Buch. Es sollte also besser nicht in die falschen Hände geraten.

272 Seiten, Klappenbroschur

Weitere Informationen finden Sie auf
www.fischerverlage.de